高神 京畿老會七十年史

70 Years of Gyeonggi Presbytery

고신 경기노회 70년사
서울 지역의 3개 노회 중심으로

초판 1쇄 인쇄 2025년 4월 11일
초판 1쇄 발행 2025년 4월 21일

지은이 서울지역고신역사편찬위원회
펴낸이 대한예수교장로회고신총회 서울남부노회 · 서울서부노회 · 서울중부노회

펴낸곳 카리스
출판등록 2010년 10월 29일 제406-2010-000097호
주소 경기도 파주시 청석로 300, 924-401
전화 031-943-9754
팩스 031-945-9754
전자우편 karisbook@naver.com
총판 비전북 (031-907-3927)

값 20,000원

ISBN 979-11-86694-18-3 93230

· 이 책의 판권은 서울지역고신역사편찬위원회에 있습니다.
· 잘못된 책은 바꿔드립니다.
· 이 책의 전부 또는 일부 내용을 재사용하려면 사전에 저작권자의 동의를 받아야 합니다.

고신 경기노회 70년사

서울 지역의 3개 노회 중심으로

서울지역고신역사편찬위원회 엮음

서울남부노회·서울서부노회·서울중부노회

차/례

I. 축하와 감사

발간사 |
1953년부터 2024년까지 | 황신기 목사 **10**

축사 |
하나님의 놀라운 은혜 | 정태진 총회장 **15**
신앙의 옛터를 다시 회복하며 | 구본창 장로 **18**
미래를 준비하는 창신의 기회 | 이상규 교수 **20**

감사 |
앞으로 100년을 바라보며 | 윤지환 목사 **22**
역사에 담긴 교훈과 흔적 | 이용호 목사 **24**
70년을 의미 있게 보내자 | 김경래 장로 **26**
100년사를 향한 이정표 | 김동춘 목사 **28**
이 시대 어두움을 밝히는 등대 | 최경기 목사 **30**
한국 교회의 모본이 되기를 | 오계강 목사 **33**

II. 경기노회 70년사

이성호 교수 | 고려신학대학원 역사신학

1. 조선예수교장로회 경기노회 *36*
2. 고려파 경기노회의 형성 *39*
3. 고려파 경기노회의 발아기 *42*
4. 고려파 경기노회와 재건파의 영향 *45*
5. 총노회 설립 이후 *47*
6. 1차 송사 논쟁과 경기노회 *50*
7. 합동과 환원 (1960. 12. 13 ~ 1963. 9. 17) *58*
8. 환원 이후 *61*
9. 2차 송사 논쟁과 경기노회 *65*
10. 경기노회의 내분 *67*
11. 경기노회와 반고소운동의 전개와 한계 *71*
12. 반고소 경기(고려) 측의 발전과 쇠락 *75*
13. 서울고려신학교와 반고소 고려신학교(인천) *78*
14. 경기노회의 발전과 분화(1980년대 이후) *81*
15. 수도권 교회의 성장 *90*
16. 주요 기관들의 수도권 이전: 총회회관, 선교센터, 신학대학원 *99*
17. 서울포럼 *103*
18. 연합기관의 발전 *106*
19. 결론: 앞으로 가야 할 방향과 도전 *109*

III. 내일을 향한 고신 교회의 방향

종합과 평가 01 **고신이 앞으로 나아갈 길** | 권오헌 전 총회장 *114*
종합과 평가 02 **서울 지역 교회의 계속적인 성장을 위해서** | 유해신 목사 *118*
종합과 평가 03 **서울중앙교회의 설립을 통해 본
  고신 교회의 정체성과 비전** | 김진영 목사 *123*

IV. 서울 지역 3개 노회 현황

1. 서울남부노회 *128*
2. 서울서부노회 *178*
3. 서울중부노회 *224*

V. 부록

1. 경기노회 역대 임원 *266*
2. 서울노회 역대 임원 *268*
3. 남서울노회 역대 임원 *270*
4. 동서울노회 역대 임원 *271*
5. 서경노회 역대 임원 *272*
6. 서울남노회 역대 임원 *272*
7. 행정구역 개편 후 수도권 11개 노회 역대 임원 *273*
8. 경기노회 연혁 *279*

편집 후기 *300*

I

축하와 감사

발/간/사

1953년부터 2024년까지

황신기 목사 신촌강서교회 담임, 서울지역고신역사편찬위원장

영국의 여행가 이사벨라 비숍(Isabella Bird Bishop)이 1894년부터 1897년까지 4차례나 조선을 다녀간 것을 출판한 책이 『조선과 그 이웃 나라들(Korea and Her Neighbours)』이다. 이 책은 베스트셀러가 되었고, 현재까지도 사람들에게 읽히는 고전서다.

이사벨라 비숍의 『조선과 그 이웃 나라들』은 유럽인에게 한국인에 대한 참신한 인상을 심어 주었다. 그는 "조선인은 중국인이나 일본인과 닮지 않았고 두 민족보다 훨씬 잘 생겼다. 조선인의 체격은 일본인보다 훨씬 좋고 대단히 명민하고 똑똑하며, 조선인은 '말귀를 알아듣는 총명함'을 타고 났다. 조선인이 능숙하고 기민한 인지 능력으로 외국어를 빠르게 습득하는 탁월한 재능

이 있고, 좋은 억양으로 유창하게 말한다"고 했다.

『조선과 그 이웃 나라들』에서 조선 사람들의 서울에 대한 열망에 대해서는 "조선인의 마음은 서울에 있다. 서울에 사는 사람들은 서울을 떠나 살기를 원치 않는다. 조선인들에게 서울은 살아갈 만한 삶의 가치가 있는 곳으로 여겨진다"고 했다. 그러면 경제학자 홍춘욱이 최근에 한 말을 들어 보자.

수도권은 청년층이 넘친다. 청년들은 대학교와 취업의 기회가 많은 서울에 대해 '놀아도 서울에서 놀아야 한다'고 생각한다. 수도권은 일자리 접근성, 문화 인프라가 대한민국에서 넘사벽이다. 청년들에게 도전할 기회가 많고, 공연, 전시회, 모임 등 개인의 필요를 채워 줄 활동이 많으며, 다양한 사람과 교류할 수 있는 장이 많다. 조금만 관심을 기울이면 최신 정보를 접할 수 있고, 유명인을 직접 대면하기에도 용이하다. 수도권은 뭔가를 해 보고 싶고 성공하고 싶은 사람에게 최적화된 곳이다.

130여 년이 지난 오늘날에도 그렇게 여겨지는 것은 무슨 이유일까? 오죽하면 대한민국을 서울공화국이라고도 할까? "사람은 한양(서울)으로 보내고, 말은 탐라(제주)로 보내라"는 말은 한양을 수도로 삼았던 조선 개국 후 생겨났다. 서울은 6백여 년의 역사와 대한민국의 권력과 재력, 교육·문화 등 모든 것이 몰려 있다. 수도권 인구는 2,601만여 명(전 국민 5,135만여 명의 50.7%다. 2023년 12월 기준)이다. 2024년 대한민국의 인구는 조금 줄었지만, 수도권 인구는 증가했다.

서울특별시와 경기도를 수도권이라고 하며, 교통의 발달로 통근할 수 있는 인천과 강원도와 충청도까지를 수도권이라고도 한다. 경기(京畿)라는 낱말은 서울을 뜻하는 '서울 경(京)'과 수도의 주변 지역을 뜻하는 '경기 기(畿)'가 합쳐진 일

반명사다. 편집위원은 수도권과 경기 지역을 혼합하여 사용하기로 했다.

경기(京畿) 지역은 한국의 정신적인 중심이지만 일제의 지배로 정신적 빈곤으로 허덕였고, 6.25 전쟁으로 사회는 더 어수선해졌다. 이처럼 혼란한 상황에서 이북에서 신앙의 자유를 찾아 남쪽으로 내려온 분들과 복음만이 살길이라는 몇몇 분들의 기도로 1952년 봄에 서울성원교회가 개척되었고, 1953년 여름에 서울중앙교회와 서울영천교회 그리고 용산중앙교회가 개척되었다. 이리하여 2024년 11월 2일에 경기(京畿)노회 설립 70주년이 되었다.

고신총회 경기노회의 교회들은 한국 교회 재건을 위하여 각고의 노력을 기울였다. 또한 하나님의 은혜로 크게 부흥하여 경기노회 1개로 시작되었으나 효율적 노회 운영을 위해 여러 차례 분화하여 현재 11개 노회가 되었다. 2024년 수도권은 11개 노회와 600여 교회, 1,300여 명의 목사, 2,000여 명의 장로들, 그리고 4만여 성도가 모이는 노회가 되었다(제73회 총회 통계 참조).

처음 수도권 지역의 고신 교회에 소속된 성도들은 영호남에서 수도권으로 이주한 이들이 대부분이었으나 세월이 흐름에 따라 수도권 출신 성도들이 점차 많아졌다. 필자는 부산에서 태어나 고신 교회에서 신앙을 배웠고, 고신정신에 투철하고 모범된 어른들과 선배로부터 고신에 대해 배웠다. 1989년 서울에 올라와 35년간 교회를 섬기며 고신의 정체성을 수도권에서도 지키기 위해 '나는 고신의 목사인가? 내가 섬기는 교회는 고신 교회인가?'라는 질문을 계속해 왔다. 수도권 목사, 장로들과 함께 연합하여 일할 때나 타 교단과 연합 활동을 할 때도 '나는 고신의 지도자인가?'라는 질문을 하지 않을 수 없었다.

고신 교회가 수도권 지역에 세워진 첫 번째 목적은 북한 선교를 위해서다.

또 대한민국의 복음화와 청년 복음화로 세계에 고신 교회를 세우기 위해서다. 2022년 10월 서울중부노회는 수도권 지역의 고신 교회의 역사를 정리하기 위해 '서울지역고신역사연구회'를 조직했고, 2024년 형제 노회인 서울서부노회와 서울남부노회도 동참했다. 이후 '서울지역고신역사편찬위원회'로 확정한 후 편찬위원으로 김동춘, 김진영, 김영환, 유해신, 방일진, 신민범, 신수철, 조석연, 조현철, 황신기 등의 목사와 구본철, 배수홍, 정남환 등의 장로로 구성되었다. 편찬위원들의 수고에 진심으로 감사드리며, 수도권 고신이 나아갈 방향을 제시해 주신 권오헌 목사, 유해신 목사, 김진영 목사, 이세령 목사의 노고에 감사드린다.

편찬위원들은 한국 교회의 발전에 지대하게 공헌한 김경래 장로와 고신대학교 이상규 명예교수에게 자문을 구했고, 서울 지역 노회의 개체 교회들과 연합회 문서들을 수집했다. 편찬위원들은 여러 차례 모여서 토론하고 의견을 종합하면서 고려신학대학원 이성호 교수(역사신학)에게 집필을 부탁했다.

축사의 글을 보내 주신 제74회 고신총회장 정태진 목사, 수도권장로연합회장 구본창 장로, 한국 기독교 역사 연구의 독보적 존재인 이상규 교수께 감사드린다. 감사의 글을 보내 주신 신광교회 윤지환 원로목사, 서울영천교회 이용호 원로목사, 다니엘교회 김경래 은퇴장로, 그리고 서울남부노회장 김동춘 목사, 서울서부노회장 최경기 목사, 서울중부노회장 오계강 목사에게도 마음을 다하여 감사드린다.

2024년의 한국 교회는 신학 사조의 혼선과 사회적 타락, 그리고 이단들의 도전으로 매우 혼란스럽다. 교회 지도자들의 잘못으로 교회의 거룩성이 추락하면서 젊은이들이 교회를 떠나고, 더러는 교회를 조롱하기도 한다. 일제의 신사참배로 허물어진 한국 교회를 재건하고 순결신앙을 외친 고신 교회가 지금은 어떠한

지를 묻고 싶다.

고신정신은 우상 숭배에 대한 회개 운동과 교회의 행정과 치리의 공의로움을 위하여 하나님 중심, 성경 중심, 교회 중심의 철저한 신본주의 신앙이다. 또한 신앙의 정통, 생활의 순결을 통해 물량주의와 인본주의, 세속의식에 함몰되어 가는 한국 교회를 지키는 파수꾼의 사명으로 살아왔다. 선배들의 신앙을 본받아 우리도 언제 어디서나 하나님 앞에 있음을 의식하고 정직과 경건을 추구해야 한다.

1952년 4월 29일 대한예수교장로회 총회는 제37회 조선장로교총회의 신사참배 결의에 항거한 출옥 성도들이 중심된 경남[법통(法統)]노회를 축출했다. 이후 1953년 휴전을 전후해서 하나님은 경기 지역에 고신 교회를 세우셨다. 개혁주의 신학에 근거한 순교신앙을 가진 고신인들은 진리의 말씀을 지키려고 목숨을 바쳐 신앙을 지켰다. 순교적 보수신앙이 우리의 정체성이요 물려줄 유산이다. 수도권 지역의 고신 교회는 지난 70년 동안 연약하여 실수가 많았고 이웃의 마음을 아프게도 했으며, 때로는 넘어지기도 했다. 그러나 하나님은 고신 교회를 통하여 수도권 지역에 하나님 나라를 세워가셨다.

수도권의 고신 교회는 지난 70년을 기초하여 앞으로 나아가야 한다. 선배들의 좋은 전통을 계승·발전시키고 부족함과 연약함은 과감하게 극복해야 한다. 수도권 고신 교회는 그리스도 안에서 연합과 포용 정신으로 국가와 민족의 복음화 및 세계 선교를 위하여 더욱 진력해야 한다. 고신 교회의 순교 정신과 포용 정신으로 수도권의 많은 교회가 예수 그리스도 안에서 연합하여 대한민국의 복음화를 이루고 나아가 북방과 세계에 복음의 빛을 강력하게 비추는 꿈을 함께 꾸기를 소망한다.

축/사

하나님의 놀라운 은혜

정태진 목사 고신총회 총회장

    1924년 조선예수교장로회 경충(京忠)노회가 경기노회와 충청노회로 분립되어 오늘에 이르렀다고 한다면 2024년은 아마도 경기노회 설립 100주년을 기념하는 해가 되지 않았을까 생각합니다. 하지만 1938년 조선예수교장로회 총회가 배교를 수용하기로 결정한 사건 이후 조선장로교회의 모든 것이 무너졌고, 1945년 해방을 기점으로 갱신을 통해 새롭게 태어나지 않을 수 없었습니다. 해방 직후 고려신학교를 지지하는 교회 지도자들은 장로교회의 갱신과 개혁의 선봉에 서 있었으나, 1951년 교권주의자들에 의해 총회로부터 추방되었습니다. 이 사건으로 전체 장로교회의 갱신과 개혁은 힘을 잃게 되었고, 고려신학교 지지자들은 1952년에 총노회를 설립함으로써 장로교회의 갱신과 개혁을 추구하기 위해 새롭게 출발하게 되었습니다. 이것이 한국장로교회의 최초 분리이며, 이로 인해 오늘날의 고신 교회가 태동했습니다.

사실상 고신 교회 태동의 중심에는 경남(법통)노회가 있었습니다. 경남노회가 합법적으로 총회에 파송한 목사와 장로 총대들을 총회는 고려신학교를 지지한다는 이유, 총회 명령에 불복종한다는 이유만으로 총대로 인정하지 않았고 그들을 파송한 노회마저도 노회로 인정하지 않았습니다. 교권주의자들에 의해 장악된 총회는 고려신학교를 지지하는 총대들의 총회 출입을 금지함으로써 그들의 언권 자체를 원천적으로 봉쇄해 버렸습니다. 고려신학교 지지자들은 다시 총회가 받아 주길 요청하면서 1년 동안 인내하며 기다렸으나 굳게 닫힌 총회의 문은 열리지 않았습니다. 당시 총회를 장악한 조선신학교 지지자들은 중도 입장의 총대들과 합심하여 결국 고려신학교 지지자들을 한국장로교회로부터 완전히 분리시켰습니다.

결국 고려신학교를 지지하는 경남(법통)노회의 목사 50명과 장로 37명은 1952년 9월 11일 제57회 경남노회로 모인 진주성남교회에서 총노회를 조직했는데, 이 '가설(假設) 총회'가 오늘날 고신 교회의 공식 출범이었습니다. 부산과 경남 지역 중심의 경남노회만으로 시작된 고신 교회의 총노회는 1953년에 경북노회를 설립했고, 그다음 해에는 경기노회와 전라노회를 조직했습니다. 경기노회는 1954년 11월 2일에 서울과 경기 지역을 중심으로 조직되었는데, 이것은 고신 교회 총노회가 총회로 개편되기 2년 전의 일입니다. 이런 점에서 경기노회는 고신 교회가 총노회를 총회로 개편하는 일에 4대 주축 노회 가운데 하나라고 할 수 있습니다.

하지만 경기노회는 고신총회가 성립된 다음 해부터 박윤선 교수와 송상석 목사의 논쟁으로 불거진 송사 문제 때문에 격심한 혼란을 겪었습니다. 송사 문제가 해결되지 못한 상태에서 경기노회는 고신총회와 승동 측 총회의 갑작스러운 합동(1960년)과 환원(1963년)을 겪으면서 교세가 약화되었습니다. 하지만 당시 사설이었던 고려신학교를 고신총회 직영 신학교로 만드는 일에 앞장섰고, 1964년에 그 일을 성공적으로 이루어냈습니다. 1969년에는 한 발 더 나아가 직영 신학교의 서울 이전을 추진하기 시작했는데, 결국 서울에 분교를 설립하여 운영하기 시작했습니다. 1972년 11월 7일에는 교단발전연구위원회가 신학교의 서울 이전을 만장일치로 결의하도록 만들었으며, 이후 1998년에는 목회자를 양성하는 고려신학대학원을 천안으로 이전하는 놀라운 결실을 맺게 되었습니다.

송사 문제로 불거진 경기노회의 내분은 반고소 측 교회들이 고신 교회로부터 떨어져 나가는 불행한 역사였지만, 우여곡절 끝에 반고소 측인 고려 측이 2001년 서경노회의 복귀로부터 시작하여 2015년에는 고신총회와 고려총회가 분열 40년 만에 놀라운 통합을 이루었습니다. 또한 경기노회는 1981년에 경기노회와 서울노회로 나뉘었고, 1986년에는 충청노회를, 1988년에는 경인노회를 분립시켰습니다. 경기노회는 오늘날 고신 교회 산하 11개의 노회(인천, 경기서부, 경기북부, 경기중부, 경기동부, 서울서부, 서울중부, 서울남부, 강원, 충청동부, 충청서부)의 모체입니다. 이런 경기노회가 올해로 설립 70주년을 맞이하게 된 것은 실로 하나님의 놀라운 은혜가 아닐 수 없습니다. 앞으로도 하나님 앞에서 은혜와 복으로 계속 발전해 나가길 바랍니다.

축/사

신앙의 옛터를 다시 회복하며

구본창 장로 수도권장로회연합회 회장

경기노회 설립 70주년을 축하하며 먼저 하나님께 감사드립니다.

한국의 장로교회가 1912년 조선예수교장로회 총회를 필두로 여러 교단들이 생겨났습니다. 일제강점기 장로교가 신사참배 문제로 큰 아쉬움과 많은 상처를 남기고 해방 이후까지 많은 갈등 속에 있다가 다시 6·25 전쟁이라는 민족의 큰 비극을 겪게 되었습니다. 모든 것이 와해되는 것 같았지만, 하나님께서는 남겨진 자들을 통해 다시 일어나게 하신 것을 믿어 의심치 않습니다.

1952년 고신의 총노회 조직 이후 지역의 개체 교회들이 속속히 설립되는 은혜를 누리게 되는 가운데, 우리 경기노회가 1954년 11월 2일에 설립되어

2024년에는 70년이 되었습니다. 그동안 수많은 우여곡절 속에서도 밟히면 다시 일어나고 또 살아나는 들판 위 푸른 들풀처럼 길고 억센 생명력으로 여기까지 오게 된 것은 오직 하나님의 은혜였습니다. 죽으면 죽으리라는 믿음과 헌신으로 시대를 앞서간 목사님, 장로님 그리고 성도들이 함께했기에 한국 교회의 부흥기도 누리게 된 것이라 생각합니다.

그 시대를 살았던 신앙 선조들의 마음과 믿음을 어찌 우리가 다 이해할 수 있으며, 그 당시 상황에서 '어떻게 교회를 지키고 바르게 세울 것인가'라는 그 심정을 우리는 잘 알지 못합니다. 어렴풋이나마 이해되는 것이 있다면 철저한 신앙으로 교회를 지키고 예수님을 고대하는 마음으로 살기 원했던 선조들의 믿음은 지금 이 시대를 살아가는 우리가 본받고 지켜나가야 할 본분이라고 생각합니다.

하나님께서 우리 경기노회에 다시 한번 부흥의 불길을 주셔서 옛 선조들이 이뤄 놓으신 터 위에 시대를 거슬러 올라가 신앙의 옛터를 다시 회복하길 바랍니다. 이 땅을 고치시는 하나님의 역사가 우리를 통해 일어날 뿐 아니라 그 현장에 우리 경기노회가 중요한 사명을 감당할 수 있으면 좋겠습니다. 감사합니다.

축/사

미래를 준비하는 창신의 기회

이상규 교수 전 고신대학교 교수, 현 백석대학교 석좌교수

　금번에 『경기노회 70년사』를 출간하게 되어 환영하고 축하합니다. 경기노회는 1954년 11월 2일 조직되었는데, '고신총로회'가 설립되고 2년이 지났을 때였습니다. 경남(법통)노회는 고신의 모체 노회였고, 이 노회가 '총로회'로 개편된 후 경북노회(1953년)에 이어 경기노회(1954년)와 전라노회(1954년)가 조직되었습니다. 이어 부산노회(1956년)와 진주노회(1956년)가 조직되어 총 6개 노회를 구성하게 되자 1956년 9월 20일 '대한예수교장로회 총회'를 구성하게 되었습니다. 경기노회가 조직될 당시는 서울, 경기, 충청, 강원 지방까지 관할하는 노회였습니다. 비록 수적으로는 미미했으나 세월이 지나면서 서울과 경기 중부지방으로 고신 교회가 개척되거나 분립하면서 교세가 확장되어 70년이 지난 오늘날에는 11개 노회로 발전하게 되었습니다.

뒤돌아보면 하나님의 은혜로 지내 온 70년의 역사임을 고백하지 않을 수 없습니다.

이제 지난 70년의 역사를 정리하여 한 권의 책으로 편찬하게 되었습니다. 교회 역사를 편찬한다는 것은 우리 가운데 역사(役事)하신 하나님의 역사(歷史)를 기억하기 위해서입니다. 신명기 사가(史家)는 "옛날을 기억하라 역대의 연대를 생각하라 네 아버지에게 물으라 그가 네게 설명할 것이요 네 어른들에게 물으라 그들이 네게 말하리로다"(신 32:7)라고 말하고 있습니다. 왜 옛날을 기억하고(remember) 지나온 세대를 성찰하라(consider)고 말할까요? 단 한 가지 이유, 곧 지난 세월을 통해 교훈과 훈계를 얻도록 하기 위해서입니다. 그것이 우리 선조들에게 지나온 자취에 대해 물어야 할 이유이기도 합니다. 역사로부터의 교훈은 역사 연구와 편찬의 가장 중요한 이유입니다. 이를 실용적 가치라고 말합니다. 이번 역사 편찬을 통해 사람들의 끊임없는 불순종에도 불구하고 우리를 선하게 인도하신 하나님의 역사를 깨닫는 기회가 되기를 바랍니다.

이번에 『경기노회 70년사』의 집필과 편찬을 위해 수고하신 관계자 여러분들에게 경의를 표하며, 이 책이 지난 70년을 뒤돌아보고 앞으로의 70년 혹은 100년 그 이상의 미래를 준비하는 창신(創新)의 기회가 되기를 바라면서 축사를 대신합니다.

감/사

앞으로 100년을 바라보며

윤지환 목사 신광교회 원로

할렐루야!

먼저 『경기노회 70년사』를 출간하게 하신 하나님께 감사를 드립니다. 제가 1967년 경기노회에 왔을 때는 행정 구역을 충청도부터 서울, 강원까지 포함하여 경기노회라 명하여도 교세가 약하여 매우 어려운 상황이었습니다.

이런 경기노회가 하나님이 복 주심으로 70년이 지나면서 현재는 서울에 세 곳(서부, 남부, 중부), 경기에 네 곳(동부, 서부, 북부, 중부), 충청에 두 곳(동부, 서부), 인천노회, 강원노회까지 무려 11개 노회가 되었습니다. 경기노회가 고신 총회 역사와 함께하는 70년의 전통을 가진 뿌리 깊은 노회로 거듭나게 하시니 말할 수 없는 감동과 기쁨에 감사를 드립니다.

돌아볼 때마다 70년의 모든 시간은 하나님께서 인도하신 은혜의 시간이었습니다. 앞으로 수도권의 모태가 되는 경기노회는 태동 시에 가졌던 그 정신을 계승하고 굴절된 한국 교회사를 바로 세우며, 개혁주의 세계 교회를 건설하려는 목적을 이루어 가길 소망합니다.

아울러 '코람데오(*Coram Deo*, 하나님 앞에서)'의 아름다운 전통을 온전히 계승하여 앞으로 100년을 바라보며 다음 세대를 든든히 세워가는 모든 노회가 되길 기도합니다.

감/사

역사에 담긴 교훈과 흔적

이용호 목사 서울영천교회 원로

　금번에 『경기노회 70년사』를 편찬하게 된 것을 진심으로 경하(慶賀)드립니다. 1954년을 기점으로 경기노회가 설립된 후 70여 년의 시간 속에서 수도권 역에 11개의 노회가 세워지고 한국 교회 전체의 발전 속에서 고신 교단의 한 몫을 담당하는 교세를 이루게 된 것에 대해 하나님께 감사와 영광을 돌립니다. 이는 하나님의 풍성한 은혜와 선대들의 순교적인 희생과 인내에 대한 축복인 줄 믿습니다.

　예수님은 이땅에 오셔서 한 권의 책도 남기지 않으셨습니다. 그러나 하나님은 성경의 저자들을 통하여 영감된 말씀을 문서로 기록하게 하셨습니다. 우리에게는 글과 책이 필요합니다. 그래서 『경기노회 70년사』를 펴내는 이유와 목적이 있다고 믿습니다.

사건이 엮어진 역사 속에는 교훈이 있고 기념의 흔적을 비롯한 매우 값진 유산이 담겨 있습니다. 교훈이라면 당대의 우리가 새겨서 하나님의 뜻을 이 땅에서 성취해 드려야 하는 희생과 섬김이 있어야 합니다.

나는 부산에서 30년, 서울에서 30년, 그리고 경기에서 10년을 살았습니다. 고신 교회는 거의 6~70퍼센트가 영남에서 큰 나래를 펴고 있으나 수도권에서는 타 교단에 비해 한쪽 날개가 허약한 편입니다. 만약 신학교가 1980년대쯤 서울에서도 자리 잡고 수도권 교회가 영남 지방의 교세만큼 발전했다면 얼마나 더 큰 역할과 사명을 감당할 수 있었을까 하는 아쉬움을 실감했습니다. 이번에 『경기노회 70년사』를 출판하면서 현재에 안주하지 말고 이제라도 교훈을 얻어 더욱 수도권 복음 전파에 협력하는 사역이 더하기를 바랍니다.

한편 『경기노회 70년사』의 기록은 후대에게 값진 자산이자 기념이 됩니다. 교회의 사역에는 이벤트성 전시적 행사가 있고 목적을 성취하는 기념비적인 행사가 있습니다. 이번 역사 편찬은 하나님 나라의 영광을 구현하고 성령이 의도하시는 목적이 성취되는 기념이 되기를 축원합니다.

역사에는 역기능적 흔적과 순기능적인 흔적이 공존합니다. 공동체의 발전을 저해하는 역기능적 요소는 철저히 비우면서 청산하고, 순기능적 교훈은 살려서 하나님 나라의 공동체를 세워가는 데 선한 도구로 사용되기를 바랍니다.

그동안 오랜 기간에 방대한 자료 수집과 정리, 집필과 출판에 헌신하며 수고하신 스태프와 실무자들에게 진심으로 격려의 박수와 함께 감사를 드리면서 축사를 갈음합니다.

감/사

70년을 의미 있게 보내자

김경래 장로 한국기독교100주년기념재단 부이사장

　『경기노회 70년사』는 한국 교회 140년 역사의 후반부에 형성된 눈부신 사도행전이다. 일제강점기 신사참배 강요에 굴하지 않고 신앙의 절개를 지켜내다가 출옥한 한상동, 손양원, 이인재, 손명복, 주남선 등 출옥 성도들이 한뜻 몰아 설립한 신앙 공동체인 예장 고신의 후예들이다.

　경남(법통)노회에서 시작된 고신 교단이 교세를 수도권으로 확장하면서 그 정체성의 위기를 느끼게 되었다. 그 무엇보다 교단이 본질에서 벗어나면 변질(變質)이 되고, 이질화(異質化)되고, 타질화(他質化)되고, 저질화(低質化)된다. 교회나 노회, 총회의 양적 성장은 눈에 보이나 질적 성장의 열매는 찾아보기 쉽지 않다.

하나님 중심, 성경 중심, 교회 중심으로 굳어진 순교신앙은 쇠퇴하고, 세속적인 인본주의가 교단의 순수성을 오염시키고 있다. 고신의 순수성은 모든 교단이 높이 평가하고 존경해 왔다. 교회연합사업으로 건립한 용인의 한국기독교순교자기념관도 고신이 주도했고, 회개 운동과 기도 운동에는 고신 지도자들이 늘 앞장서 왔다.

이 아름답고 자랑스런 고신 선배들의 수고와 헌신을 기억이나 하면서 살아가는지 모르겠다. 70주년을 감사하면서 우리를 돌아보자.
우리를 지켜보자.
내일을 내다보자.

소돔과 고모라를, 바벨론 포로를, 그리고 일제강점기 36년과 6·25 전쟁을 교훈 삼는 경기노회 산하 교회들이 되기를 소망한다.

감/사

100년사를 향한 이정표

김동춘 목사 서울남부노회 노회장

『경기노회 70년사』 발간을 진심으로 축하드립니다.

1884년으로부터 한국 교회가 70주년이 되는 해인 1954년에 경기노회가 설립되었습니다. 그로부터 70년이 흘러 한국 교회 140주년 즈음에 경기노회는 설립 70주년을 기념하게 되었습니다. 역사의 마디를 50년으로 잡기도 하지만, 한국 교회사와 경기노회사는 70주년을 마디로 우리에게 그 의미를 부여하고 있습니다. 그렇다면 이제 남은 70주년은 우리 후배들에게 남겨진 마디입니다. 과거의 역사를 감사함과 아울러 미래의 시대를 열어갈 우리 후배들에게는 그 역사적 과업 앞에 숙연함을 가지게 합니다.

특히 경기노회가 설립될 때의 가치를 지금 그리고 앞으로 어떻게 이어갈지는 고스란히 우리 후배들의 몫입니다. 경기노회의 설립 가치는 크게 세 가지라고 합니다. 바로 '진리 수호' '연합' '북한 선교'입니다.

'진리 수호'에 대해서는 고신의 정체성과 관련하여 여전히 그 가치가 계승되고 있으며, 또한 11개 노회로 분화되면서까지 발전했으니 성공한 셈입니다. 그다음 '연합' 부분에서는 아쉬움이 많이 남습니다. 소위 '총공회' '재건파' '승동파' '반고소 측' 등과의 연합에서 좀 더 유연하게 하나됨을 추구했더라면 경기노회의 교세는 더욱 커졌을 것입니다. 이 지점은 하나님 앞에서 반성과 회개가 수반되어야 할 영역입니다. 하지만 현재 '서울포럼' '수도권장로회' '여전도회' '학생신앙운동' '교회학교' 등에서 연합 운동이 활발하게 진행되고 있으니 앞으로의 전망은 더 밝다고 하겠습니다. 마지막으로 '북한 선교'인데, 현재 통일선교원과 서울통일포럼이 수도권에 조직되어 열심히 활동하고 있고 수도권 산하 교회들도 북한 선교에 열심을 내고 있으니 선배들의 염원이 충족되었다고 해도 무방하겠습니다.

『경기노회 70년사』는 우리 후배들에게 큰 귀감이 되는 책입니다. 노회와 교회를 위해 삶을 드린 선배님들의 이야기가 담겨져 있기 때문입니다. 하나님의 부르심을 따라 서울 지역 고신 교회를 위해 헌신하신 선배 목사님들의 스토리는 가슴 뭉클하고 옷깃을 여미게 합니다. 하나님의 충직한 종으로 신실한 섬김과 헌신으로 고신 교회를 견고하게 세워 온 귀한 선배님들의 흔적을 찾게 했습니다. 그런 점에서 『경기노회 70년사』는 단순히 과거를 기념하기 위한 책이 아니라 현재를 살아가는 후배들에게 분발을 촉구하며 앞으로 100주년을 향한 이정표를 제공해 주는 귀하고 귀한 책입니다.

감/사

이 시대 어두움을 밝히는 등대

최경기 목사 서울서부노회 노회장

　약속에 변함없으신 신실하신 하나님의 섭리하심과 이끄심 속에 서울 지역에 경기노회를 세우시고 지난 70년의 세월 동안 한순간도 쉬거나 주무시지도 않고 인도하신 하나님의 은혜에 찬양과 경배와 영광을 드립니다. 때로 지나온 세월 속에 고난의 시간이 있었고 아픔의 시간도 있었으며, 영광스러운 시간도 있었습니다. 하지만 그 모든 시간이 오늘 우리에게 아름다운 역사(歷史)가 되었음을 고백하지 않을 수 없습니다.

　혹자는 "역사는 성경 다음으로 소중한 자산"이라는 말을 남겼습니다. 아마도 이 말은 하나님의 말씀인 성경은 역사적인 사실의 기록으로서 하나님의 일하심을 진실하게 기록하고 있듯이 한 공동체의 역사(歷史)도 진실하고 정직하게 쓰라는 의미가 아닌가 합니다. 어떤 때는 성공도 있지만, 또 어떤 때는 실패도 있기에 교회 공동체의 역사를 올곧고 진실하게 써야 한다는 것입니다. 그래서 그 역사를 통해 우리 신앙의 유산을 이어갈 다음 세대에게 신앙의 아름다운 이력을 신실하게 계승해야 할 것을 소원하는 말이기에 자산이라고 표현하는 것 아닌가 생각합니다.

그런 의미에서 오늘 우리가 남기는 『경기노회 70년사』는 대단히 중요한 의미가 있습니다. 『경기노회 70년사』를 통해 지금까지 주의 교회를 위해 일해 오신 하나님의 손길을 직접 경험할 수 있고 하나님의 손길을 통해 앞으로 우리가 가야 할 새로운 날들을, 또 그렇게 우리를 인도하신 하나님만을 의지하며 걸어갈 수 있기 때문이다.

『경기노회 70년사』를 통해 신실하신 하나님의 인도하심을 정직하게 기록하여 그 신앙의 유산을 다음 세대에게 물려준다면, 그것을 통해 우리 믿음의 후손들이 또 하나의 하나님의 역사(役事)를 써 나갈 수 있다는 점에서 대단히 중요한 의미를 가지게 될 것입니다.

바울은 "이러므로 우리가 하나님께 끊임없이 감사함은 너희가 우리에게 들은 바 하나님의 말씀을 받을 때에 사람의 말로 받지 아니하고 하나님의 말씀으로 받음이니 진실로 그러하도다 이 말씀이 또한 너희 믿는 자 가운데에서 역사하느니라"(살전 2:13)고 말합니다. 데살로니가 교회에 전하여 준 말씀을 하나님의 말씀으로 가감 없이 받은 것에 대해 감사하고 있고, 또 그렇게 받은 말씀이 역사(役事)한다고 말하고 있습니다. 오늘날 경기노회도 경기노회를 통해 수도권 11개 노회로 성장하기까지 역사한 것이 하나님 말씀의 역사임을 믿고 고백하며 인정한다면 하나님은 분명 그 고백을 통해 더 아름다운 노회로 자라갈 수 있도록 인도하실 것입니다.

　밤이 깊고 어두울수록 항해 중인 선박은 강렬한 불빛을 발하는 '등대'가 필요합니다. 2025년의 지금, 하나님의 말씀에 대한 열정이 식어가고 말씀에 대해 회의하고 불신하는 자들이 많아져 가는 한국 교회의 상황입니다. 이럴 때 경기노회가 지금까지 써온 70년의 역사를 통해 하나님 나라 역사의 산증인으로서 이 시대의 어두움을 밝히는 등대가 되어 교회의 사명을 더 잘 감당해 내리라 믿고 감사를 드립니다.

감/사

한국 교회의 모본이 되기를

오계강 목사 서울중부노회 노회장

'역사를 연구하는 목적은 단순히 과거를 아는 데 있는 것이 아니라 미래를 준비하는 데 있다'라고 합니다. 경기노회 설립 70주년을 맞아 수도권의 고신 역사 70년을 정리하여 책으로 출간하는 것은 매우 뜻깊은 일입니다. 고신의 과거를 알 뿐만 아니라 고신의 미래를 준비하는 일이기 때문입니다.

1954년 11월 2일에 대한예수교장로회 고신총회의 수도권 첫 노회인 경기노회가 설립되었습니다. 이후 경기노회는 발전과 분립을 반복하면서 2017년에는 11개의 노회로 재편되었으며, 서울서부노회가 그 전통을 이어받았습니다. 지난 70년의 시간은 고신총회를 통하여 수도권에 순교자의 신앙의 씨앗이 뿌려진 시간이었으며, 현존하는 11개 노회는 뿌려진 씨앗의 열매입니다.

모든 것이 하나님의 은혜이자 신앙 선배들의 헌신과 기도의 결실입니다.

그 귀한 시간을 역사 속에 묻어두지 않고 한 권의 책으로 재탄생시키는 것은 감사하고 축하할 일입니다. 지난 70년간 수도권 고신의 역사가 앞으로 100주년, 200주년의 소중한 지침서가 될 것이기 때문입니다.

이 책이 수도권에 있는 고신 교회들에게 귀한 밑거름이 되어 순교자의 신앙을 전수하는 일에 쓰임 받기를 기대합니다. 또한 교단을 넘어 모든 한국 교회의 모본(模本)이 되어 한국 교회가 새롭게 도약하는 일에 있어 발판이 되기를 소망합니다.

이 일을 위해 수고하고 헌신하신 서울지역고신역사편찬위원회의 위원들에게 감사의 마음을 전합니다. 각자의 교회를 돌아보는 것도 힘겨운 일인데 시간을 쪼개고 보태어 큰일을 해내었습니다. 위원들의 수고와 헌신이 하나님의 마음에 새겨질 뿐만 아니라 이 땅의 역사에서도 소중하게 기억되기를 바랍니다.

II

경기노회 70년사

이성호 교수 | 고려신학대학원 역사신학

1. 조선예수교장로회 경기노회

1912년 최초로 조선예수교장로회(朝鮮耶蘇敎長老會) 총회가 모였을 때 현재 수도권 지역을 대표하는 노회는 경충노회(京忠老會)였다. 그 당시 평안도의 경우 남평안노회와 북평안노회로 구성되어 있었다는 것을 고려한다면 경기 지역은 장로교회의 중심이 아니었음을 알 수 있다. 신학교도 서울이 아니라 평양에 있을 정도로 장로교의 중심은 평안도 지역이었다. 그렇지만 제1회 총회 이후 수도권 지역에 위치한 교회들은 계속 성장했고, 1924년에는 경충노회가 경기노회(京畿老會)와 충청노회(忠淸老會)로 분립되었다. 분립 이후에도 경기노회는 계속 성장하여 1932년에 경기노회와 경성노회(京城老會)로 분립했다.[1] 이때 각종 문서는 경기노회가 보관하도록 결정했기 때문에 경기노회는 지속적으로 이 지역의 중심 노회가 되었다.

경성노회가 설립되고 나서 얼마 지나지 않아 경중노회(京中老會)가 경성노회에서 분립했다. 이 분립을 주도했던 인물은 이후에 조선신학교(朝鮮神學校)의 이사장이 되는 함태영(咸台永) 목사였다. 이 분립에는 신학적·지역적 요인이 매우 크게 작용했다. 1930년대부터 신학적 문제가 총회에서 본격적으로 제기되기 시작했는데, 1934년에는 YMCA의 총무였던 신흥우(申興雨)가 주도하여 설립한 '적극신앙단(積極信仰團)'을 이단으로 정죄했다. 이 결정에 따라 단체에 가입했던 함태영, 전필순(全弼淳), 최기덕 등에 대해 경성노회가 노회 회원권을 정지하자, 이들은 경중노회를 따로 설립했다. 신설된 노회는 총회에서 인준받지 못했으나 1937년 총회의 노력으로 경성노회와 다시 하나로

---

1 이때 경기노회는 교회가 105곳, 목사가 30명이었던 반면, 경성노회는 교회가 16곳, 목사가 11명이었다. 이장식, "송암 함태영 목사의 숭고한 일생", 「세계와선교」 No. 231 (2019), 34.

회복하기도 했다. 이와 같은 상황에서 경기노회의 규모는 계속 작아지게 되었고, 총대 파송에 있어서 불리하게 되자 결국 1942년에 두 노회는 다시 합병하게 되었다. 재결합한 노회에서 전필순은 노회장으로 선출되었다. 해방 직전 경기노회는 진보적인 신학을 추구하던 이들이 상당한 세력을 형성하고 있었다.

1938년 총회에서 신사참배(神社參拜)를 강압적으로 가결시킨 일제는 조선의 모든 개신교회들을 하나로 통합하여 일본화하려고 했다. 먼저 제31회 총회(1942년)를 마지막으로 조선예수교장로회 총회는 해체되어 일본기독교조선장로교단으로 개편되었고, 이 교단마저 3년 뒤 완전히 해체된 후 해방 직전 1945년 8월 1일에 감리교회와 합동하여 일본기독교조선교단(日本基督教朝鮮教團)으로 병합되어 버리고 말았다. 이 과정에서 재결합된 지 1년이 지나지 않은 경기노회는 해체되었고 각 개체 교회들은 일본화된 일본기독교조선장로교단, 곧이어 일본기독교조선교단의 하부 단위로 존재할 수밖에 없었다. 해방 직전 경기노회는 물론이고 장로교회 자체가 (적어도 법적으로는) 사라지고 말았다.

1945년 해방 직후 교회가 재건되는 과정에서 감리교회와 장로교회는 다시 원상태로 복구가 되었다. 해방은 독립이 아니라 분단으로 이어졌고, 이 분단은 한국 장로교회에도 큰 영향을 미쳤다. 국가의 분단으로 장로교 총회 역시 38선 이남에서만 재건될 수 있었다. 반쪽으로 재건된 장로교 총회의 가장 큰 특징은 총회의 중심이었던 서북 세력들이 대부분 배제되었다는 사실이다. 반대로 이전까지는 총회에서 상대적으로 세력이 약했던 경기노회가 38선 이남에서 가장 힘이 있는 세력으로 등장했다. 특히 조선신학교가 서울에 있었기 때문에 경기노회는 총회에서 중심적인 자리를 차지했다.

재건된 경기노회에서 가장 큰 영향력을 발휘한 사람은 전필순이었다. 이후 통합 교단의 대표적인 교회가 된 연동교회의 담임목사 전필순은 전형적인 친일파 인사였다.² 그는 1951년부터 1954년까지 무려 네 차례나 연속으로 노회장을 역임했을 뿐 아니라³ 1957년에는 총회장으로 선출되기까지 했다. 전필순의 예를 보면, 그 당시 수도권 지역에 얼마나 친일 세력들이 지배적인 영향력을 행사했는지 알 수 있다. 경기노회는 새로 재건되어 남한 교회만 모인 '대한예수교장노회 남부대회'에서 교권 투쟁의 중심이 되었다. 조선신학교가 원인이 된 한국기독교장로회(韓國基督敎長老會, 이하 '기장') 측의 분열, 그리고 WCC(세계교회협의회, World Council of Churches)를 둘러싼 통합(統合)과 합동(合同)의 분열은 모두 경기노회에서 시작되었다. 조선신학교의 핵심 인물인 김재준(金在俊) 목사는 경기노회 소속이었다가 총회로부터 제명당했고, 통합과 합동의 직접적인 분열 원인이었던 총대 선출 문제도 경기노회에서 발생했다.

해방 직후 수도권 지역은 경남노회와 달리 고려파(高麗派, Corea Church) 운동의 불모지였다. 김현봉 목사가 개척하고 시무했던 아현교회(1932년 설립)를 제외하면 고려파 운동을 지지했던 교회는 단 하나도 없었다. 1947년 이인재 전도사가 개척한 교회(서울 성산교회)⁴마저 한국전쟁으로 인해 사라지고 말았다. 사실상 수도권 지역에서 고려파 운동은 무(無)에서부터 시작되었다고 해도 과언이 아니다. 이 지역에 고려파 교회가 본격적으로 세워진 시기는 1952년 '총로회(總老會)'⁵가 발회(發會)된 이후였다.

해방 직후의 상황과 오늘날 고신총회(高神總會)의 교세를 비교해 보면 수도권에서 고신 교회의 성장은 하나님의 은혜 외에는 설명할 길이 없을 것이

---

2 친일반민족행위진상규명위원회, 『친일반민족행위진상규명 보고서 IV-15: 친일반민족행위 결정』 (서울: 현대문화사, 2009), 825-856.
3 1943년부터 1950년까지는 노회 자료가 존재하지 않음.
4 1967년 자양동에 설립된 서울성산교회(장태영 담임)와는 구분되어야 함.
5 이하 '총노회'로 표기 통일.

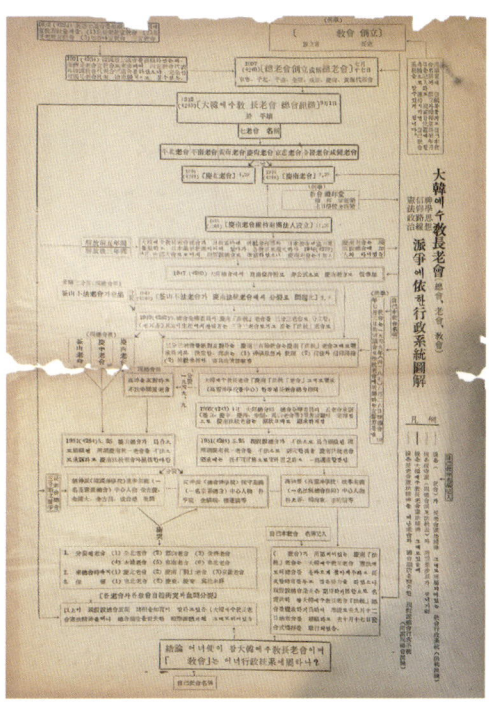

※ 1952년 9월 11일 결의된 대한예수교장로회 총노회 발회식 선포문(左)과 발회식 선포문 이면에 실린 행정계통도해(右) [출처: 고신뉴스 KNC]

다. 두 번의 반고소 논쟁과 환원의 역사만 없었더라면 오늘날 수도권에서 고신 교회는 훨씬 더 큰 성장을 맛볼 수 있었을지 모른다. 어떤 의미에서는 그와 같은 고난과 어려움이 있었음에도 오늘날과 같이 성장한 것은 더 값진 의미를 가진다고 할 수 있다.

2. 고려파 경기노회의 형성

고신 교회의 형성에 대해서는 이미 여러 연구서들이 많이 나왔다. 또 이 책의 의도가 수도권 지역 고신 교회의 역사를 살피는 것이기 때문에 본서에서 고신 교회의 형성에 대해 상세히 다룰 필요는 없을 것이다. 그럼에도 수도권 지역의 고신 역사는 전체 고신총회의 한 부분이기 때문에 고신 교회의 형성을 언급하지 않고 이 지역의 역사를 논하는 것은 불가능하다. 따라서 1952년 총노회가 설립되기까지 핵심적인 사항만 간단하게 언급하고자 한다.

1946년 '남부대회(南部大會)'라는 이름으로 모인 광복 후 첫 장로교 총회에서 두 가지 중요한 결정을 했다. 하나는 자유주의 신학을 천명한 조선신학교를 총회 직영 신학교로 지정하는 것이고, 다른 하나는 신사참배를 단순히 취소하는 것이었다. 이 두 결정은 앞으로 한국 장로교회가 어떻게 나아갈 것인지를 미리 보여 주는 예표적 사건이라고 할 수 있다. 결국 신사참배 문제로 고려파와 총회파가 분리했고, 신학교 문제로 조신파와 장신파가 분리했기 때문이다. 권징과 교리에 대해서 총회가 올바른 결정을 하지 않을 때 교회가 어떤 어려움을 겪는지는 역사가 증명하고 있다.

총회는 신사참배 문제를 해결할 의지가 전혀 없었고, 신학교 문제를 정치적으로 해결하려는 움직임이 명백해지자 한상동(韓尚東), 주남선(朱南善) 목사는 고려신학교(高麗神學校)를 설립하여(1946년 9월 20일) 총회를 개혁하려고 했다. 그 당시 신학교를 새로 설립한다는 것은 결코 쉬운 일이 아니었다. 재정 문제는 말할 것도 없지만, 무엇보다 보수신학을 가르칠 교수가 없었다. 하지만 철저한 칼빈주의자요 탁월한 주경신학자였던 박윤선(朴允善) 목사가 교수직을 수락함으로써 고려신학교는 첫걸음을 내딛을 수 있었다. 박윤선은 주남선, 한상동과 달리 평북 철산 출신이기 때문에 장차 이북 출신의 교회 지도자들이 고려파 운동에 보다 쉽게 참여할 수 있었다.

고려파 운동은 거의 전적으로 부산과 경남 지역

※ 고려신학교 2대 교장 박윤선 목사
(1905~1988년)

에 집중되었기 때문에 초기에는 전적으로 경남노회를 중심으로 전개될 수밖에 없었다. 하지만 아쉽게도 고려파 운동은 경남 지역에서도 노회원들의 압도적 지지를 받지 못했다. 친일반민족행위자이자 '한국 교회에서 가장 악한 자들 중 하나'[6]인 김길창(金吉昌) 목사의 영향력은 노회 안에서도 상당했다. 김길창은 특별히 총회에서 상당한 지지를 받고 있었기 때문에 노회에서 지지받지 못하는 경우에도 자신의 입지가 별로 흔들리지 않았다.

  신설된 고려신학교의 앞날은 불투명하기만 했다. 경남노회에서 교권을 누가 장악하는가에 따라 고려신학교의 상황이 좌우되었다. 1947년 9월 20일 송상석(宋相錫) 목사가 목숨을 걸고 만주 봉천(奉天)에 있었던 박형룡(朴亨龍) 박사를 모시고 오는 데 성공했다. 익월인 10월 14일 박 박사가 교장으로 취임하게 되자 경남노회에서 고려파 운동은 큰 힘을 얻게 되었다. 특히 박형룡 박사에게 수학하기 위해 34명의 조선신학교 학생들이 부산으로 내려온 것도 힘을 보탰다. 박 박사가 계속 시무했다면 고려파 운동은 비경남권에서 더욱 강력한 힘을 얻었을 것이다. 특히 서울에서 내려왔던 학생들이 졸업 후 수도권에 교회를 세웠다면 수도권에서의 고려파 운동은 급격하게 확산되었을 것이고, 고려신학교도 훨씬 빨리 자리 잡을 수 있었을 것이다.

  박형룡 박사는 고려신학교에 취임한 지 1년도 되지 않아 설립자들과의 견해 차이로 고려신학교를 떠나고 말았다. 몇 가지 이유가 있지만, 주요한 한 가지는 조신파들과 싸우기 위해서는 신학교를 서울로 이전해야 한다는 것이었다. 고려신학교 설립자들도 박형룡 박사의 의견에 동의했지만, 시기에 대해서는 견해를 달리했다. 앞서 언급했듯이 서울에는 고려파 운동을 지지하는

---

6 Bruce F. Hunt, "Report from Korea", *The Messenger*(미국 정통장로교회의 선교사 정기간행물) (1947.2), 2-3. Harvie M. Conn, "Studies in the Theology of the Korean Presbyterian Church? An Historical Outline: Part IV," *Westminster Theological Journal* 30.2 (1968.5), 143에서 재인용.

교회가 사실상 한 곳도 없었다. 고려파 운동을 지지하는 교회가 서울에 몇 군데라도 있었다면 한상동 목사도 생각을 달리했을 것이다. 이 당시 처음으로 논의가 시작된 신학교의 수도권 이전은 50년이 지난 1998년에야 비로소 실행될 수 있었다.

박형룡 박사가 서울로 떠난 후 경남노회는 내분으로 인해 격렬하게 서로 대립했다. 노회에서 입지가 줄어든 김길창은 총회 세력을 등에 업고 고려파를 지속적으로 제거하려 했다. 경남노회는 분열되기 시작했고, 총회에 각각 총대를 파송하게 되었다. 1950년 4월 21일에 개최된 총회(대구제일교회당)에서는 조선신학교와 경남노회 총대 문제로 격렬하게 다투다가 정회할 수밖에 없었다. 정회된 노회는 바로 이어 발생한 한국전쟁으로 인해 다음 해에 부산에서 속회되었다. 이 총회에서는 고려파 지도자들로 구성된 경남(법통[法統])노회 총대들을 거부함으로써 고려파에 대한 입장을 사실상 최종적으로 확인했다. 1952년 4월 29일에 개최된 총회(대구서문교회당) 역시 기존 입장을 재확인했고, 총회에서 축출된 고려파 지도자들은 진주성남교회에서 총노회를 조직했다. 이때 서울·경기 지방에서 총노회에 가입한 교회는 아현교회(김현봉 목사 시무)와 성산교회(이인재 전도사 시무) 두 곳뿐이었다.

3. 고려파 경기노회의 발아기

고려신학교의 설립(1946년)에서 총노회(1952년)가 설립되기까지 수도권에서의 고려파 운동은 사실상 전무했다고 해도 과언이 아니다. 고려파 운동은 거의 경남 지역 중심으로 이루어졌으며, 경북 지역에서 그나마 의미 있는 지지 세력을 확보할 수 있었다. 수도권에서 고려파 교회의 개척은 그야말로 선교나 다름없었다. 50년에 발발하여 3년이나 이어진 한국전쟁으로 인해 이 지역에서 고려파 운동이 뿌리내리기는 더욱 어려운 일이었다.

물론 고려파 지도자들이 수도권 지역에 대해 완전히 무관심했던 것은 아니다. 출옥 성도인 이인재(李仁宰) 전도사[7]가 고려신학교를 1회로 졸업하고(1946년 6월 27일) 신당동에 서울 성산교회를 개척했다(1948년).[8] 이 교회는 사실상 수도권에 설립된 첫 번째 고려파 교회라고 할 수 있다. 아직 목사 안수를 받지 않았지만, 박윤선, 이약신(李約信), 한상동과 함께 전국적으로 사경회를 인도할 정도로 인정받는 훌륭한 목사였다. 이인재는 백영희(白永喜) 목사와도 깊은 친분 관계를 가지고 있었다. 비록 이인재가 박윤선 목사와 동갑이지만, 그에게 배웠기 때문에 박 목사를 스승이라고 생각했다. 이와 같은 배경으로 인해 환원할 때 이미 고신을 떠나 있었던 박윤선 목사와 함께 합동에 잔류하게 되었다.

첫 번째 주목할 교회는 서울 성산교회다. 서울 성산교회에서 이인재의 사역은 상당히 성공적이었다. 대표적인 예로 1950년 1월에 한부선(韓富善, Bruce Finley Hunt) 선교사를 청하여 부흥회를 열었는데, "각 교파 교회의 신도들이 많이 참석하여 4백여 명에 달하므로 예배당 벽을 헐었을" 정도였다. 새 교인도 많이 생겼고, 다른 교파로부터 돌아온 교인들도 많았다.[9] 전쟁 발발 직전인 6월 12일부터 일주일간 박윤선 목사를 초청하여 '대부흥회'를 열었는데, "진리의 폭탄을 던져 많은 은혜를 받았다"라는 평가를 받았다.[10] 안타깝게도 성산교회는 얼마 후 한국전쟁으로 인해 완전히 와해되고 말았다. 전쟁이 아니었다면 이 교회는 서울 지역에서 가장 큰 고려파 교회로 성장할

7　박시영, 『태양신과 맞서 싸운 신앙의 투사 이인재 목사』 (서울: 영문, 2006).
8　이인재 목사는 1951년 3월 6일 경남노회에서 안수를 받았고, 서울 성산교회는 1967년에 설립된 현 서울성산교회(장태영 담임, 광진구 자양동)와는 다른 교회다.
9　기독청년면려회 경남연합회, 「면려청년」 제8호, 1950년 3월 1일자, 2쪽.
10　「면려청년」 제11호, 1950년 6월 25일자, 3쪽.

수 있었을지도 모른다.

두 번째 주목할 교회는 서울성원교회다. 서울성원교회를 설립한 초대 목회자는 명신익(1967년 소천, 총신대 학장을 지낸 명신홍의 동생) 목사다. 그는 청년 시절 평양 산정현교회에서 신앙생활을 하다 1947년 남한으로 내려와 부산에 거주했다. 이후 고려신학교를 6회로 졸업한(1952년) 후 전도사가 되었고, 밀양 삼문교회에서 전도사로 봉사했다. 신학교 졸업 후 명신익은 서울로 올라와 교회 개척을 위한 준비를 시작했는데, 전도사 시절에 알게 된 몇몇 성도들이 함께했다(서울성원교회는 그 첫 모임이 있었던 1953년 5월 25일을 교회 설립일로 지정했다). 명신익 전도사가 부산보다는 고향과 더 가까운 서울에서 교회 개척의 꿈을 가졌던 것은 사실이지만, 실제 교회 개척을 시작하게 된 데에는 교단 지도자들의 관심과 후원이 큰 힘이 되었다. 모임 시작 몇 달 후인 1953년 10월 14일에 교회는 중구 회현동 전기홍 장로의 사가 앞뜰에 가건물을 짓고 예배 처소를 이전했다. 같은 해 11월 29일 헌당예배를 드릴 때 한상동, 한명동(韓命東) 목사가 그 자리에 임석한 것을 보면 교회 개척 당시부터 교단 지도자들의 관심과 후원이 있었음을 짐작할 수 있다. 현재 남아 있는 기록을 살펴보면 실제 명신익이 서울에 올라와 교회 개척을 한 것은 총회의 파송으로 시작된 일이라고 말하고 있다.[11] 처음 시작할 때는 서울교회로 시작했다가 명동 일대에서 예배 처소를 옮길 때마다 북창교회(1954년)와 흥천교회(1962년)로 변경되었다. 서울성원교회로 이름을 정한 것은 1967년의 일이다. 1967년 남창동으로 옮겨간 후 예배당 건물은 서울고려신학교 교사로 사용되기도 했다. 1969년 마포구 공덕동에 새 예배당을 건축한 이후에는 제21회 교단 총회

---

[11] 1953년 8월 2일 본 교단 총회에서 서울 지역 개척을 위하여 명신익 전도사를 파송하여 서울 중구 남창동 소재 유치원 교사에서 개척 교회를 시작하고, 교회명을 '서울교회'라 함("교회 연혁", 『서울성원교회 회보 60주년 특별호』, 130).

(1971년)와 제30차 전국SFC 동기수양회(1972년) 등의 장소로 제공하면서 교단을 위한 봉사를 시작했다.

세 번째 주목할 교회는 서울중앙교회다. 대개 서울중앙교회는 1953년 8월 2일에 설립된 것으로 알려져 있다. 하지만 1950년 3월 1일자「면려청년」지에 따르면 한부선 선교사가 3월 3일부터 4일간 부흥사경회를 인도한 것으로 기록되어 있다.[12] 자료가 없어서 더 이상 정확한 것을 알 수 없지만, 한국전쟁 직전에 '서울중앙'이라는 이름으로 기도소나 집회 모임이 존재했던 것으로 추정된다. 혹은 동일한 이름을 사용하는 재건파(再建派) 교회일 수도 있다.

적어도 이 세 교회는 서울 지역에서 고려파 운동의 출발점이라고 할 수 있다. 차이점이라면 서울중앙교회는 한국전쟁 이후에 교회로 설립되어 수도권에서 고려파 운동의 중심이 되었다는 점이다.

4. 고려파 경기노회와 재건파의 영향

수도권에서 초기 고려파 운동을 재건파에 대한 언급 없이 이해하는 것은 불가능하다. 초창기 수도권 고려파 운동을 주도했던 고흥봉(高興鳳), 김창인(金昌仁), 최훈(崔薰) 목사가 바로 재건교회(再建敎會) 출신이기 때문이다. 해방 이후 남쪽 지역의 재건교회는 크게 두 부류로 구분할 수 있다. 하나는 이북에

---

12 한부선 선교사는 1월 3일부터 곤양교회에서 '부흥사경회'를 인도했고, 2월 21일부터 일주일간 남해 상신교회에서 '부흥회'를 인도했다. 즉 곤양교회에서 집회를 마치고 바로 상경하여 성산교회에서 집회를 인도했는데, 다시 경남으로 이동하여 상신교회의 부흥회를 인도한 직후에 서울중앙교회(현 서울중앙교회는 아님)에서 부흥사경회를 인도했다고 할 수 있다. (기독청년면려회 경남연합회,「면려청년」제7호, 1950년 2월 1일자)

서 월남한 이들이 중심이 된 재건교회이고, 다른 하나는 경남 지역을 중심으로 한 재건교회다. 전자는 김린희 전도사(金麟熙, 1950년 납북)가, 후자는 최덕지 전도사(崔德支, 1901~1956년)가 강력한 지도력을 발휘했다. 특히 김린희 전도사는 목회자들의 임지를 결정할 정도로 강력한 카리스마를 가지고 있었다. 지금은 하나의 교회로 연합했지만, 해방 직후에는 서로 독자적으로 배교한 한국 교회를 복구하려고 했다.

이북 지역 교회들은 해방 이후 공산주의라는 더 큰 박해를 경험해야 했다. 김린희 전도사는 박해를 피해 월남한 후 서울에 태평로교회를 개척했다. 공산주의를 피해 남하하는 신자들이 증가하자 김린희가 개척한 교회는 급성장했고, 여러 재건교회들이 설립되었다.[13] 안타깝게도 김 전도사가 한국전쟁 중 납북되면서 재건파 운동은 큰 타격을 받을 수밖에 없었다. 출옥 성도 중 한 명인 고흥봉 목사는 목사로서 유일하게 재건교회를 이끌던 인물인데, 김린희 전도사가 납북되자 사실상 재건교회의 최고 지도자가 되었다. 그는 한국전쟁 중에도 고등성경학교를 시작했고, 심지어 신학교도 설립할 정도로 신학 교육에 관심이 많았다.

그러나 신학교 설립은 전혀 의도치 않게 고흥봉 목사가 재건을 떠나는 계기가 되었다. 고 목사는 1952년 봄 어느 날 1학기를 마치고 학생들과 소풍을 갔는데, 기념사진을 찍고 근처에 위치한 신망애양로원을 방문하여 함께 예배를 드렸다. 그 당시 사진 촬영은 세속화의 위험이 있다고 여겨 금기시되었고, 기성 교인들과 함께 예배하는 것은 '동참죄(同參罪)'를 짓는 것으로 간주되었다.[14] 사실 크게 문제 되지 않을 사안이었지만, 이 사건이 계기가 되어 고흥봉

---

13 김정일, 『한국기독교 재건교회사 I: 1938-1955』 (서울: 여울목, 2016), 275.
14 재건교회는 재건운동의 원칙으로 3대 주의 5대 강령을 채택하면서 기성 교회를 '마귀 당'이라고 부르고, 그 신도와의 교제도 금지하는 등 기성 교회와 결별했다.

목사와 그를 따랐던 목사 한 명과 최훈을 비롯한 10여 명의 신학생들이 재건파를 떠나 고신에 합류했다.[15] 이 사건은 당시 재건파의 신학적 한계를 가장 극명하게 보여 주는 사건 중 하나였다. 고흥봉 목사는 전쟁 이후 서울에서 남산교회를 개척했고, 고신에서 제1차 송사 논쟁이 발생하였을 때 경기노회 보류 측 지도자 중 한 사람이었다.

재건파에 있다가 고신으로 오게 된 또 한 명의 대표적 인물은 김창인 전도사였다. 그는 평북에서 신사참배 반대운동을 주도했던 이기선(李基宣) 목사의 지도를 받았고, 해방 이후 공산당과 대립하다가 1948년 서울로 내려와 김린희와 함께 태평로교회를 섬겼다. 김창인 전도사가 성도들에게 더 많은 인기를 얻게 되자 이를 부담스럽게 여긴 김린희는 김창인을 광주로 파송하려고 했다. 그러나 김창인은 이를 거부하고 재건교회를 탈퇴한 후 태평로교회 일부 성도들과 함께 장충교회를 세웠다(1949년). 김창인은 최덕지 전도사와 공동전선을 이루다가 최덕지와 결별하고 고려파 총노회가 조직될 때 합류했다. 김창인은 부산 동일교회에서 시무하다가 전쟁 후 1953년에 서울로 상경하여 충무로에 충현교회(당시 동일교회)를 설립했으며, 수도권에서 초기 고려파 운동에 동참했다. 충현교회는 휴전 이후 부산 동일교회에서 서울로 이사 온 이북 성도들을 중심으로 설립되었다. 김창인은 1957년에 고려신학교를 졸업했으며, 같은 해 경기노회에서 안수를 받았다.

5. 총노회 설립 이후

고신은 1952년 총회로부터 축출되어 새로운 총노회가 조직되었을 때 전

---

15 김정일, 『한국기독교 재건교회사 I』, 341-356.

적으로 경남 지역 교회들로 구성될 수밖에 없었다. 그때 참가한 개체교회는 312개였고,[16] 총노회에 속한 77명의 목사 중 수도권 지역을 담임하는 목사는 겨우 3명에 불과했다.[17] 주요 지역을 살펴보면 부산에서 37개 교회가 참여했고, 창원에서 29개 교회, 통영에서 26개 교회, 거창에서 23개 교회가 참여했다. 예상과 달리 마산에서는 겨우 4개 교회만 참여했다. 총노회가 세워지자 고려파 운동에 참여하는 교회들이 증가했다. 특히 경북 지역에서 참여하는 교회들이 많아져서 이듬해(1953년) 5월 19일 대구 서문로교회에서 경북노회가 조직되었다. 70개의 교회와 6개의 전도소로 구성되었으니 현재와 비교해도 결코 작은 노회는 아니었다.

경북 지역에 비해 경기노회의 시작은 미미하기 짝이 없었다. 1953년 총노회는 경남(법통)노회를 제외하고 대구지방회, 경주지방회, 전라지방회만 구성되어 있었다. 경기 지역에서는 총회에 보고할 만한 상황 보고가 없었다. 주목할 것은 1952년 12월 18~19일 서문로교회에서 전칠홍(田七洪) 목사가 대구지방회의 회장으로 선출되었다는 사실이다. 같은 날 윤봉기(尹奉基) 목사는 경안지방회의 회장으로 선출되었다. 두 목사가 후에 수도권 지역의 지도자가 된 것을 생각해 보면 수도권에서 고려파 운동의 중요한 특징 중 하나는 사실상 경상도 지역의 확장이라고 할 수 있다. 전칠홍 목사는 평양신학교 출신으로 대구서교회를 개척했으며, 1953년 8월 2일에는 서울중앙교회를 개척했다. 또한 오병세(吳秉世) 교수를 이어 제3~5회까지 총노회 회록서기로 시무했고, 첫 총회(6회)에서도 회록서기로 수고했으니 수도권에서는 가장 영향력이 있는 목사였다고 할 수 있다.

---

16 남영환, 『한국기독교 교단사: 고신 교단사를 중심으로』(서울: 영문, 1995), 368.
17 강진선(서울, 원남교회), 김현봉(서울, 아현교회), 전칠홍(서울, 서울중앙교회). 이상규, 『교회 쇄신운동과 고신교회의 형성』(서울: 생명의양식, 2016), 95-98.

1950년 6월부터 1953년 7월 휴전이 되기 전까지 수도권 지역에서의 고려파 운동은 사실상 불가능했다. 휴전이 지나고 나서야 본격적으로 이 지역에 개체교회들이 설립될 수 있었다. 수도권에서는 노회가 설립되기 이전에 시찰회에 가까운 지방회가 먼저 설립되었고, 이 지방회가 노회로 발전했다. 경기지방회가 정확하게 언제 설립되었는지는 알려지지 않았지만, 1954년 총회에 기록된 전칠홍 회장의 상황 보고에 따르면, 교회 9곳, 전도소 1곳, 목사 3명, 전도사 7명, 장로 10명(당회 조직 가능한 교회 5곳), 장년 1,220명에 유년 1,200명이었다. 이 보고서에 따르면 초기 경기 지역에 고려파 운동이 얼마나 미미했는지를 잘 보여준다. 그나마 희망이 있었다면 지금과 달리 '유년부' 학생 수가 장년 숫자에 맞먹는 규모였다는 사실이다.

1954년 11월 2일 경기노회가 설립되었고, 경기노회는 1955년 총노회에 첫 총대를 파송했다. 초대 총대로는 전칠홍, 고흥봉, 장석인, 장동국, 명신익, 정길수 목사와 최재성, 안일응, 현호택 장로였다. 상황 보고에 따르면 조직 교회는 4곳, 미조직 교회는 21곳이며, 노회가 조직된 이후에 천안과 화천에 교회가 설립되었다. 목사 8명과 전도사 15명이 시무하고 있었고, 시찰회는 두 개로 조직되어 있었다. 목사 8명 중 6명이 총대로 참석했으니 초기에는 거의 대부분 목사들이 총대로 참석했음을 알 수 있다. 당시 보고에 따르면, 북창교회와 동일교회가 미군 부대의 원조를 받아 각각 100여 평의 예배당을 공사할 수 있었다.

1956년 총노회의 경기노회(회장 이학인) 상황 보고에 따르면 교회 42곳(전도소 7개 포함), 목사 10명, 장로 9명, 강도사 1명이었다. 교회 숫자만 보면 일 년 만에 무려 17곳이 증가한 것을 알 수 있다. 이와 같은 기반이 있었기 때문에 1956년에는 미미하기는 하지만 경남이 중심이 된 총노회가 전국적인 조직으로 발전할 수 있게 되었다. 한 해 뒤인 1957년 총회에 보고된 통계에 따르면 경기노회는 교회가 53곳, 세례교인이 1,743명, 학습교인이 2,830명이었다. 특이사항으로는 경기노회가 이때부터 고등성경학원을 설립·운영하기 시작했다는 것이다. 1957년 총회 보고(회장 전칠홍)에 따르면 30명의 학생이 등록하여 수강하고 있었다. 이것은 경기노회가 수도권 지역의 복음화를 위해 많은 노력을 경주했다는 것을 알 수 있다.

6. 1차 송사 논쟁과 경기노회

송사 문제는 고려파 역사에서 가장 가슴 아픈 역사다. 이 문제를 원만히 해결하지 못함으로써 고려파는 시작도 하기 전에 분열과 쇠퇴의 역사를 상당 기간 걸어야만 했다. 이 논쟁에 대해서는 상세히 연구되었기 때문에[18] 여기에서는 경기노회를 중심으로 살펴보고자 한다. 송사 논쟁은 크게 2차례에 걸쳐 진행되었는데 모두 경기노회가 논란의 중심에 서게 되었다.

송사 문제는 총노회가 발회되기 이전부터 시작되었다. 전쟁이 한창이던 1951년 5월에 개최된 대한예수교장로회 총회가 고려신학교와 관계하는 경남(법통)노회를 추방한 후 총회파 경남노회의 유지재단 이사장이었던 김길창 목사는 고려파 교회 중 규모가 가장 큰 5개 교회에 대해 총회 명의로 명도하라는 소송을 제기했다. 잘 알려져 있듯이 한상동 목사는 초량교회 예배당을 포기했고, 영도교회, 진주교회, 거창교회[19]는 예배당을 지킬 수 있었다. 하지만 마산의 문창교회는 이 문제로 인해 오랫동안 고통을 받았다. 당시 문창교회를 담임하던 송상석 목사는 이 문제가 조속히 마무리되리라 예상했지만, 시간이 지날수록 분쟁은 더욱 악화되었고 상황마저 송 목사에게 불리하게 돌아갔다.

---

18 신재철, 『불의한 자 앞에서 소송하느냐』 (서울: 쿰란, 2014).
19 거창교회는 나중에 넘겨주기로 했다.

문창교회 문제는 결국 경남(법통)노회 전체로 확산되었다. 논란 끝에 경남(법통)노회는 "그 교회의 형편대로 처사할 것"이라고 결론을 내렸다. 이 결정은 누구도 만족시키지 못했다. 박윤선, 한부선, 이인재 목사는 송사에 적극적으로 반대했다. 황철도(黃哲道), 박손혁(朴孫爀) 목사는 송 목사에 동조하면서도 방식에는 찬성하지 않았다. 한상동 목사는 스스로 예배당을 포기했지만 동료 목사에게 자신의 입장을 강요할 수 없다고 생각했다. 총회에서 이 문제가 심각하게 논의되었지만 쉽게 해결할 수 있는 상황이 아니었다. 모두가 각자의 입장을 굽히지 않았기 때문이다. 이제 막 진리 운동을 시작한 고신 교회에 송사 문제는 크나큰 걸림돌이었다. 특히 박윤선 목사는 이 문제를 해결하지 않고서는 진리 운동이 한 걸음도 나아갈 수 없다고 판단했다.

송사에 대한 논쟁은 1956년 총노회가 총회로 발전하면서 본격적으로 진행되었다. 총회 개편을 앞두고 고려신학교 설립 10주년을 맞이하여 부흥회를 개최했는데, 박윤선 목사는 총회가 바로 서기 위해서는 교회 쟁탈전에서 물러나야 한다고 강하게 설교했다. 부흥회를 마치고 박 목사는 총대 탈퇴 선언을 하기도 했다. 이 선언 자체가 법적으로 가능하지 않았기 때문에 취소되었지만, 박 목사는 자신의 입장 자체를 굽히지 않았다. 박 목사의 주장은 경기노회 총대들에게 큰 영향을 주었다. 4명의 총대들은[20] 상황 보고도 하지 않고 중간에 조퇴하고 말았다. 고려파는 총회를 시작하는 순간부터 삐걱거릴 수밖에 없었다. 비록 4명밖에 되지 않았지만, 경기노회의 이탈은 총회에 상당한 충격을 주었다.

박윤선 목사 역시 총회에서 자신의 입장이 받아들여지지 않자 더욱 단호한 조치를 취했다. 그는 다음 해인 1957년 2월에 고려신학교 교장직을 사임하고 상경하고 말았다. 상경하면서 자신을 따르던 제자들과 함께 원효로에

---

20 목사: 이학인, 전칠홍. 장로: 사광구, 최재성.

※ 경기노회 보류 측 교섭위원의 경과 보고(1960년 9월 20일, 제10회 총회) [출처: 고신뉴스 KNC]

있는 원성교회(현 용산중앙교회)에서 개혁신학원을 열었다. 마침 한부선 선교사도 5월에 안식년을 맞아 미국으로 갔기 때문에 학교가 정상적으로 운영될 수 없었다. 그 당시에는 박윤선 목사가 없는 고려신학교란 상상조차 할 수 없었다. 한상동 목사를 비롯한 학교 운영진은 어쩔 수 없이 "교회당 쟁탈전과 소송은 하지 않기로 한다는 교육 이념을 세운다"라는 굴욕적인 합의를 하고 (9월 13일) 개혁신학원과 통합할 수밖에 없었다.[21]

박윤선 목사가 신학교를 잠시 떠나 있는 동안 송상석 목사는 교단지「파수군(把守軍)」[22]에 소송과 관련된 자신의 입장을 표명하기 시작했다(6, 7월). 이

---

21 허순길,『한국장로교회사: 고신교회 중심』(서울: 영문, 2008), 457.
22 '경계하여 지키는 일을 하는 사람'은 파수꾼이나 1948년 12월에 창간된 교단지의 제

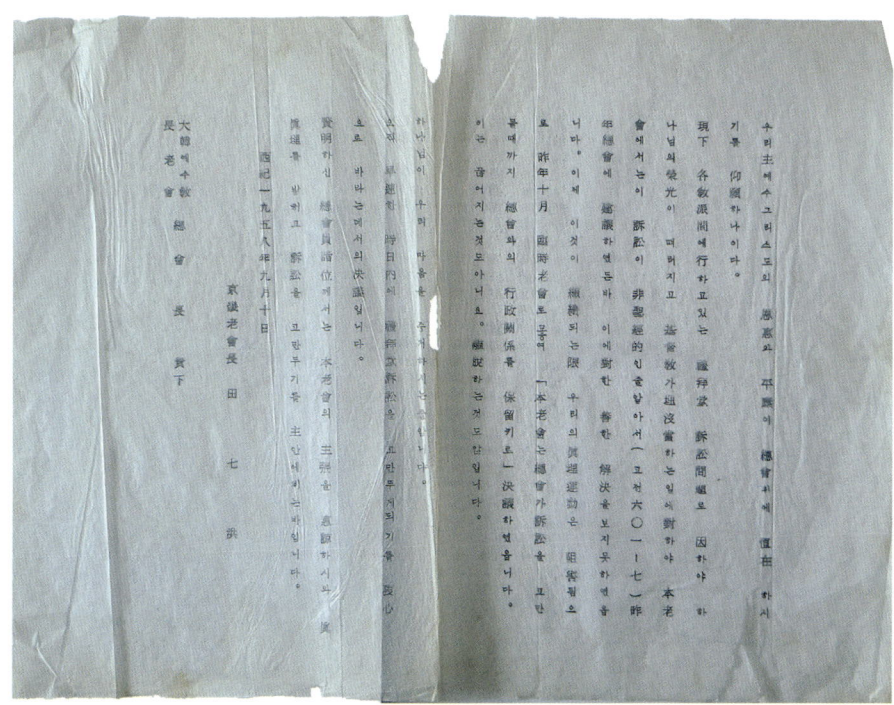

※ 예배당 쟁탈을 위한 소송을 그만둘 때까지 총회와의 행정 관계를 보류한다는 결의(1957년 10월 7일, 경기노회 임시노회) [출처: 고신뉴스 KNC]

글에 대해 박 목사는 다음 달에 반박글을 기고했고, 송 목사는 재반박 글을 게재했다. 송 목사는 문창교회를 그냥 넘겨준다면 경남에 있는 다른 교회들도 내어 줄 수밖에 없다고 보았다. 교단 지도부는 두 사람 사이의 갈등을 적극적으로 해결하기 위해 노력하지 않았다. 적지 않은 목사들이 송상석을 동정하는 입장에 서게 되었고, 박윤선은 교단 지도부에 대해서 실망하기 시작했다.

박윤선 목사가 복귀하고 한 달 뒤 개최된 1957년 총회에 경기노회는 다시 4명의 총대를 파송하면서 송사는 비성경적이므로 중지시켜 달라는 건의를 했다. 총회는 이 안건을 정치부에 넘겼고, 정치부는 격렬한 토론 끝에 경기노회의 입장을 거부했다. 경기노회의 건의가 받아들여지지 않게 되자 1957년

호는 한자 '把守軍'이다.

10월 7일 전칠홍 목사는 "총회 총대 보고와 이에 대한 대책"이라는 제목으로 임시노회를 소집했고, 이 노회에서 총회가 예배당 소송을 그만둘 때까지 총회와의 행정 관계를 보류한다는 행정 보류(行政 保留)를 결정했다. 물론 학교 당국자들은 어쩔 수 없이 박윤선 목사의 반고소 입장을 받아들였으나 총회에서는 박 목사의 입장이 관철될 리 없었다. 즉 고려신학교는 형식적으로 반고소의 입장을 취하고 있었지만, 총회는 정반대의 입장에 선 것이다.

임시노회 소식을 들은 총회 지도자들은 가장 영향력 있는 '지방위원'[23]들을 노회에 파송했다. 지방위원들은 교세가 약한 노회를 돌보고 지도하는 역할을 하기 위해 생겨난 제도였다. 안타깝게도 지방위원들은 관례와 달리 노회에서 발언권을 전혀 얻지 못했다. 분개한 지방위원들은 1957년 10월 15일 행정 보류에 가담하지 않은 노회원과 교회들을 소집하여 노회(경기정화노회)를 구성했다. 지방위원들의 조치로 인하여 경기노회는 사실상 두 노회로 분리되고 말았다. 보류 측은 1958년 9월 23일 부산남교회에서 개최된 총회(제8회)에 총대를 보내지 않았고, 총회는 지방위원들이 구성한 경기정화노회의 총대들만 받아들였다. 그 당시 총대는 윤봉기 목사와 전기홍 장로 두 사람뿐이었다. 경기노회의 다수는 반고소 입장에 굳게 서 있었다.

보류 측은 자신들의 행정 보류 선언을 분리로 이해하지 않았다. 그래서 1958년 총회에는 총대를 파송하지는 않았지만, 송사를 취하하도록 요청하는 헌의안을 제출했다. 헌의안에서 보류 측은 보류의 의미를 다음과 같이 설명하고 있다. "이는 끊어지는 것도 아니요, 이탈하는 것도 아닙니다. 하나님이 우리 마음을 증거하시는 줄 압니다. 오직 조속한 시일 내에 예배당 소송을 그

---

[23] 위원장 황철도 목사, 서기 윤봉기 목사, 회계 박손혁 목사였으며, 위원은 이인재 목사, 전성도 목사, 한명동 목사, 한상동 목사 등이었다.

만두게 되기를 충심으로 바라는 데서의 결의입니다."²⁴ 적어도 보류 측은 총회와의 분리를 원하지 않았다. 총회 측에서 어떻게 대처하느냐에 따라 분리는 막을 수 있었을 것이다.

그러나 보류 측의 헌의안에 대해 총회는 소위 '법대로' 기각하고 말았다. 나아가 총회는 보류 측을 불법이라고 규정했는데, 이에 대해 박윤선, 이인재, 정찬준(鄭燦俊) 목사는 강력하게 항의했다. 이들은 지방위원들이 지나치게 경기노회의 자율성을 침해한다고 생각했다. 이들의 항의서에 대해서 서기였던 김희도 목사는 총회의 결정을 옹호하는 답변서를 작성했다. 답변서의 요지는, 총회는 법대로 했으니 결국 책임은 보류 측에 있다는 것이었다. 한상동, 황철도 역시 답변서를 작성했으나 인쇄비가 없다는 이유로 총회록에 기록되지는 않았다. 총회는 보류 측 형제들에게 총회에 들어오도록 권면할 위원으로 송명규, 임성은, 정순국, 김의창, 손명복의 5명을 선정했는데, 의미 있는 활동을 하기란 거의 불가능했다. 교섭위원들은 1960년 총회에서 보류 측의 합류가 불가능하다는 보고했고, 그 직후에 승동(勝洞)²⁵ 측과의 통합 논의가 본격화되면서 보류 측과의 교류는 완전히 종식되고 말았다.

고신 교회는 총회로 승격하는 초기부터 분열의 역사를 걷기 시작했다. 총회 지도자들은 좀 더 인내하면서 온건하게 대처할 수도 있었다. 보류 측 역시 지나치게 자신들의 입장만 고집한 면이 없지 않다. 겉으로는 분쟁의 원인이 교리적인 문제로 보였을지 모르지만, 다툼이 진행될수록 감정적인 요소가 더 큰 분열을 일으켰다. 왜냐하면 보류 측은 환원(還元, 1963년) 이후에 합동(통합과의 분리 후) 측에 대부분 합류했기 때문이다. 그토록 강하게 고소 반대를 외

---

24 허순길, 『한국장로교회사: 고신교회 중심』 (서울: 영문, 2008), 461. 각주 19.
25 1959년 11월 대한예수교장로회 총회의 WCC(세계교회협의회) 가입 찬반을 두고 통합 총회(연동교회)와 합동 총회(승동교회)로 분열되기 이전에 통합 논의가 이뤄지고 있었다.

경기노회 보류파의 지도자들(좌로부터 고흥봉 목사, 전칠홍 목사, 김창인 목사, 이병규 목사, 최훈 목사) [출처: 위키백과, 대한예수교장로회(통합) 총회, 창광교회, 기독신문사]

치던 이들이 고소를 아예 당연한 것으로 여길 뿐만 아니라 적극적으로 고소를 활용한 합동에 가입한 것을 두고 어떻게 설명할 수 있을까?

보류 측의 이탈로 경기노회가 받은 타격은 매우 컸다. 1957년 총회 보고서에서 53개였던 교회 수는 1959년에 23개로 절반 이상이 감소했다. 그 이후에도 교회는 조금씩 성장했으나 1977년이 되어서야 개체교회 수가 58개에 이르게 되었다.[26] 경기노회가 원상 복구 되기까지 무려 20년 가까이 소요된 것을 보면 송사 문제가 경기노회에 얼마나 큰 타격을 주었는지 쉽게 이해할 수 있다. 보류 측이 대부분 이북 출신이었다는 점을 고려하면 송사 논쟁으로 인해 고신총회는 대한민국의 중심으로 변모해 가는 수도권이라는 지역을 상실했을 뿐 아니라 장로교회의 중심 세력이었던 이북 출신 성도들을 잃게 되었다. 결과적으로 경상도를 중심으로 시작된 고신총회의 지역적 한계는 극복해야 할 과제로 남고 말았다.

당시 보류 측 주요 인물은 다음과 같다.

고흥봉(남산교회), 전칠홍(서울중앙교회), 이학인(명동교회), 강진선(원남교회), 이병규(명륜교회), 김창인(충현교회), 최훈(충현교회) 등

---

26 남영환, 『한국교회와 교단: 고신 교단사를 중심으로』 (서울: 소망사, 1988), 556-560.

보류 측 가운데는 이후에 고신총회 밖에서 지도자로 성장한 이들이 적지 않았다. 이병규는 계신총회(契神總會)[27]를 이끄는 중심인물이 되었고, 김창인은 자신이 개척한 교회를 합동 교단의 대표적 교회인 충현교회로 성장시켰을 뿐만 아니라 그 교단의 총회장을 역임했다. 최훈 목사 역시 합동 측 총회장을 역임했다.

총회 지도자들은 경기노회가 와해되는 것을 그대로 두고 볼 수 없었다. 경기노회가 와해된다는 것은 수도권에서 진리 운동을 포기한다는 것을 의미하기 때문이었다. 경기노회의 중심 교회였던 서울중앙교회는 전칠홍 목사가 성도들과 함께 교회를 떠났기 때문에 남은 성도가 겨우 30여 명에 불과했다.[28] 어떻게 하든지 교회를 살려내야겠다고 생각한 한상동 목사는 1957년 이른 봄에 경주교회에서 탁월하게 목회하고 있던 윤봉기 목사[29]를 찾아가서 서울중앙교회를 맡아 달라고 간곡하게 부탁했다.[30] 물론 이것은 한 목사의 개인적인 생각만은 아니었다. 윤봉기 목사는 깊은 고민 끝에 이 제안을 수락하고 갑작스럽게 상경했다. 윤 목사의 희생을 통해 서울중앙교회는 다시 안정적으로 성장할 수 있었다. 윤 목사의 지도력은 경기노회가 재기할 수 있는 발판을 제공했다.

윤봉기 목사가 서울중앙교회로 부임한 다음 해(1958년)에 서문교회[31]를 담임하고 있었던 김영진(金榮進) 목사가 교단 설립 기념 선교사로 대만에 파송되면서 사임하자 민영완(閔泳完) 목사를 청빙했다. 민영완 목사 역시 당시에

---

27 2023년 1월 계약신학대학원대학교가 경영난을 이기지 못해 결국 폐교되고 말았다.
28 전칠홍 목사는 이후 숭신교회를 개척하고 합신에 가입했다.
29 윤봉기 목사는 1907년 충북 영동에서 출생했고, 고려신학교 3회 졸업생이다.
30 윤봉기 목사에 대해서는 다음 책을 참고하라. 심군식, 『윤봉기 목사의 생애와 설교』 (서울: 영문, 1993).
31 서문교회는 1954년 4월 10일 순화동교회로 창립했고, 서대문구 합동 28-16의 천막교회당으로 이전하면서 서문교회로 개칭했다(1955년 9월).

신마산교회(현 제일신마산교회)를 성공적으로 목회하면서 훌륭한 예배당도 건축했고, 교회도 매우 화목했기 때문에 예배당 건물도 없이 천막에서 예배드리던 서문교회로 가야 할 이유가 별로 없었다. 하지만 당시 민영완 목사는 교세가 미미했던 경기노회를 보조하는 지방위원으로 활동하고 있었는데, 수도권 지역의 열악한 상황을 보면서 이 지역에 고신 교회를 개척해야 할 필요성을 강하게 느끼고 있었다. 윤 목사는 몇몇 목회자에게 공석인 서문교회의 담임으로 청빙 제안을 했지만 모두 거절한 상황이었다. 민 목사는 이 청빙을 마게도냐(Macedonia) 사건[32]으로 받아들이고 신마산교회 교인들의 강력한 반대와 애절한 호소에도 불구하고 서울로 이사했다.[33] 민 목사의 헌신적 결단이 없었더라면 오늘날 강남 지역의 대표적인 고신 교회로 성장한 서문교회는 존재하지 않았을 것이다. 윤 목사와 민 목사는 이 당시 경기노회를 이끄는 고신의 대표적인 두 지도자였다.

7. 합동과 환원 (1960. 12. 13 ~ 1963. 9. 17)

고신 교회와 승동 측의 합동은 갑자기 이루어졌다. 총회가 하나가 되었기 때문에 각 노회별로 통합 노회가 구성되기 시작했다. 고신 측 경기노회는 승동 측 경기노회와 연합하여 1961년 1월 24일 11시 창신교회당에서 '합동노회'를 개회했다. 창신교회는 권연호(權連鎬) 목사가 담임하고 있었다. 권 목사

---

32 "밤에 환상이 바울에게 보이니 마게도냐 사람 하나가 서서 그에게 청하여 이르되 마게도냐로 건너와서 우리를 도우라 하거늘 바울이 그 환상을 보았을 때 우리가 곧 마게도냐로 떠나기를 힘쓰니 이는 하나님이 저 사람들에게 복음을 전하라고 우리를 부르신 줄로 인정함이러라" (행 16:9-10)

33 민영완, 『민영완 회고록: 때를 따라 도우시는 은혜』 (파주: 열화당, 2010), 156.

는 전쟁 직전 1950년 총회에서 총회장으로 선출되었고, 부산중앙교회에서 속회된 총회에서 경남(법통)노회 측 총대를 거부했을 때 사회를 본 인물이기도 했다. 두 경기노회의 합동기념예배에서 권 목사는 기도를 인도했다. 참고로 이날 설교는 승동교회를 담임하던 이대영 목사가 요한복음 17장 1~26절에 근거하여 "겟세마네 동산의 예비기도"라는 제목으로 설교했다.

고신 측 노회장이었던 윤봉기 목사는 사회자로 개회예배를 인도했다. 승동 측 경기노회는 75회였고, 고신 측 경기노회는 13회로 기록되었다. 이날 점명된 회원 수는 승동 측 목사 56명과 장로 42명, 고신 측 목사 7명과 장로 5명으로 총 110명이었다. 승동 측 경기노회는 이미 조선신학교와 WCC 문제로 크게 분열을 경험했었고, 고신 측 경기노회 역시 송사 문제로 분열을 경험한 후였다. 회원 수로 비교해 볼 때 고신 측은 승동 측에 비해 크게 열세에 놓여 있었다.

이날 윤봉기 목사가 회장으로, 이명재 목사가 부회록서기로, 현호택 장로가 부회계로 선출되었다. 서기로 최봉윤 목사와 부서기로 김윤수 목사가 선출되었는데, 모두 승동 측 인사였다. 수적 열세에도 불구하고 윤 목사가 회장으로

 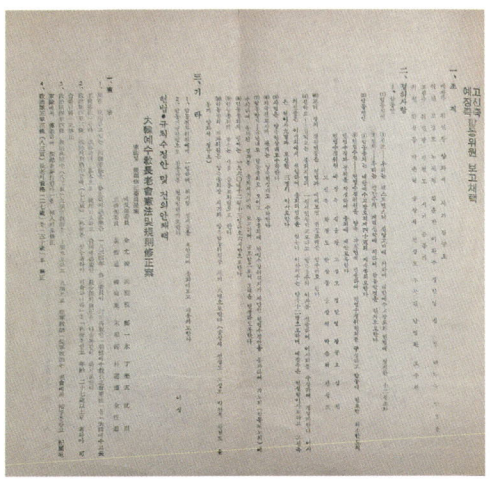

※ 1960년 9월 22일 승동교회에서 개최된 고신 측과 승동 측의 합동총회(左)와 10월 25~26일 결의된 합동에 대한 제반사항(右) [출처: 고신뉴스 KNC]

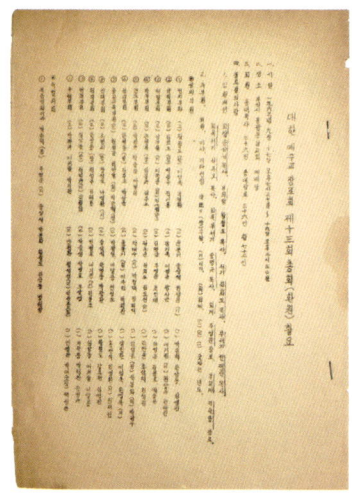
제13회 총회(환원) 촬요(1963년 9월 17~19일) [출처: 고신뉴스 KNC]

선출된 데에는 합동을 성공적으로 이어가길 원하는 승동 측의 배려라고 볼 수 있다.

아쉽게도 두 교단의 합동은 성급하게 이루어졌고, 결국 재분열로 이어지고 말았다. 재분열의 핵심적 이유는 고려신학교의 유지 여부였다. 합동 이후에 승동 측은 지나치게 강압적으로 고려신학교와 총회신학교(總會神學校, 현 총신대학교)를 합병하려고 했으며, 한상동 목사는 이에 반발하여 고려신학교의 복교를 선언했다. 고려신학교의 복교 선언은 교단 환원으로 이어질 수밖에 없었다. 한 목사의 복교 선언은 갑작스러운 것이었고 정당성을 갖추기에 부족한 점이 많아서 반대도 많았다. 하지만 경기노회를 포함하여 상당수 고려파 노회의 교회들이 환원에 동참했다.

환원 이후 고신 측 경기노회는 1963년 9월 4일에 개회되었다. 이때 목사회원 수는 7인이고 총대장로는 6명이었으며, 선출된 임원은 다음과 같다. 회장 윤봉기 목사, 부회장 명신익 목사, 서기 민영완 목사, 회록서기 한학수(韓學洙) 목사, 부회록서기 이동수 목사[34] 등이었다. 시찰은 두 개로 구분되었으며, 서울시찰장은 윤봉기 목사가, 대전시찰장은 민영완 목사가 맡게 되었다. 2주 후에 개최된 환원총회(1963년 9월 17일, 부산남교회당)의 총대로 윤봉기 목사와 민영완 목사가 선출된 것을 보면[35] 환원 전후 경기노회는 여전히 윤봉기, 민

---

34 서울영천교회 목사로 1962년 12월 취임해 1966년 12월 사임했다.
35 참고로 합동 직전 1960년 총회에서 경기노회의 총대와 환원총회(1963년)의 총대는 다음과 같다. 1960년 총회: 윤봉기 목사, 민영완 목사, 이명재 목사, 전기홍 장로, 최도명 장로, 김경래 장로. 환원총회: 윤봉기 목사, 민영완 목사, 전기용 장로, 김사엽 장로. 총대 수가 목사, 장로 각각 1명씩 줄어든 것을 볼 수 있다.

영완에 의해 주도되고 있었음을 알 수 있다. 더불어 고신 측 경기노회 노회원들이 전원 환원에 동참한 것을 보면 2년 동안 두 경기노회의 연합은 형식적으로 이루어졌음을 반증한다.

8. 환원 이후

환원으로 인해 고신총회의 교세는 많이 줄어들었고, 총회의 앞길도 불투명했다. 하지만 전체적으로 보았을 때 고신총회는 비교적 빠른 시간에 재정비를 하고 안정적으로 성장할 수 있었다. 하지만 이와 같은 성장이 아무런 어려움 없이 찾아온 것은 아니었다. 총회가 정상화되기 위해 가장 시급하게 해결해야 할 문제는 신학교였다. 그때까지만 해도 고려신학교는 법적으로 총회와 관련이 없는 사적(私的)인 학교였다. 합동 측과 관계를 정리한 이상 신학교의 총회 직영은 더 이상 미룰 수 없는 시대적 과제였다. 이 일에 경기노회가 앞장섰다.

노회명	교회 수	당회 수	목사 수	장로 수
부산노회	69	24	32	40
경남노회	163	42	35	57
경북노회	70	22	13	29
진주노회	85	20	17	38
경기노회	16	6	7	16
경동노회	27	5	7	6
전라노회	20	5	7	6
계	450	124	117	192

※ 1963년 9월 17일 환원총회 시 환원한 교회 수

1964년 총회에서 경기노회는 "고려신학교를 총회 직영으로 하고, 신학교 운영비를 각 노회로 할당해 달라"고 헌의했다. 경남노회와 이사회도 유사한 안건을 제시했고, 한상동 목사는 신학교 재산 일체를 총회에 기부한다는 각서를 작성했다. 그 결과, 고려신학교는 설립된 지 18년 만에 고신총회의 신학교가 되었고, 노회가 이사를 파송할 뿐 아니라 운영비도 지원했다.[36] 신학교 문제가 한 목사의 결단으로 마무리되면서 고신총회는 안정적으로 성장할 수 있는 기반을 마련하게 되었다. 한 목사가 총회 직영을 거부하거나 미루었다면 고신 측은 큰 분쟁이나 분란에 휘말릴 수 있기 때문이다.

환원 직후 고신총회가 해야 할 또 하나의 중요한 일은 칼빈학원과 고려신학교를 합병하는 일이었다. 1955년에 설립된 칼빈학원은 고려신학교 예비과정으로 독립된 대학이 되기를 기대했으나 부산 감천동에 위치한 학교 부지 소유권 문제가 해결되지 않아 꿈을 접을 수밖에 없었다. 칼빈학원은 1964년 1월 8일부로 폐교하고, 이를 대신해 고려신학교에 4년제 예과(豫科) 대학부 과정이 신설되었다. 감천에서 공부하던 학생들도 이듬해 송도 캠퍼스로 완전히 이전했다.

고려신학교 내에 대학부가 설립되자 문교부의 인가를 받는 것이 매우 시급했다. 아직 정부 인가를 받지 않은 상황이었기 때문에 학생들은 병역 소집 연기를 신청할 수 없었다. 이와 같은 상황에서 학생들을 안정적으로 모집하기란 쉽지 않은 일이었다. 1966년 총회는 이 문제를 이사회에 맡겨 처리하기로 했으나 이때 새로 이사장으로 선출된 송상석 목사는 이 일에 소극적인 태도를 보였다.

대학 인가가 절실하게 필요했던 학교 당국은 이사장이었던 송 목사와 상의 없이 가(假) 이사회를 조직하여 문교부로부터 학교법인으로 인가받을 수 있었다(1967년 5월 1일). 이 사실이 일간지에 공포되었고, 뒤늦게 사실을 인지

---

36 허순길, 『한국장로교회사』, 515.

한 송 목사는 이 일을 주도한 한 목사와 극심하게 대립했다. 두 사람 모두 이사직과 이사장직에서 물러나게 되었고, 새로 구성된 이사회에서는 윤봉기 목사가 이사장으로 선출되었다(1967년 7월). 새 이사회는 '사조(私造) 이사회' 문제를 형식적으로나마 마무리했으나 송 목사와 한 목사의 관계는 해소되지 않고 오히려 극한으로 치닫게 되었다. 어쨌든 1968년 2월 28일 고려신학교는 대학에 준하는 '각종학교(各種學校)'[37] 인가를 받았다. 1969년 9월에는 대학 동등 학력 인정 지정학교로 인정받았으며, 1970년 12월 22일에 고려신학대학 설립 인가를 받았다.

한편 고려신학교가 부산에 위치함에 따라 수도권 지역 교회들이 겪는 불편은 이만저만이 아니었다. 특히 경기노회가 이 건에 대해 지속적으로 문제를 제기했고, 이 일에 가장 앞장선 인물은 민영완 목사였다. 1966년에 민 목사가 고려신학교 서울분교추진위원회를 설립하여 위원장을 맡았다. 1967년에는 총회 허락을 받아서 분교가 설립되자 분교장 대리가 되었고, 1969년에 서울 고려신학교 초대 교장이 되었다.[38] 초창기에는 건물이 없어서 서울성원교회, 서울중앙교회, 남서울교회 등으로 옮겨 다니면서 수업했다. 반고소 논쟁 이후에 서울고려신학교는 부평에 넓은 땅을 불하받게 되는데, 이것은 나중에 복음병원이 부도가 났을 때 채무를 갚기 위해 사용되었다. 이 땅이 그대로 보존되었다면 지금은 엄청난 가치를 지닌 땅으로 변모되었을 것이다.

1969년 총회(19회)에서 경기노회장 최영구 목사는 아예 고려신학교의 서울 이전을 개진하기도 했다. 하지만 서울 분교 설립과 신학교 이전에 대해서 윤봉기 목사의 입장은 부정적이었다. 한상동 목사는 문교부의 허가 없는 분교 운영

---

37 "정규 학교와 유사한 교육기관으로 초·중등 교육기관에 해당하는 사립 각종학교는 학교법인이 아니더라도 설립할 수 있으나 고등교육기관에 해당하는 사립 각종학교는 학교법인만이 설립할 수 있다."(「사립학교법」 제3조 1항)
38 민영완, 『민영완 회고록』, 184.

이 불법적일 뿐만 아니라 교수들의 부산-서울 출장 강의로 인한 교육의 질적 저하를 지적하면서 서울 분교의 폐쇄를 건의했다. 그럼에도 1971년 총회(21회)에서 경기노회는 서울 분교가 잘 운영되고 있음을 보고하면서 고려신학교의 서울 이전을 다시 한번 강조했다.[39]

1972년 총회(22회)에서 고려신학대학의 교수이자 경기노회장이었던 홍반식(洪磻植) 목사는 신학교를 서울로 이전하자는 안건을 상정했고, 최영구 목사가 안건을 설명하자 총대들로부터 많은 지지를 얻었다. 이 문제를 결정하기 위해 교단발전연구위원회가 구성되었고, 위원장에 송상석 목사가 피선되었다. 교단발전연구위원회는 1972년 11월 7일 신학교의 서울 이전을 만장일치로 결의했다.[40] 하지만 1973년 총회에서 송사 문제가 다시 전면에 등장하게 되었고, 1974년 8월 12일 고려신학대학 신축기공식이 부산 송도에서 거행되면서 신학교 이전 문제는 20년 뒤로 미루어지게 되었다.

1960년 말에서 1970년대 초까지 신학교 이전을 위해 경기노회는 상당히 많은 노력을 기울였다. 당시 교단 내 소수파로서 부산과 경남에 위치한 다수 총대들을 설득하기란 결코 쉬운 일이 아니었다. 이때 신학교의 이전이 성공했다면 고신은 좀 더 다르게 성장했을 수 있다. 고려신학대학원은 1998년에야 이전하긴 했지만, 너무 늦었다는 아쉬움이 있는 건 사실이다. 20여 년 동안 고신총회는 부산과 경남을 중심으로 활동했는데, 그동안 한국 사회는 수도권 중심으로 급속도로 변모했기 때문이다. 나아가 이 기간에 부산과 경남에 비해 수도권에 위치한 교회들은 급성장을 이루었다.

---

39 강종환, "송상석 목사에 대한 '고소 사건'의 전말", 이상규 편, 『송상석과 그의 시대』 (부산: 한국교회와역사연구소, 2021), 367-368.
40 강종환, "송상석 목사에 대한 '고소 사건'의 전말," 368.

9. 2차 송사 논쟁과 경기노회

사조 이사회 사건 이후에도 고신총회의 지도부에서는 갈등이 지속되었고 여러 불미스러운 일들이 연이어 발생했다. 그중 몇 가지를 열거하면 다음과 같다. 1968년 3월 고려신학대학 일부 교수들의 음주 사건, 1969년 2월 이사장 선거 부정과 이사장 경질 사건, 1969년 3월 고려신학대학 학생 파동 사건 등이다. 이와 같은 사건이 발생할 때마다 지도자들은 서로 불신했고 갈등의 골은 더욱 깊어졌다. 제2차 송사 논쟁은 이와 같은 사건들의 최종적인 결과라고 할 수 있다.

총회 지도자들은 대학 인가를 앞두고 총회는 그에 걸맞은 교사(校舍)를 확보하기 위해 여러 방면으로 노력했다. 그 당시 교단의 규모와 한국 경제를 생각했을 때 건물 신축에 필요한 재정을 충분히 마련한다는 것은 거의 불가능한 일이었다. 이러한 상황에서 한상동 목사가 화란의 캄펀신학교(Theologische Universiteit Kampen van de Gereformeerde Kerken)와 고려신학교의 교류를 위해 화란개혁교회(Nederlandse Hervormde Kerk)의 초청을 받았다. 1972년 3월 초 네덜란드를 방문한 한 목사는 이 방문을 후원금 확보를 위한 기회로 삼으려 했고, 모금 운동은 큰 성공을 거두었다. 화란개혁교회는 무려 25만 달러를 후원했다. 이 일로 인해 국내에서도 모금 운동이 활발하게 전개되었으며, 1975년 8월 15일에 1,700평의 훌륭한 교사가 준공되었다.

2차 송사 논쟁은 이러한 과정 속에서 발생했다. 1970년대 초 고신총회는 외적으로 계속 성장하고 있었지만, 내적으로는 교회 지도자들이 서로 지속적으로 긴장 관계에 놓여 있었다. 이 긴장은 1972년 총회에서 신학교 이사장 선출과 관련하여 결국 폭발하고 만다. 총회는 법인 이사를 개편하여 15명의 이사를 선출했고, 김희도 목사가 새 이사장으로 선출되었다. 문제는 총회가 정한 임기와 문교부에 등록된 임기가 달랐다는 점이다. 1971년 9월 30일자로 이사 승인을 받은 송상석 목사는 여전히 임기가 남았다고 주장했으며, 문교부로부터 자신의 임기에 대해서 확답을 받았다. 송 목사는 이사장에서 물러나지 않겠다는 의지를 분명하게 밝혔다. 그 결과, 이사장직을 사수하려는 송 목사와 이사장 자리에서 물러나게 하려는 한상동 목사의 대립이 본격화되었다. 시간이 지나면서 의사, 교수, 학생들까지 가담하면서 학교는 파행적으로 운영될 수밖에 없었다.

이와 같은 상황 속에서 송 목사 측이 이사회 회의록을 위조하여 이사 승인을 당국에 요청했다는 의혹이 제기되었다. 송 목사를 반대하던 이들은 송 목사를 사문서 위조로 부산지검에 고발했다. 이제 두 계파의 싸움은 교회를 떠나 세상 법정으로 확대되었는데, 이로 인해 고신 교회는 전투장으로 바뀌게 되었다. 결국 송 목사는 법정에서 유죄 판결을 받았고, 이후 총회 특별재판국에 의해 면직 처분을 받았다(1974년 12월 4일). 이 재판국의 국장은 강서교회(현 신촌강서교회)를 담임하고 있던 민영완 목사였으며, 국원은 신현국 목사, 강호준 목사, 심군식 목사, 박은팔 목사, 김기복 장로, 변종수 장로, 손기흥 장로, 조인태 장로였다.

화란개혁교회로부터 거액의 후원금을 안정적으로 확보했고 새로운 캠퍼스를 신축해야 하는 시점에서 신학교 교수회는 그대로 있을 수만은 없었다. 1973년 6월 13일 고려신학대학 교수들은 「신학적으로 본 법의 적용 문제」라는 제목의 논문을 발표하면서 법정 소송이 타당함을 주장했다.[41] 교수회의 논문은 총회 전에 총대들에게 배포되었으나 총대들의 전반적인 분위기를 바꾸지는 못했다. 경기노회 석원태(昔元太) 목사는 총대로서 참석하지 못했기

---

41 1973년 6월 9일에 김희도 목사와 윤은조 장로가 송상석 목사를 사문서 혐의로 형사 고발했고, 4일 후에 신학교 교수회의 논문이 발표되었으며, 6월 25일에 이사장 직무 집행 정지 가처분 신청을 했다.

때문에 "고려파가 서 있는 역사적 입장과 소송 건"이라는 성명서를 총대들에게 배포하기도 했다.[42] 1973년 9월 20일 문창교회(현 제일문창교회)에서 개최된 총회에서는 두 세력 간 격렬한 논쟁이 지속되어 총회장(강용한, 자성대교회)이 비상정회를 선포할 수밖에 없었다. 같은 해 12월 17일에 재개된 총회는 ① 새 이사장인 이경석 목사를 위촉하고, ② 신자 간의 불신 법정 고소는 불가하다고 결의하며, ③ 소송을 제기했던 윤은조 장로가 사과하기로 했다. 나아가 총회는 이 문제와 관련된 사건을 일괄하여 재론하지 않기로 결정했다.

1973년 총회의 결정을 전체 교회가 따랐더라면 당분간 총회 안에서는 평화가 지속되었을 것이다. 하지만 송사를 주도한 세력들은 1973년 총회의 결정을 받아들이기 어려웠다. 송사 가능성을 논문으로 옹호했던 신학교 교수회도 큰 타격을 받았다. 위기의식을 느낀 이들은 부산남교회당에서 열린 1974년 총회(총회장 윤봉기)에서 1973년 총회의 결정을 번복하려고 시도했으며, 그들의 시도는 성공했다. 소송이 불가하다는 입장에서 "소송을 남용하지 않는 것이 총회의 입장"이라고 변경되었을 뿐 아니라 마산 측 주요 총대들의 총회 피선거권은 3년 동안 박탈되었다. 또한 송 목사는 결국 면직을 당했다.

10. 경기노회의 내분[43]

1974년 총회는 교단 분열로 이어졌다. 송상석 목사의 지도력이 강력했던

---

42 고려(反告訴)역사편찬위원회, 『고려 25년사』(서울: 경향문화사, 2002), 75. 성명서에는 1973년 9월 18일로 기록되어 있는데, 성명서가 이때 작성되었다고 한다면 총대들에게 제대로 전달되지 않았을 것이다.
43 주로 『불의한 자 앞에서 소송하느냐』(신재철)와 『고려 25년사』(고려역사편찬위원회) 두 자료를 비교·참고했다.

경남노회는 1974년 총회의 결정 통보를 거부했고, 총회 측 역시 총회 지시를 따르는 경남노회원을 중심으로 별도의 노회를 조직했다. 1975년 총회(총회장 민영완)에서 기존 경남노회 총대들이 호명되지 않자 경남노회는 '총회가 정상화될 때까지' 행정 보류를 선언했다. 송상석 목사를 지지하던 세력들은 '송파(宋派)'라고 불리며 고신총회를 떠나 당분간 표류하게 되었다.

송사와 관련한 논쟁 초기에는 부산노회와 경남노회(주로 마산노회)를 중심으로 이루어졌지만, 1974년 총회의 여러 결정에 대해 다른 노회들도 항의하기 시작했다. 이 가운데 경동노회는 분열에 이르지 않았지만, 경기노회는 경남노회와 마찬가지로 분열의 고통을 겪어야 했다. 이때 경기노회에서 총회의 결정에 대해 반대운동을 주도했던 이가 하찬권 목사였다. 1935년 남해 출신인 하 목사는 고려신학교를 20회(1965년)로 졸업했다. 부산신흥교회와 삼천포교회를 거쳐 1973년 9월 15일부터 서울제일교회(성동구 소재)에서 목회를 하고 있었다. 이 당시 서울제일교회는 경기노회에서 상당히 영향력 있는 교회로 자리 잡고 있었다.

1974년 총회 이후 개최된 제41회 경기노회(1975년 3월 5~8일, 서울성원교회당)에서 하찬권 목사는 송사에 대한 신학교 교수회의 논문에 대해 체계적으로 반론을 제기했다. 하 목사의 반론에 대해 총회 측 인사들은 제대로 대응할 수 없었고, 노회가 정회될 정도로 상황이 복잡하게 전개되었다. 오병세 교수는 하 목사의 질의에 대해 교수회가 이미 발표한 논문을 읽는 것으로 소극적으로 대응했을 뿐이다. 많은 논의 끝에 경기노회는 하 목사를 위원장으로 한 '소송문제연구위원회'[44]를 구성하여 보고하도록 했다. 하 목사는 개인적으로 『기독신자 간의 불신 법정 소송 문제 연구』(1973년 3월)라는 책자를 발행하여 교파를 초월한 전국 교회에 배포했고, 연구위원이었던 박성호 목사와 석원태

---

44 이때 선정된 위원들은 다음과 같다. 석원태, 박성호, 정승벽, 김만우 목사.

목사가 하 목사의 글에 근거하여 「성도 간의 불신 법정 소송에 대한 연구위원 보고」(1975년 9월)를 작성했다. 하지만 이 보고서는 노회에 상정되지도 못했는데, 상정되기도 전에 위원장이었던 하찬권 목사가 경기노회에서 제명되었기 때문이다.

1975년 9월 25일 부산남교회에서 열린 총회에서는 하찬권 목사의 책자 내용이 다루어졌다. 총회는 하 목사가 반성할 때까지 1년 동안 공석에서 언권을 중지하도록 가결했다. 이 결정으로 하 목사는 제42회 경기노회(1975년 10월 7일, 북서울교회당)에서 발언할 수 없었다. 이미 서울제일교회는 8월에 열린 공동의회를 통해 노회 행정 보류를 결의했고, 노회는 하 목사를 무기 정직으로 대응했다. 이어 하찬권 목사가 자기 입장을 끝까지 고수하자 노회는 결국 10월 8일에 하 목사를 제명했다. 하 목사는 송사 문제로 인해 경기노회에서 처음으로 제명된 목사가 되었다. 하 목사가 제명되자 그 뒤를 이어 석원태 목사(경향교회), 최영구 목사(영천교회), 김주락 목사(신일교회), 오주영 목사(일광교회), 김주옥 목사(영신교회), 박성호 목사(대광교회) 등이 행정 보류를 선언하면서 경기노회를 탈퇴했다.

반고소운동에 대해 총회 측은 여러 가지 다른 방식으로 대응했다. 경동노회 역시 총회의 결정에 반대하여 행정 보류를 선언했으나, 총회는 이들과 적극적으로 협상하면서 분열이라는 극단에 이르지 않도록 했다. 반면 경남노회와 경기노회 내 반고소운동에 대해서는 별다른 대응을 하지 않았고, 그로 인해 교단 분열을 초래하고 말았다. 분열 이후 경기노회와 경남노회의 반고소 지도자들은 자연스럽게 서로 연대를 모색하기 시작했다. 1976년 4월 제104회 경남노회의 정기노회에서 경남노회는 반고소 경기노회와 연합하여 반고소운동을 전개하기로 결의했다.

경기노회에서 하찬권 목사를 이어 반고소운동을 주도한 것은 석원태 목사였다. 석 목사는 경기노회를 탈퇴하는 것에 대해 처음에는 상당히 소극적이었으나 개인적인 사유로 탈퇴를 결정했다. 경기노회를 탈퇴한 이들은 자연스럽게 경남노회의 반고소파와 어떤 관계를 가져야 할 것인지를 두고 고민할 수밖에 없었다. 하찬권 목사는 송상석 목사가 이전에 송사에 대한 옹호 입장을 취했기 때문에 신뢰할 수 없었으며, 그렇다고 교단의 분열을 원한 것도 아니었다. 행정 보류 이후 그는 독자적으로 독립교회에 남아 투쟁하기를 원했다.

   석원태 목사는 반고소운동이 성공하기 위해서는 교단을 새로 형성하는 수밖에 없다고 보았고, 하찬권 목사를 설득하여 '반고소 경기노회'를 조직했다(1975년 10월 27일). 나아가 석 목사는 경남노회의 반고소 측과도 연대를 모색했다. 원래 송사를 지지했던 송상석 목사에 대해 거부감을 가지고 있었던 석 목사는 마산 측이 과거의 잘못을 인정하고 반고소운동에 동참하겠다고 하자 연대하기로 했다. 양측 대표들은 1976년 8월 19일 '반고소측연합위원회'를 조직했고, 9월 1일부터 23일까지 열릴 예정이던 제26회 총회를 향한 공개 시정 촉구 결의서를 선포했다.[45] 이 시정 촉구는 무시되었고, 10월 19일 서울에서 '복교'한 고려신학교[46] 강당에서 반고소 고려 측 총회(제26회)가 개최되었다. 이때 참석한 총대는 목사 37명과 장로 41명이었으며, 석 목사가 총회장으로 선출되었다. 그 외 임원으로는 부회장 이기진 목사, 서기 김태윤 목사, 부서기 서봉택 목사, 회의록서기 오주영 목사, 부회의록서기 박성호 목사, 회계 지득용 장로, 부회계 박윤섭 장로 등이다. 첫 총회의 주요 요직은 주로 경기노회원들이 차지했는데, 이것은 경남노회의 의중이 반영된 것이다.[47]

---

45 고려역사편찬위원회, 『고려 25년사』, 118.
46 1975년 10월 27일 제42회 경기노회 반고소 측 노회는 고려신학교의 복교를 결정하고, 석원태 목사가 당시 유명 신학자들을 교수와 강사로 채용했다. 당시에는 종로구 평창동 11번지에 위치한 삼각산 제일기도원 별관을 빌려 사용했다.
47 신재철, 『불의한 자 앞에서 송사하느냐』, 253.

11. 경기노회와 반고소운동의 전개와 한계

반고소운동에 있어서 신학교는 매우 중요한 비중을 차지했다. 반고소 측 고려총회(高麗總會)가 구성되었으나 새 총회의 앞날은 불투명하기만 했다. 반고소라는 명분으로 총회와 분리하긴 했지만, 이 명분만으로 새로운 총회를 이끌어가기란 결코 쉬운 일이 아니었다. 새로운 신학교를 세우는 것은 쉬운 일이 아니지만 운영하는 것도 감당하기 힘든 과제였다. 하지만 무엇보다 우선적으로 해결해야 할 문제는 '누가 반고소운동에서 주도권을 잡을 것인가'였다. 이 문제는 반고소 측 총회가 설립되자마자 전면에 등장했고, 해결이 쉽지 않게 되면서 결국 두 노회는 각자의 길을 갈 수밖에 없었다.

고려총회가 설립되기 전부터 새로운 신학교의 설립은 이미 자연스럽게 이루어지고 있었다. 하찬권 목사가 배포한 책자에 동조하는 기존 고려신학교 학생들 중 일부는 총회의 답변에 불만을 품고 하 목사가 함안 지역을 중심으로 인도하는 집회에 참여하기 시작했다. 이들은 하 목사를 설득하여 그가 시무하는 서울제일교회에서 신학교를 시작했다. 당시 신축된 서울제일교회는 고신총회에서 가장 좋은 시설을 보유하고 있었기 때문에 신학 교육을 하기에 용이했.

반고소 측 경기노회는 '고려신학교복교추진위원회'를 구성했고, 안양 신일교회를 담임하던 김주락 목사를 위원장으로 선출했다. 이들은 1975년 10월 27일 선언문을 발표하면서 고려신학교의 복교 이유를 세 가지로 밝혔다. 첫째는 박윤선 목사의 반고소 입장과는 다르게 변질된 고려파 이념을 되찾는 것이고, 둘째는 수도권에서 교단 발전의 요새를 확보하기 위함이며, 셋째는 문교부 인가와 함께 법적으로 폐교된 고려신학교를 계승하여 "교역자 양성만을 목적으로 하는 고려신학교"를 회복하는 것이었다.

신학교의 성패는 명분과 더불어서 훌륭한 교수진의 확보에 달려 있었다. 박윤선 목사야말로 청빙의 제1순위였지만, 박 목사는 이들의 청빙을 최종적으로 거절했다. 대신 손명복(孫明覆) 목사를 교장으로 청빙했는데, 손 목사는 출옥 성도 중 한 명으로 반고소 입장을 분명히 가진 데다 마산교회를 담임하면서 1972년도에는 총회장으로 선출될 정도로 영향력이 있는 분이었다. 교수진과 학생이 확보되자 1976년 1월 영천교회당(서대문구 현저동 100번지)에서 반고소 측 고려신학교 수업을 재개했고, 3월 9일 삼각산 제일기도원 별관(종로구 평창동 11번지)에서 수업을 이어갔다. 당시 하찬권 목사는 서울제일교회를 이미 사임했기[48] 때문에 석원태 목사가 이를 계승하였고, 에 소재한 영천교회당과 제일기도원 별관을 임시교사로 시작할 수밖에 없었다.

반고소 측 고려신학교는 초창기에 성공적이었다. 당시 상황에서 볼 때 교수진도 상당히 훌륭했을 뿐 아니라 학생도 100여 명에 이르렀다. 이처럼 유리하게 전개될 수 있었던 데에는 합동에 속한 젊은 교수들의 지원이 있었다. 구약에 최의원 교수, 교의학에 차영배(車榮倍) 교수, 설교학에 박희천 목사 같은 유능한 교수들이 봉사했다. 당시 총신대학교에도 문제가 있었기 때문에 적지 않은 학생들이 신학 공부를 위해 새로 설립된 학교로 입학했다. 하지만 합동 출신의 학생들은 반고소 측이 자체 분열하면서 자연스럽게 급감했다.

외적인 환경은 희망적이었으나 내적으로 보았을 때 신학교의 앞날은 결코 순탄치 않았다. 신학교 설립자라 할 수 있는 하찬권 목사는 서울제일교회를 사임했고, 노회와 결별한 뒤 얼마 후 미국으로 떠났다. 복교된 고려신학교는 태동부터 구조적인 한계를 안고 있었다. 경기노회와 경남노회(마산 측)는 지역적으로 거리가 멀어서 소통하기 쉽지 않았다. 석 목사는 이전에 고소파를 지지했던 마산 측을 신뢰하기 어려웠고, 마산 측 역시 한상동 목사와 친분이

---

48 서울제일교회에는 송상석 목사를 지지하는 정채림 장로와 한상동 목사를 지지하는 정환식 장로가 있었다. 신재철, 『불의한 자 앞에서 소송하느냐』, 240. 하 목사는 이후로 한상동 목사와 송상석 목사 모두에게 배척을 받았다.

가까웠던 석 목사를 전적으로 신뢰할 수 없었다. 통합 총회가 성립한 이후 양 세력은 신학교를 두고 대립하기 시작했다. 이 대립은 새 교단이 형성된 지 채 1년도 지나지 않아 전면에 등장했다.

세력에 있어서 마산 측은 수적 우위에 있었고, 이를 바탕으로 석원태 목사를 배제하고 신설된 신학교를 주도하려고 했다. 1976년 마산 측은 방학식을 마치고 이사회를 개최하여 교수로 있던 석 목사로 하여금 학교를 떠나게 했다. 이 소식을 들은 학생들은 분개하면서 서로 연락하여 '학교수호비상대책위원회'를 조직했으며, 1977년 8월 15일에 선언문을 발표했다. 이 선언문에서 학생들은 반고소(경기노회)와 법통(마산 측)의 "혼합형적 이념 아래 있는 것"을 거부하고 반고소 이념의 전수자가 되기를 천명했다. 학생들의 완강한 반대로 인해 마산 측은 신학교를 접수하는 데 실패했다. 양측은 넘을 수 없는 선을 건넜으며, 1977년 9월 20일에 경기 측은 여의도에 위치한 경향교회에서, 마산 측은 제일신마산교회에서 각자 총회를 개최했다.

마산 측은 고려신학교에서 나온 학생들과 함께 영천교회에서 신학교를 지속하다가 인천 효성동에 부지를 구입하면서 신학교의 위치도 옮겼다. 이 일은 당시 새인천교회를 담임하던 손상률 목사[49]가 큰 역할을 했다. 교단은 달랐지만 손 목사는 고려신학교 출신인데다 지역 유지라고 할 수 있는 노대희 목사를 통해 신학교 건물을 세우고자 마련된 부지에 대한 소식을 되었다. 손 목사는 송상석 목사에게 이 사실을 우연히 알리게 되었고(1980년 9월), 송 목사는 서울제일교회 정채림 장로를 통해 급히 알아보게 하여 두 달 뒤(11월) 최종적으로 부지를 매입했다.[50] 송상석 목사는 1980년 12월 20일에 하나님

---

49 환원 당시 환원이 정당하지 못하다고 주장했던 손상률 목사는 얼마 후 새인천교회를 사임했고, 서울에서 교회를 개척하다가 합동 측 후암교회에서 목회를 성공적으로 마무리하고 원로목사가 되었다.
50 손상률, "시대의 선각자 송상석 목사", 이상규 편, 『송상석과 그의 시대』 (파주: 발해

의 부르심을 받았으니 인천 교정은 고신을 위해 송 목사가 남긴 마지막 유산이었다.

반고소 세력이 둘로 분리되자 고신총회는 이들과 재결합하기 위해 많은 노력을 기울였다.[51] 이미 1976년 1월 6일에 한상동 목사도 소천했기 때문에 합동에 대한 상황이 이전보다 용이하게 바뀌었다. 송상석 목사는 생전에 고신총회와 재결합하기를 원했으나 분리된 이후 교권을 잡게 된 이들이 복귀에 반대했다. 송 목사도 은퇴했기 때문에 영향력이 이전과 같지 않았다. 또한 복귀에 있어서도 마산 측은 두 부류로 나뉘었는데, 복귀를 지지한 대표적 인물이 안양 신일교회의 김주락 목사였다. 김 목사는 석원태 측과 결별하자마자 고신과의 합동을 강력하게 주장했다. 이로 인해 김 목사는 고려총회(1982년)에서 제명당할 위기에 처하기도 했으나 오히려 합동의 당위성을 총대들에게 잘 변증하여 고신과의 합동이 성사되었다.[52]

분리된 형제가 재결합하게 된 이유 중 하나는 신학교 운영 문제였다. 신학교의 위치가 경남에서 먼 서울(서울에 이어 인천까지)인데다 학생을 모집하고 교수를 확보하는 게 쉬운 일이 아니었다. 합동의 필요성이 상호 간에 대두되자 1978년 고신총회는 반고소 측 형제들을 조건 없이 영입하기로 결정했고, 1979년 총회에서는 마산 측을 영입하기 위한 '영입 교섭위원'을 구성했다. 재결합은 쉽지 않았지만 송상석 목사의 소천 후 1982년 총회에서 양측은 다시 하나가 되었다. 마산 측과의 합동이 성공하자 총회는 영입위원을 통해 경기 측과도 합동을 시도했지만, 결국 실패하고 말았다.

커뮤니케이션, 2021), 83-84.
51 신재철, "반고소 경남측의 복귀와 영입(1982)," 이상규 편, 『대한예수교장로회 고신총회 70년사』(서울: 총회출판국, 2022). 533-541.
52 신재철, "송상석 목사와 불신 법정 소송 문제," 『송상석과 그의 시대』, 346 이하.

12. 반고소 경기(고려) 측의 발전과 쇠락

1977년 마산 측과 분열 이후 반고소 경기 측은 석원태 목사의 절대적 영향력 아래 단일대오를 형성했다. 그가 담임했던 경향교회는 서울에서 초대형 교회로 크게 성장했고, 이 교회의 지원으로 개체교회는 물론 고려신학교도 급성장했다. 이러한 성장에는 석원태 목사의 지도력이 절대적이었다. 처음 영천교회에서 시작했던 고려신학교는 원 고려신학교처럼 여러 장소를 이전하면서 '보따리 신학교' 신세를 면하지 못했다.

고려신학교는 비록 규모는 작지만 1983년 9월 6일 신림동에 새로운 교사를 신축할 수 있었다.[53] 이때부터 고려신학교는 제대로 된 신학 교육을 시행하게 되었다. 신학교는 더욱 발전하여 7년 뒤 1990년 9월 13일에 파주시에 완공된 최신식 캠퍼스로 이전했다. 새로운 캠퍼스는 6만 평이 넘는 부지에 3,200평에 달하는 교육 공간, 그리고 1,500명 이상을 수용하는 강당 등으로 구성되었는데, 건물로 보자면 어떤 신학교에도 뒤지지 않았다.

고려신학교는 건물뿐만 아니라 교수진 확보에도 힘썼다. 파주 캠퍼스로 이전하기 전에는 주로 강사들이 과목을 가르쳤으나 새 캠퍼스에서는 8명의 전임교원을 확보했다. 고려 측은 신학생들을 지원하는 일에도 과감하게 투자했다. 학생들은 전원 기숙사 생활을 할 수 있게 되었고, 여기에 드는 비용은 전액 교회가 부담했다. 심지어 고려 측에 속한 목사 후보생들은 모든 교육비를 면제받았다. 이를 위해서 개체교회들은 총회 결의에 따라 경상비의 3퍼센트를 신학교를 위해 지원했다.

SFC(Student For Christ, 학생신앙운동)에 대한 열정과 헌신은 고려 측의 중요한 정체성 중 하나였다. 물론 고신 측도 SFC에 대해 많은 관심을 가졌지만,

---

53 고려역사편찬위원회, 『고려 25년사』, 146 이하.

고려 측만큼 교단의 중심이나 구심점을 이룰 정도는 아니었다. 고신 측에 비해서 교단이 작았기 때문에 여전도회, 남전도회, 주일학교연합회 등 각 기관의 연합 활동도 대단히 활발했다. 이처럼 기관들의 활발한 활동으로 말미암아 고려 측은 지속적으로 성장할 수 있었다.

초기 고려총회는 경기노회, 수도노회, 영남노회로 나뉘어 있었으나 경기노회만 실질적인 노회라 할 수 있었다. 고려 측은 그 출발이 경기노회였고 신학교도 서울과 파주에 위치하고 있었기 때문에 자연스럽게 수도권, 주로 경인 지역을 중심으로 형성되었다. 이는 고신 측이 부산·경남에 집중된 것과는 극명하게 차이를 보인다. 1986년에는 6개 노회로 확장되었고, 1998년에는 9개 노회로 확장되었다. 이 당시 각 노회별 교회 수는 다음과 같다.

> 서울남노회 34곳, 중부노회 44곳, 서울북노회 29곳,
> 서울서노회 23곳, 인천노회 24곳, 경기노회 26곳
> 호남노회 20곳, 경남노회 15곳, 경북노회 15곳[54]

통계에서 알 수 있듯이 고신총회와 고려총회가 재결합함으로써 수도권에 있는 노회들이 가장 큰 혜택을 누리게 되었다.

이와 같은 성장기가 지나고 나서 2000년대가 오면서 고려 측은 급속히 쇠락했다. 다른 교단에 비해 신학교에 헌신하고 투자하는 것은 월등했지만 신학생 수가 증가하지 않았다. 초창기 첫해를 제외하고 졸업생이 50명을 넘은 적은 단 한 번도 없었다.[55] 졸업생은 평균 30명대를 유지하다가 2000년 이후에는 20명대로 줄어들었다. 교단의 지원이 없었더라면 학생 수는 그보다 훨

---

54 신재철, "반고소 고려(고려 측)의 형성과 발전," 이상규 편, 『대한예수교장로회 고신총회 70년사』, 495-496.
55 고려역사편찬위원회, 『고려 25년사』, 158.

씬 적었을 것이다. 이렇게 된 배경에는 고려신학교가 문교부 인가를 받지 못한 무인가 신학교로 남았기 때문이다. 2017년이 되어서야 한 대학원대학교를 인수해 제네바신학대학원대학교로 인가받게 되었지만, 시기적으로 너무 늦은 감이 없지 않다.

고려 측이 쇠락한 이유는 여러 가지가 있지만 가장 큰 이유는 고려 측이 석원태 목사 한 개인에게 너무 의존했다는 것이다. 성장할 때는 석 목사의 리더십이 큰 영향을 행사했지만, 그 리더십이 무너질 때 교단도 같이 무너질 수밖에 없었다. 무엇보다 석 목사는 유능하고 신실한 지도자를 양성하는 데 실패했다. 은사가 뛰어난 여러 유능한 지도자들이 있었으나 결국 그의 아들들이 경향교회의 담임목사나 고려신학교 교수로 임용되었다.

석 목사의 절대적 권위는 시간이 흐르면서 교단 내에서 논란이 되기 시작했다. 고려 측에서는 두 번째로 큰 교회를 담임하고 총회장까지 역임했던 조석연 목사가 교단 개혁을 요구하다가 징계받게 되자 조 목사와 함께했던 여러 목사와 장로들이 2001년 4월 16일 선두교회 수양관에 모여 서경노회를 창립하기에 이르렀으며, 이후 제51회 총회(고신)에서 고신의 34번째 노회로 가입했다. 이때 서경노회의 규모가 54곳의 교회에 목사 66명, 선교사 5명이었으니 고려 측으로서는 상당한 손실이었다.[56]

서경노회의 이탈에도 불구하고 고려 측은 개혁되지 않았다. 해마다 서경노회에 가입하는 고려 측 교회가 늘어났다. 게다가 2013년에 석원태 목사의 윤리적인 문제가 드러나면서 고려총회에서 권징까지 거론되자 경향교회는 아예 총회를 탈퇴하고 말았다. 경향교회가 없는 고려총회는 성장의 동력을 상실하고 말았다. 무엇보다 경향교회가 신학교를 소유하고 있었기 때문에 개혁고려(改革高麗) 측은 영등포에 신학교를 세워 신학 교육을 다시 시작했으나 신

---

56 이 당시 몇몇 교회는 합신총회나 합동총회에 가입하기도 했다.

❋ 제65회 총회에서 합동을 위해 고려 측 형제들이 입장하는 장면(2015년 9월 16일, 고려신학대학원)[출처: 고신뉴스 KNC]

학교 운영은 결코 쉬운 일이 아니었다. 고신총회 지도자들은 개혁고려 측과 적극적인 통합 협상을 벌였고, 마침내 2015년 제65회 총회에서 통합의 열매를 거둘 수 있었다. 이로써 국내 교회 179곳, 해외 선교지 교회 91곳, 교역자 340명이 고신에 가입했다.[57] 앞에서 언급했듯이 통합의 결과로 수도권 노회의 개체 교회 숫자가 크게 증가했다.

13. 서울고려신학교와 반고소 고려신학교(인천)[58]

경기노회의 분립과 합동 과정으로 인해 신학교도 여러모로 적지 않은 영향을 받았다. 또한 모두가 고려신학교라는 이름을 어떤 식으로든지 유지하려

---

57 신재철, "대한예수교장로회(고려) 측의 분열과 고신총회로의 통합(1975-2015)", 『고신총회 70년사』, 618.
58 이 주제에 대해서는 다음의 저서를 참고하라. 허순길, 『고려신학대학원 50년사: 1946~1996』(부산: 고려신학대학원출판부, 1996), 235-236.

고 했기 때문에 한 번 정리할 필요가 있다.

앞에서 언급했듯이 고려신학교 분교가 1968년 서울성원교회에서 이미 시작되었다. 이 신학교는 1971년에 '서울고려신학교'로 개명했다. 1971년 총회의 경기노회 보고에 따르면, 교직원은 20여 명, 학생은 27명(전수과 4명, 전수예과 4명, 신학과 19명)이었다. 경기노회는 스스로 교단의 '최전방 지대'로 인식하고 있었으며, 개혁주의에 입각한 한국 교회를 세우기 위해 고려신학대학이 서울로 조속히 이전해야 함을 역설했다.[59] 하지만 운영이 제대로 되지 않아서 1973년 총회는 대학 과정만 남기고 전수과 학생들은 고려신학대학 본 전수과로 편입시키고, 교사(校舍)도 서울성원교회에서 서울중앙교회로 옮겼다. 하지만 1974년 총회에서 신학 교육의 단일화를 결정하면서 결국 폐쇄되고 말았다.

서울고려신학교의 폐쇄로 교역자 수급에 어려움이 생기자 수도권 교역자들이 중심이 되어 1976년에 3월 서울성원교회당에서 서울고려신학교를 복교했다. 1976년 총회는 이 학교를 인준했고, 1981년에는 이 학교 졸업생들에게 목사 안수를 주기로 결정했다. 나아가 경북신학교 3학년 학생들을 서울고려신학교에 편입시켜서 졸업하게 했다. 1982년 3월 서울고려신학교는 제1회 졸업생을 독자적으로 배출했고, 신학 교육의 이원화가 시작되었다. 부산의 고신대학 신학대학원 교수진도 번갈아 가면서 집중 강의를 하여 신학의 통일성을 유지하려고 했다. 하지만 1985년 총회에서 서울고려신학교 3학년 학생들을 부산의 신학대학원에서 공부하도록 결정하게 되면서 신학 교육은 형식상 다시 일원화되었다. 1987년 제6회 졸업식을 끝으로 서울고려신학교는 더 이상 독자적으로 졸업생을 배출할 수 없게 되었다. 이 학교는 고신대학

---

59 『대한예수교장로회 총회회록』 21회 [서울: 대한예수교장로회(고신)총회출판부, 1972], 30.

신학대학원에 인수되었고, 이후에는 목회연구과라는 이름으로 신학대학원이 직접 학교를 운영했다.

한편 앞에서도 언급했듯이 반고소파는 1980년부터 인천에 교단 신학교 부지와 건물을 구입하여 이전의 신학 교육을 계속 유지하고 있었다. 1977년부터 졸업생을 배출하다가 재결합 이후 1983년 초까지 총 144명의 졸업생을 배출하고 폐교되었다.[60] 이 학교는 고려신학교라는 이름을 계속 사용했지만, 부산의 고려신학교와 구분되고 서울고려신학교와도 구분된다. 교단이 합동되면서 김주락 목사가 교단적 차원에서 총회에 헌납했다. 인천 교정을 유지하기 위하여 김 목사와 안양의 신일교회는 엄청난 희생과 대가를 치러야 했는데, 여기에 대해서는 『안양 신일교회 50년사』[61] 상세하게 기록되어 있다.

서울고려신학교는 1983년 3월 8일 교사를 남서울교회당으로 옮겼다가 이듬해 인천의 고려신학교로 옮겼다. 장소는 인천이지만 서울고려신학교라는 이름은 그대로 유지했다. 인천으로 교정을 옮긴 후 서울고려신학교는 수도권에 있는 여러 교회로부터 헌신적인 지원을 받았다. 이러한 지원으로 말미암아 1986년에는 학생 수가 100여 명에 이르기도 했다.[62] 서울고려신학교의 발전은 신학대학원의 수도권 이전에 대한 열망을 고신총회에 강하게 불어 넣었다.

1986년 경기노회는 신학대학원의 수도권 이전을 청원했으며, 총회도 허락하기로 결정했다. 1969년부터 시작된 건의가 무려 30년 만에 이루어진 것이다. 이 결정이 가능했던 결정적인 이유는 인천 교정이 있었기 때문이다. 하지만 인천으로 이전하는 것은 당시 수도권에 대학 신설을 불허하는 정부의 규제 때문에 법적으로 불가능했다. 1989년에는 법을 무시하면서까지 인천에서

---

60 이 학교를 편의상 인천 고려신학교라 부르고 있다.
61 신일교회 50년사 편찬위원회, 『늘푸른 신일(1954-2004)』, 104 이하.
62 「월간 고신」 2월호 (1986), 83-85.

신학대학원 신입생을 교육하다가 당시 문교부로부터 제재받기도 했다. 이것은 결코 합리화할 수 없는 일이었지만, 당시 신학대학원 수도권 이전에 대한 열망이 얼마나 강했는지 보여주는 사례이다. 마침내 1998년 신학대학원이 천안으로 이전하게 되자 서울고려신학교를 포함한 나머지 신학교들도 정리될 수밖에 없었다.

14. 경기노회의 발전과 분화(1980년대 이후)

1960년대 이후 수도권을 중심으로 한국 사회와 교회는 급속하게 발전했지만 경기노회는 별로 발전하지 못했다. 1차 송사 논쟁 이후 경기노회 보류 측이 재결합을 거부하면서 교세는 더욱 약해지고 말았다. 1971년 총회에 보고된 교세에 따르면 경기노회의 조직교회는 겨우 10개에 지나지 않았으며, 미조직 교회가 25개였고 목사 수는 18명이었다. 총노회가 출범할 당시인 1953년 12월 말 수도권 지역에 속한 교회가 18개에 불과했는데, 17년이 지난 뒤에도 35개에 지나지 않는다는 것은 일 년에 겨우 한 교회씩 증가했다는 말이다.[63] 송사 논쟁으로 인한 교세의 감소를 회복하는 데는 많은 시간이 소요되었음을 반증하는 것이다.

지역적으로 보았을 때 이 당시 경기노회가 서울, 경기, 충청, 강원도까지 포함했다는 것을 생각한다면 이 지역에서 고신 교회의 교세가 얼마나 약했는지 쉽게 짐작할 수 있다. 미조직 교회 중 무려 17개의 교회가 목사 없이 강도사나 전도사가 시무하고 있었으니 수도권 지역 목사들이 왜 그토록 서울

---

63 이상규, 『교회 쇄신운동과 고신교회의 형성』 (서울: 생명의양식, 2016), 95. 총노회 설립 당시 경기노회 교회 수는 다음과 같다. 서울 10개, 인천 2개, 충남 2개, 충북 4개.

고려신학교 운영을 원했는지 충분히 이해가 가는 대목이다.

물론 교단 지도자들은 이와 같은 수도권 지역의 상황에 눈 감고 있지 않았다. 1976년 총회에서 '교단발전연구위원회'는 수도권에서 고신 교회가 성장하지 않는 이유에 대해 나름대로 정리하여 다음과 같이 보고했다.

> 수도권(서울)을 외면하고 전 국토를 보지 않고 부산을 중심으로 한 영남 지역에 본진을 두어 왔다는 점.
>
> ※ 서울에서 보는 본 교단에 대한 편견은?
> ㉠ 재건파와 같은 교단
> ㉡ 싸우는 교단
> ㉢ '리더십'이 없는 교단 등으로 가혹하게 평가되고 있음.[64]

교단발전연구위원들은 위원장 한명동 목사를 비롯하여 최해일, 민영완, 최일영, 오병세, 이금도 등 당시 고신총회에서 매우 영향력 있는 목사들이었다. 이들의 판단 자체가 옳은지 여부는 판단할 수 없다 해도 이 보고를 통해 당시 교단의 분위기는 어느 정도 알 수 있다. 적어도 1976년만 하더라도 수도권은 총회로부터 외면당하고 있었으며, 대외적으로도 서로 싸우는 교단으로 인식되고 있었다. 이것은 송사 문제가 내부적으로만 아니라 대외적으로도 부정적인 영향을 주었음을 보여 준다. 이 같은 보고서가 총회에 제출되었다고 하더라도 총회가 할 수 있는 일은 거의 없었으며, 수도권 소재 고신 교회들은 각자 악전고투할 수밖에 없었다. 그럼에도 경기노회는 미약하나마 조금씩 성장했다. 1981년부터 서울노회와 분리되기까지 총회에 보고된 경기노회의 교세는 오른쪽 표와 같다.

---

64 『대한예수교장로회 총회회록』 26회 [서울: 대한예수교장로회 (고신) 총회, 1977] 36.

연도	조직교회	미조직교회	목사 수
1971년	10	25	18
1972년	12	23	19
1973년	15	23	28
1974년	21	15	34
1975년	23	22	41
1976년	24	25	36
1977년	26	29	46
1978년	28	32	43
1979년	33	29	50
1980년	35	44	74
1981년 경기노회	21	21	37
1981년 서울노회	21	16	31

1971년도 10곳의 조직교회로 시작된 경기노회는 1974년에 21곳 조직교회로 증가하여 3년 만에 무려 두 배로 성장했다. 숫자로는 미미할지 모르지만 비율로 보았을 때 상당한 성장이라고 할 수 없다. 1979년에는 조직교회가 30곳을 초과했으니 5년 만에 또 10곳의 조직교회가 늘어난 것이다. 다른 교단에 비하면 미약한 수준이지만 결코 작은 성장이 아니었다. 교회가 쇠퇴하고 있는 오늘날의 관점에서 보면 대단한 성장이 아닐 수 없다. 성장에는 개척도 있었지만 노회에 가입하는 교회들도 있었다. 특히 1980년도에는 무려 17곳[65] 교회(거의 대부분 반고소)가 가입했다. 주로 미조직 교회였지만, 이를 담임

---

65 강남교회, 경서교회, 수유중앙교회, 휘경중앙교회, 삼일교회, 성광(양주)교회, 성흥교회, 양문교회, 성광(동대문)교회, 일심교회, 광은교회, 성문교회, 영생교회, 영천교회, 새순교회, 충신교회. 신흥교회

경기노회 70년 성장 분화도

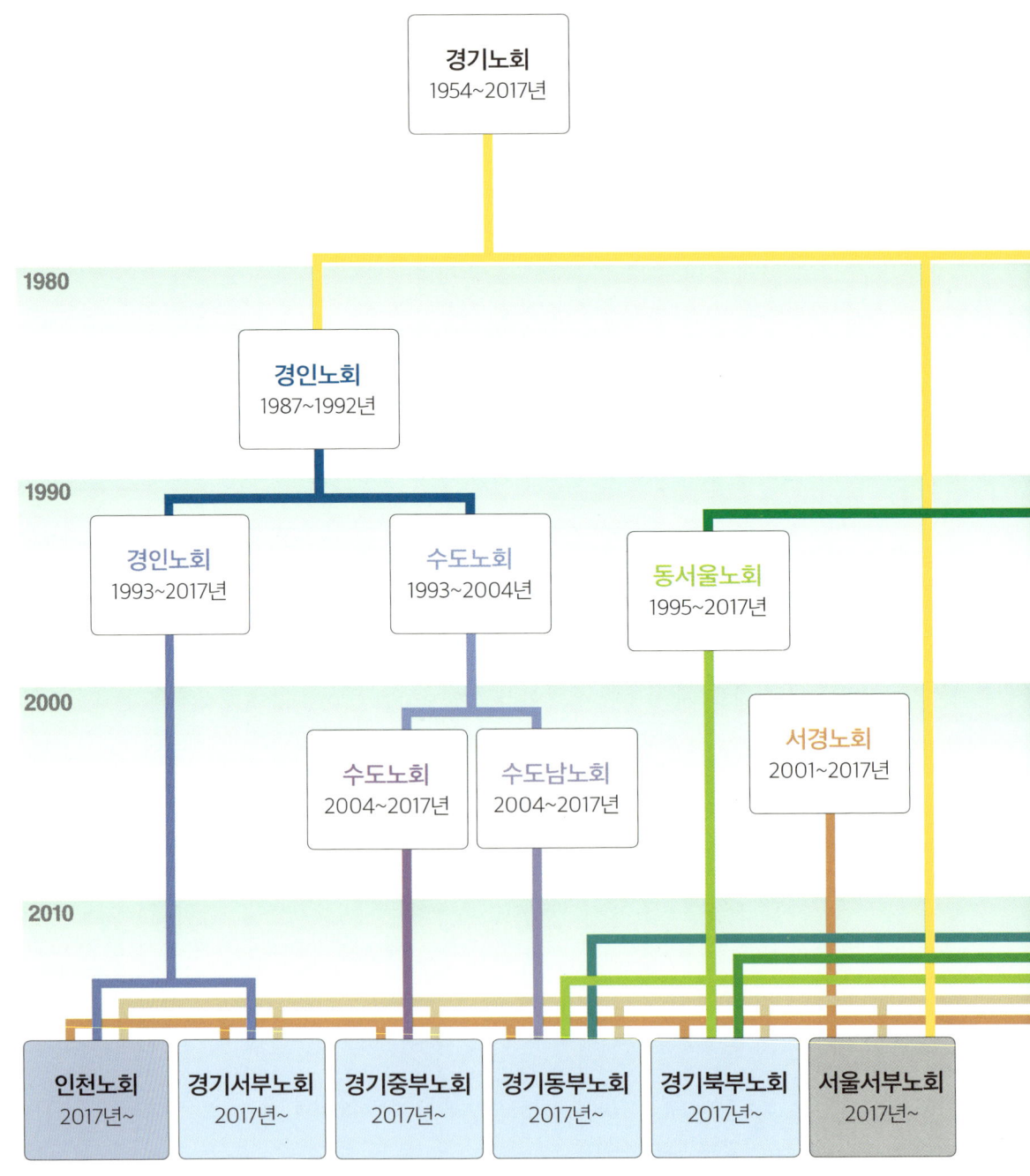

2024년 10월 31일 기준.
현재 사용하는 회기를 기준으로 함.

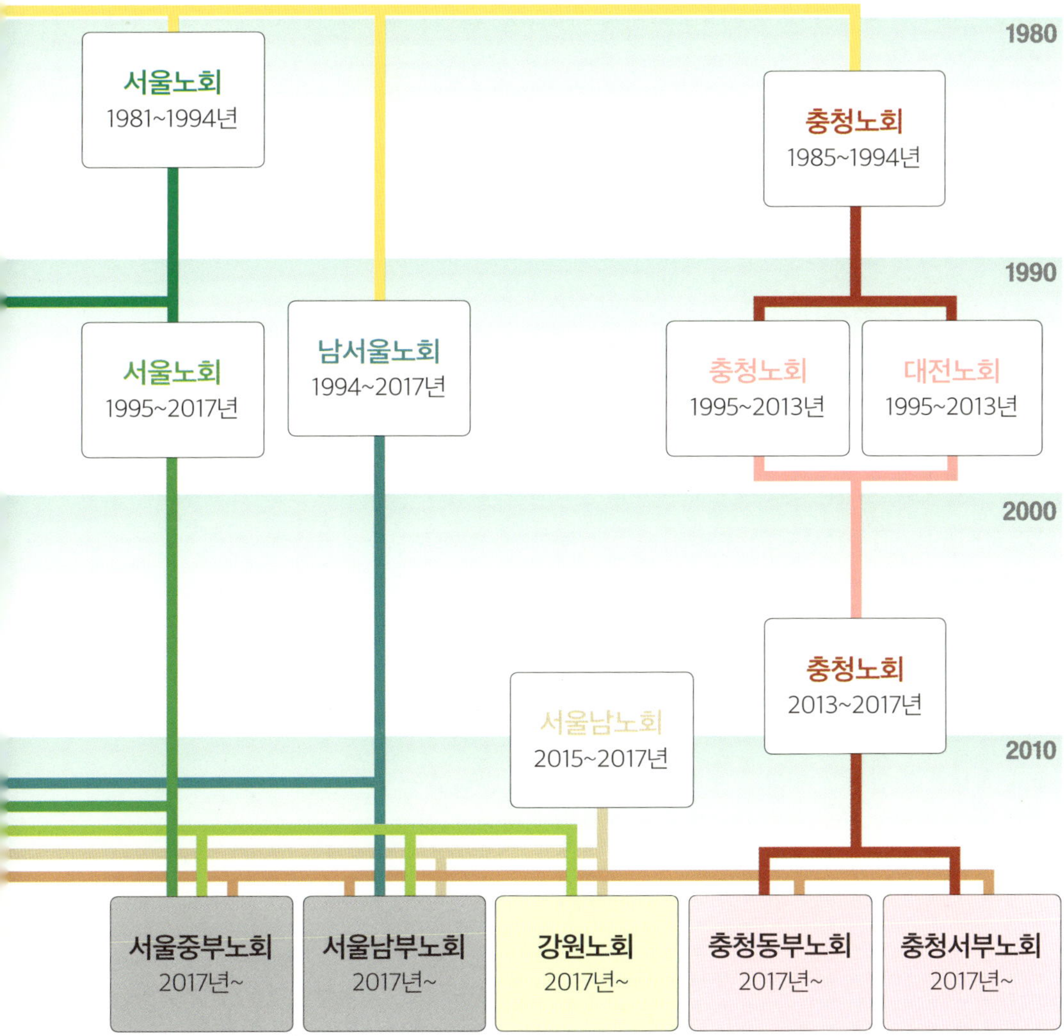

1980

서울노회
1981~1994년

충청노회
1985~1994년

1990

서울노회
1995~2017년

남서울노회
1994~2017년

충청노회
1995~2013년

대전노회
1995~2013년

2000

충청노회
2013~2017년

서울남노회
2015~2017년

2010

서울중부노회
2017년~

서울남부노회
2017년~

강원노회
2017년~

충청동부노회
2017년~

충청서부노회
2017년~

하고 있던 목사들도 가입함에 따라 목사 수가 급격하게 늘어났다. 그 결과로 1981년에 자연스럽게 서울노회가 경기노회로부터 분립할 수 있었다.

1) 서울노회와 동서울노회

경기노회는 노회를 분립하기 전에 이미 시찰 조정을 한 상태였다. 1980년 총회에 경기노회는 시찰 조정을 '특별사항'이라는 항목으로 보고했다. 이 보고에 따르면 자체적으로 동시찰, 서시찰, 남시찰, 충청시찰[66]로 조정했고, 총회에 한강을 기준으로 한강 이북의 동시찰과 서시찰을 합하여 하나의 노회를 구성하고(강원도 포함), 한강 이남의 남시찰과 충청시찰을 합하여 또 하나의 노회를 구성해 달라고 청원했다. 그 결과, 한강 이남이 중심이 된 경기노회와 한강 이북이 중심이 된 서울노회로 분립하게 되었다.

분립 이후 두 노회가 순조롭게 성장한 것은 아니었다. 특히 서울노회의 경우 분립한 지 얼마 지나지 않아 6곳의 교회가 이탈했는데, 이 교회들은 1982년 정기노회에서 제적되었고, 담임 교역자들도 제명되었다. 6곳 교회는 수유중앙교회(김현택), 휘경중앙교회(김선표), 양문교회(장길용), 삼일교회(이성찬), 성광교회(이동섭), 신성교회(현승종)다. 그 이후에 서울노회는 조금씩 성장했으나 1990년에 이르면 또다시 큰 분쟁을 경험한다.

서울노회의 분쟁은 모 목사의 이혼과 재혼의 처리에서 비롯되었다. 이 문

---

66 ① 동시찰: 갑천제일, 동명, 동부제일, 동서울, 대흥, 대광, 북서울, 시민, 서울중앙, 신흥, 성산, 소돌, 양구중앙, 원일, 쌍문동, 성약, 수유중앙, 경서, 양문, 광명, 삼일, 신성, 성흥, 휘경중앙. ② 서시찰: 강서, 대일, 보은, 새서울, 서문, 서부, 성원, 수정, 은강, 원성, 효창. ③ 남시찰: 강남일, 남서울, 남일, 등촌, 부평, 성민, 서울영동, 신광, 삼일, 새인천, 신일, 여의도, 영신, 일심, 잠실중앙, 강상, 금평, 석장, 전북, 광은, 영생, 새순, 영천, 성문, 성광. ④ 충청시찰: 구암, 구자곡, 논산제일, 대흥, 대전성원, 심천, 서촌, 영동중앙, 유성동부, 원당, 제1한밭, 지탄, 초강, 한밭.

제가 노회에서 제기되어 이혼/재혼의 부당성을 논쟁하던 중 노회 행정에 불만을 가진 적지 않은 목사들이 이의를 제기하고 총회에 상소까지 했다. 결국 무려 23명이 노회를 이탈했고, 노회는 이들을 제명할 수밖에 없었다(1992년 6월 4일 제22회 제2차 임시노회). 이 중 일부는 총공회 출신이었던 송용조 목사(양의문교회)를 중심으로 고려개혁(高麗改革)총회를 설립(1992년 12월 10일)했다.

노회 구역 조정 건이 다뤄진 제74회 서울노회 정기노회(2017년 4월 17일, 서울중앙교회)
[출처: 고신뉴스 KNC]

제명되었던 이들은 이후에 상당수가 회복되었지만, 서울노회는 교세가 현저히 줄었다. 제21회(1990년 10월) 노회에 참석한 총대는 목사회원 67명과 장로회원 33명으로 모두 100명이었으나 제22회(1991년 4월) 노회에 참석한 노회원은 불과 목사회원 38명과 장로회원 27명뿐이었다. 이후 서울노회는 성장하여 1995년에 서울노회와 동서울노회로 분립했다.

2) 경기노회, 충청노회, 경인노회, 수도노회

서울노회와 달리 경기노회는 분립한 이후 비교적 순조롭게 성장해 나갔다. 1985년에 충청노회가 분립했고, 1987년에는 경인노회가 분립해 나갔다. 또 7년 뒤인 1994년에는 남서울노회가 분립했다. 경기노회가 이렇게 짧은 기간에 세 노회가 분립한 데에는 지역적으로 범위가 넓다는 이유도 있지만 소속된 개체 교회들이 계속 성장하고 있었기 때문이기도 하다. 노회 회의록을 보면 대부분의 노회가 새로 설립할 당시에 조직교회가 거의 없었다는 것을 알 수 있다. 비록 노회의 시작은 미약했으나 시간이 지나면서 강원노회를 제외한 모든 노회들이 전반적으로 성장했다.

서울노회의 분립 이후 경기노회에서 충청노회가 가장 빨리 분립했다. 충청노회의 설립은 1985년 10월 7일 대전신일교회에서였다. 당시 대전신일교회는 한밭교회와 더불어 충청 지역에서 가장 규모 있는 교회였다. 제1회 설립노회에서 선출된 임원은 회장 하종영 목사, 부회장 김재술 목사, 서기 강대식 목사였다. 사실 노회를 분립하기에는 규모가 너무 작았다. 첫 설립노회에 참석한 목사회원은 9명이었고 장로회원도 겨우 6명이었다. 다른 노회와 비교하자면 시찰회 정도의 규모였다. 하지만 충청 지역에서 지속적으로 교회가 개척되었고, 설립 10년 뒤인 1995년에는 대전노회와 분립에 이르렀다. 하지만 다시 2013년에 두 노회는 통합하게 된다. 그런데 몇 년 후 충청서부노회와 충청동부노회로 분립하게 되는데, 이렇게 된 배경 중 하나는 고려파 교회들이 일부 가입함으로 교세가 늘어났기 때문이다.

충청노회가 분립한 이후 경기노회에서 분립한 세 번째 노회는 경인노회였다. 경인노회가 경기노회로부터 분립한 날짜는 1987년 10월 5일이며, 노회가 개최된 장소는 등촌교회였다. 이때 선출된 임원은 노회장 김주락 목사, 부회장 조주환 목사, 서기 이병삼 목사였으며, 참석한 총대원은 목사 23명, 장로 6명이었다. 경인노회의 분립으로 인해 경인노회는 경기 남부와 인천 지역

※ 2017년 10월 16일 남서울교회당에서 노회 폐지가 결의된 제126회 경기노회(左)와 경기노회를 계승하여 익일 동일 장소에서 개최된 서울서부노회 창립노회(右) [출처: 고신뉴스 KNC]

을 관할했고, 경기노회는 한강 이남의 서울에 위치한 교회들을 관할했다.

경인노회가 경기노회로부터 분립된 지 겨우 5년이 지났을 때 수도노회가 경인노회로부터 분립했다. 제1회 수도노회는 1992년 10월 5일 새인천교회당에서 열렸다. 이때 경수노회, 남서울노회, 수도노회 등 여러 이름이 거론되었다가 표결로 수도노회가 최종적으로 결정되었다. 이때 선출된 임원은 회장 최해일 목사, 부회장 김주락 목사, 서기 김상수 목사였는데, 이들은 이후에도 오랫동안 수도노회의 중심적인 지도자 역할을 했다. 설립노회에 참석한 회원은 목사 21명과 준회원 1명 및 장로 6명이었다.

수도노회는 설립된 이후 다른 노회에 비해 상당히 빨리 성장했다. 그 결과, 2004년에 수도남노회가 분립할 수 있었다. 분립 직전에 노회에 참석한 회원이 목사 82명과 장로 31명이었으니 이 지역 교회들이 얼마나 급성장했는지 알 수 있다. 수도노회가 급성장한 이유는 몇몇 개혁적 의식을 가진 목사들이

❀ 서울 지역 3개 노회의 구역 조정안(2017년)

분립 개척을 주도했기 때문이다. 예를 들어 서울영동교회가 1998년에 분당에 샘물교회를 분립·개척했고, 2000년에는 잠실중앙교회가 용인에 향상교회를 분립·개척했다. 이 두 교회는 모두 얼마 되지 않아 대형 교회로 성장했다. 제1회 수도남노회에 참석한 회원은 목사 회원 44명과 장로 회원 17명이었으며, 선출된 임원은 노회장 정주채 목사, 부노회장 문찬국 목사, 서기 진민현 목사였다. 향상교회를 담임했던 정주채 목사는 이후에도 분립·개척의 전통을 계속 이어갔다(흥덕향상교회, 드림향상교회).

15. 수도권 교회의 성장

1) 개척하는 고신 교회: 개척교회협의회와 서경노회 가입

1980년대 말까지 급성장하던 한국 교회는 5년 정도의 정체기를 거쳐 1992년부터 본격적인 쇠퇴기에 들어섰다. 이런 쇠퇴기에 놀랍게도 고신 교회는 오히려 교회 개척 운동을 강화했다. 그중 하나는 '수도권개척교회협의회'의 설립이고, 다른 하나는 '총회 3,000교회 100만 성도 운동'이다. 전자는 이름 그대로 수도권에 영향을 주었고, 후자는 전국적인 운동이었는데 수도권이 가장 큰 혜택을 입었다.

2003년 서울 지역에서 규모가 큰 5곳의 교회 목회자들이[67] 모여 교회 개척에 대한 의견을 나누었다. 이 자리에서 한 교회가 감당하기에는 교회 개척이 너무 힘든 시대가 되었기 때문에 연합하여 교회를 세우기로 결정하고 수

---

67 참여한 교회는 남서울교회(박종수 목사), 서울시민교회(최한주 목사), 등촌교회(문재섭 목사), 잠실중앙교회(박삼우 목사), 향상교회(정주채 목사)다.

도권개척교회협의회를 설립했다. 협의회의 결정 사항은 매우 구체적이고 실현 가능한 것들이었다. 그중 몇 가지 예를 들면, 5곳의 교회가 윤번제로 순번을 정하여 주관 교회가 모든 중요한 사항(개척 장소와 목회자)을 책임지고 교회를 개척하고, 각 교회는 1년에 1억 원씩 모금하며, 매월 20만 원씩 연보하기로 했다. 심지어 5개 교회가 당회록 사본을 첨부하고 당회장이 서명 날인까지 했다.[68]

수도권개척교회협의회가 설립된 이후 계획에 따라 다음과 같은 교회들이 개척될 수 있었다.

- 강서남서울교회(2005년, 서울시 강서구, 남서울교회 주관)
- 주님의교회(2006년, 경기도 용인시, 서울시민교회 주관)
- 김포하사랑교회(2007년, 경기도 김포시, 등촌교회 주관)
- 온생명교회(2009년, 경기도 남양주시, 잠실중앙교회 주관)
- 흥덕향상교회(2011년, 경기도 용인시, 향상교회 주관)

아쉽게도 흥덕향상교회가 설립된 이후 더 이상 협의회에 의한 교회 개척은 중단되었다. 가장 큰 이유는 해당 교회의 담임목사들이 은퇴하면서 서로 간의 유대가 약화되었기 때문이다. 하지만 협의회에 의한 개척은 전반적으로 보았을 때 성공적이었으며, 향후 수도권에서 교회를 개척하는 이들에게 좋은 본보기가 되었다.

2000년대 들어와서 수도권 교회에 영향을 끼친 또 하나의 역사적 사건은 앞에서 언급한 서경노회의 가입이다. 무지역 노회인 서경노회는 고려 측에서

---

68 최한주, "수도권 개척/미자립교회 자립방안", 2016.06.29, 「개혁정론」.; 제5회 서울포럼 발제문, 2016.06.14.; reformedjr.com/board05_04/3069.

가입한 전국의 대부분 교회를 망라하고 있었다. 하지만 이름에서 보여 주듯이 서울과 경기서부 지역에 교세가 집중되어 있었고, 실제로 서울시찰의 규모가 가장 컸다.

제1회 서경노회는 2001년 4월 16일 인천시 강화군에 있는 선두교회 수양관에서 개최되었다. 선두교회는 고려 측에서 경향교회 다음으로 큰 대형 교회였으며, 담임인 조석연 목사는 노회 안에서 큰 지도력을 발휘하고 있었다. 이 날 참석한 회원은 목사 63명과 장로 17명이었다. 선출된 임원은 회장 조용선 목사, 부회장 김정삼 목사, 서기 오성재 목사였다. 서경노회 내 시찰회 규모는 서울시찰이 가장 컸고, 다음으로 인천시찰과 안산시찰 순이었다.

서경노회는 2001년 이후 16년 동안 독자적으로 존재하다가 2017년 총회에서 실시한 노회 구역 재조정이 이루어질 때 소속 교회들이 지역 노회에 속하게 되면서 그 사명을 다하게 되었다. 서경노회의 재편을 통하여 인천노회와 경기서부노회 및 경기중부노회가 가장 큰 혜택을 받았다.

2000년 이후 수도권 지역 교회 성장에 큰 영향을 미친 총회의 활동은 '총회 3,000교회 100만 성도 운동'이다. 2007년에 총회는 1907년 평양 대부흥 운동을 기념하여 교회 개척 운동을 대대적으로 시작했다. 다소 늦은 감이 있긴 하지만 이 운동은 교단 내에서 많은 공감을 얻으면서 교회 개척이 활발하게 진행되었다. 국내전도위원회는 2015년 이 운동에 대한 백서를 발행했는데,[69] 이 백서에 따르면 3,000교회 운동으로 인해 비영남 지역에서 상대적으로 많은 교회가 개척되었음을 알 수 있다. 초기부터 개척된 200곳의 교회를 지역적으로 분류하면 서울·경기·인천 48곳, 경남·울산 44곳, 부산 37곳, 대구·경북 31곳, 전라 16곳, 충청·세종 15곳, 강원 5곳, 제주 4곳 등이다. 비율

---

[69] 『총회국내전도위원회 백서: 총회 3000교회 100만 성도 운동, 1호-200호 개척교회 보고』(서울: 대한예수교장로회 고신총회 국내전도위원회, 2015).

제52회 고신총회 50주년 행사(2002년 9월 23~27일, 고려신학대학원) [출처: 기독교보]

로 보면 약 44퍼센트가 비영남 지역에서 개척되었는데, 이는 총회의 비영남권 교회 분포 비율보다 약 10퍼센트를 상회하는 수치다. 즉 교단의 기존 교회 분포보다 훨씬 더 많은 개척교회가 수도권과 충청권 등 중부 지역에서 개척되었음을 의미한다. '총회 3,000교회 100만 성도 운동'의 전개로 고신 교회의 부산·경남 집중 현상은 다소 완화되었다고 볼 수 있다.

2) 교회의 대형화를 거부하고 교회 분립의 길을 택한 고신 교회

수도권에서 고신 교회의 역사는 경기노회의 역사이기도 하다. 그러므로 경기노회 설립 70주년을 기억하면서 수도권 고신 교회의 역사를 정리하는 것은 의미 있는 일이다. 수도권 고신 교회는 한국 사회의 급속한 산업화 및 수도권 중심의 사회적 발전과 함께 많은 교회가 설립되었다. 또한 다양한 이유로 형제 교회와 분리되기도 했고, 재결합하는 과정을 통해 성장했다. 이처럼 수도권 고신 교회가 성장하는 과정에서 한국 교회사에서 공교회적 역할을 수행한 부분은 의미 있게 기억하고 되새겨야 한다. 즉 수도권 고신 교회는 교회의 대형화를 거부하고 그 대안으로 교회 분립을 선택했기 때문이다. 많은 교회가 수적 성장과 교회의 대형화를 추구할 때 수도권 고신 교회들은 반대되는 길을 택한 것이다.

고신 교회가 합동과 환원한 이후 북한 성도들을 중심으로 세운 교회들은 돌아오지 않았고, 이들 교회 대부분이 수도권에 위치해 있었다. 비록 합동 측이 약속을 어긴 것이 환원의 이유였지만, 하나된 교회에서 돌아선 환원의 명분은 약했다고 볼 수 있다. 환원 이후 수도권 고신 교회는 여러 교회를 개척하면서 점차 성장해갔다.

1970년대 도시 중심의 산업화와 함께 서울의 인구는 급속도로 증가했다. 1953년 약 100만 명에서 1960년 245만 명으로 증가했고, 1970년에는 인구가 600만 명에 달할 정도였다. 기존 강북 지역만으론 넘쳐나는 인구를 수용할 수 없자 강남 지역 개발에 나서게 된다. 제3한강교(현 한남대교) 건설과 경부고속도로 건설, 지하철 2호선의 건설과 함께 강남으로 인구 분산이 가능한 인프라가 형성되면서 강남에 대한 개발이 속도를 내기 시작했다. 그 결과로 강남 지역의 인구는 1970년 7만여 명에서 1985년 70만여 명으로 10배 이상 증가했다.

1970년대 후반에 접어들면서 강남에는 대형 교회들이 하나둘씩 자리를 잡아갔다. 당시 만 명 이상 회집하는 한국의 20여 개의 초대형 교회 중 대부분이 수도권, 그중에서도 강남권과 주변 신도시들에 위치해 있었다. 강남 개발과 함께 여러 교회가 강남으로 이전하거나 새롭게 개척하면서 교회가 성장했고, 그 성장의 결과로 대형 교회들이 생겨난 것이다.

이런 시점에 고신 교회도 강남에 교회를 세우게 되었다. 1976년 서울성원교회를 섬기던 김경래 장로와 서울중앙교회의 손봉호 장로 등을 중심으로 서울영동교회를 개척한 것이다. 서울영동교회도 강남의 다른 교회들처럼 빠른 성장을 했고 예배당도 지었다. 이런 가운데 서울영동교회는 강남의 성장하는 5개 교회들과 함께 1982~88년까지 연합신앙강좌를 열었다. 연합신앙강좌에 참여한 교회는 서울영동교회(박은조 목사), 사랑의교회(옥한흠 목사), 할렐루야교회(김상복 목사), 남서울교회(홍정길 목사), 강변교회(김명혁 목사) 등이다. 당시 강남의 성장하는 건강한 교회였던 이들 교회는 목회자들 간에 연합 의지가 강했다. 하지만 1988년 이후 연합신앙강좌가 중단되었다. 연합신앙강좌를 수용할 만한 장소가 없을 만큼 개별 교회들이 크게 성장한 것이 중요한 이유였으며, 이에 더해 성장한 교회를 목회하는 일이 더 큰 관심사가 되었기 때문이기도 하다.

강남권에서 성장하는 대부분 교회는 대형 교회로 정착했다. 여의도순복음교회는 1968년 여의도에 새로운 예배당을 짓기 전에 이미 일만 명 정도의 성도들이 있었고, 이를 한꺼번에 수용할 최대의 교회당을 여의도에 건축했다. 강남권의 소망교회와 광림교회도 큰 교회당을 건축했고, 사랑의 교회도 성장하여 서초동으로 이전하면서 교회당을 크게 건축했다. 할렐루야교회는 강남에서 양재로 그리고 분당으로 이전하면서 큰 예배당을 건축했다. 충현교회는 역삼동에 큰 교회당을 지으면서 대형 교회가 되었다. 대부분의 대형 교회는 좋은 설교와 목회를 통해 대형 교회로 성장했다.

앞서 강남의 5개 교회가 연합해서 모이던 연합신앙강좌가 1989년을 끝으로 열리지 않게 될 무렵 서울영동교회는 이듬해인 1990년에 한영교회를 분립·개척을 하게 된다. 대부분 강남 지역 교회들이 다부제 예배를 드리면서 대형 교회로 성장해 갔지만, 서울영동교회는 그런 관행을 끊고 교회 분립의 길을 가기 시작했다. 서울영동교회는 장로 김경래와 백탁기 및 권사 문종필, 차은희, 허옥조 외 100여 명을 한영교회로 파송하여 교회를 분립했다. 이어 1993년에는 장로 김영덕, 김진수, 송영배, 조득정, 황치현 외 50여 명을 일원동교회로 파송하여 또다시 교회를 분립했다. 이어 다음 해인 1994년에 반포에 총회회관이 건립되자 총회회관 내 교회를 세우기로 하고 장로 권영세, 이국주와 권사 최윤정 외 50여 명을 파송하여 서울남교회를 분립·개척했다. 그리고 4년 뒤에는 담임인 박은조 목사가 서울영동교회를 사임하고 분당에 샘물교회를 세웠다. 이때 서울영동교회는 장로 박치주 외 성도 300여 명을 샘물교회로 파송했다. 8~9년 사이에 서울영동교회는 강남과 신도시에 4개의 교회를 분립·개척했다. 많은 교회가 대형 교회를 지향하던 당시 관행을 과감히 지양하고 건강한 형제 교회를 세우기 위해 교회 분립이라는 새로운 교회 개척 모델을 제시한 것이다.

강남권에 함께 세워져 성장하던 교회들이 대형 교회를 추구하는 동안 서울영동교회는 한국 교회가 가장 성장하던 시기에 꾸준히 교회를 분립시켰다. 이 당시 잠실중앙교회도 교회 분립·개척에 동참했다. 잠실중앙교회(정주채 목사)는 1992년에 분당매일교회를 분립·개척했고, 2000년에는 정주채 목사와 장로, 권사 등 250명의 성도가 분립하여 향상교회를 개척했다. 이후 다시 2011년에 흥덕향상교회를 분립·개척했다. 한편 박은조 목사는 샘물교회에서 다시 은혜샘물교회를 분립·개척했다. 교회의 대형화를 거부하고 건강한 교회를 지향하는 분립 교회들은 서울영동교회, 잠실중앙교회 그리고 샘물교회를 중심으로 수도권, 특히 강남권과 신도시에서 진행되었다.

경기노회는 서울노회와 분립되고, 다시 남서울노회와 분립된 이후에도 여전히 경기노회로 남아 있었다. 경기노회에 속한 교회 가운데 중심적인 교회라 할 수 있는 남서울교회, 등촌교회, 두레교회 등도 서울영동교회처럼 분립을 통해 교회를 개척했다.

두레교회(오세택 목사)는 영등포 지역에 정착한 이후 성장하면서 탄포리교회(1989년, 현 나눔교회)와 주님의보배교회(2006년)를 분립·개척했다. 이후 2019년에 다시 지창현 목사를 중심으로 하나두레교회를 분립·개척했다. 남서울교회(최성은 목사)도 2006년에 강서남서울교회를 분립·개척했고, 2019년에는 은여울교회를 김포에 분립·개척했다. 등촌교회(문재섭 목사)도 2007년에 김포하사랑교회(반성광 목사)를 분립·개척하고, 2015년에는 양천하사랑교회(강태우 목사)를 분립·개척했다.

이처럼 수도권 고신 교단의 중심 교회들은 대형 교회로 가는 길목에서 교회 분립을 선택했다. 서울영동교회가 가장 먼저 교회 분립·개척의 모델을 선보였고, 이후 수도권의 중심적인 교회들이 이 길에 동참하여 대형 교회의 길보다는 교회 분립의 길을 걸었다.

사실 고신 교회의 교회 분립이 성공적이었는가는 따로 평가할 필요가 있다. 때로는 교회 분립을 택하는 것이 어려울 때도 많았다. 그러나 강남 개발로 상징되는 숫자와 물질 중심 그리고 대형화를 거부하고 교회의 본질을 지키기 위해 선택한 교회 분립은 타 교회들과 달리 수도권 고신 교회가 택한 가치 있는 복음의 길이었음은 분명하다.

대형 교회는 기본적으로 공동체 구성원들이 서로를 알기에는 어려움이 있기에 영적인 치리와 교제를 형성하는 데 장애가 있다. 소그룹을 형성하여 이런 장애를 극복하려 하지만, 그것도 참여하는 일부에 국한된다. 또한 서로를 잘 알지

※ 고신총회 설립 60주년 기념대회(2012년 6월 14일, 사직실내체육관) [출처: 고신뉴스 KNC]

못하기에 죄를 권면하고 세우는 참된 영적 공동체로서 교회의 역할이 제대로 기능하기 어렵다. 이로 인해 강남을 비롯한 한국의 대형 교회들이 종종 여러 사회적 스캔들에 휘말리는 일을 볼 때마다 대형 교회의 부정적인 면을 마주할 수밖에 없다.

영적 공동체인 교회가 죄를 다스리고 제거하는 역할을 온전히 하는 데 장애가 있다면 바로 다부제 예배라는 교회 체계다. 다부제 예배는 공간과 시간을 구별함으로써 한 교회의 지체들이 바른 교제를 하지 못하게 만든다. 물론 한 장소에서 동일한 시간에 예배를 드리더라도 개인이 스스로 거부한다면 교제가 되지 않는다. 그러나 다부제 예배라는 교회의 체계를 만드는 것은 영적인 공동체의 성격을 무너뜨리는 일이기도 하다. 그러나 다부제 예배는 제한된 공간에서 교회가 대형화로 나아가는 방편이 되었다.

또한 대형화의 길을 걷는 교회들은 교회 간 연합을 무너뜨리는 일을 하게 되었는데, 이명증 없이도 교회를 이동할 수 있게 만들었다. 이명증 없이 등록이 가능한 수평 이동은 대형 교회로 가는 지름길을 열어 주었다. 다부제 예배를 교회의 체계로 만들어 바른 교제와 치리가 부재하게 만들고, 개인으로 하여금 교회를 선택하게 만든 이명증의 부재는 한국의 대형 교회 탄생을 만든 일등 공신이다.

그러나 수도권 고신 교회들은 이러한 대형 교회 현상을 극복하기 위해 강남이 개발되는 초기부터 교회 분립의 길을 선택했다. 이를 위해 수도권의 중심적인 고신 교회들이 함께 대형 교회로 가기보다 건강한 중소형 교회를 지역마다 세우는 일에 동참하고 있다. 이처럼 고신 교회들이 한국 자본주의 시장의 대형화와 경쟁 논리에 함몰되지 않기 위해 노력한 결과가 분립하여 지역마다 교회를 세우는 일이었다. 이런 시도는 다른 교단에도 크게 영향을 끼쳤다. 2000년 이후 반포에 있던 남서울교회(홍정길 목사)와 남산동의 높은뜻숭의교회(김동호 목사), 그리고 분당우리교회(이찬수 목사) 등을 비롯한 많은 대형 교회가 교회 분립을 대형 교회의 문제점을 해결하는 대안으로 선택한 것이다.

16. 주요 기관들의 수도권 이전: 총회회관, 선교센터, 신학대학원

앞에서 보았듯이 수도권 지역의 고신 교회들은 1980년대 후반 이후 급성장하기 시작했다. 부산·경남을 극복해서 수도권으로 진출해야 할 필요성은 누구나 공감하고 있었다. 이러한 열망은 결국 현실로 실현되었다. 무엇보다 신학대학원이 천안으로 이전했고, 세계선교센터가 대전에 자리를 잡게 되었으며, 총회 본부 건물이 서울의 중심인 강남의 반포에 세워지게 되었다. 이 세 곳의 주요 기관들이 수도권으로 이전하게 되면서 부산·경남의 위상은 여전히 중요하게 남아 있었지만, 이전처럼 편중된 독보적인 지위라기보다 지역 균형과 동반 성장을 향해가게 되었다.

1) 총회회관

총회회관이 건립되기 전 수정교회가 위치한 곽손준 권사 소유의 합정동 소재 건물 1층을 무상으로 임대받아 1975년부터 총회 사무실로 사용했다. 이후 반포동에 총회회관이 건립되기까지 등촌동, 동교동 등으로 사무실을 옮겨 다녔다.[70] 1980년대 후반이 되면서 교회 숫자가 1,200곳이 넘고 총

---

70 총회 사무실이 서울에서 시작하게 된 것은 민영완 목사의 역할이 대단히 컸다. 그는 평소에 대외적인 일을 처리하기 위해서 단일 창구 역할을 하는 총회 사무실의 필요성

회의 행정 업무도 전국으로 흩어져 있었기 때문에 총회회관 건립의 필요성이 대두되었다. 1983년 제33회 총회에서 총회회관 건립을 위한 모금운동을 결의하면서 현실화되기 시작했다. 캐나다의 조두현 장로가 땅 6천 평을 기증하고, 신세훈 장로가 현재 총회회관이 건립된 장소인 서초구 반포4동에 소재한 땅을 기증하면서 총회회관 건립의 기틀이 만들어졌다. 교단발전위원회가 1988년 제38회 총회에 회관 건립을 건의했고, 총회는 회관 건립을 재단이사회에 위임했다.

총회회관을 건립하기 위해서는 효과적인 홍보가 필요했는데, 마침 1989년 7월 17일에 복간된 「기독교보」는 매주 신문 1면에 총회회관 건립운동에 참여하는 성도들의 명단을 게재하는 등 교회와 성도들의 마음을 모으는 데 큰 역할을 했다. 1989년 11월 24일에 열린 총회운영위원회에 참석한 노회장들은 자진하여 1개월분 사례금을 헌금하기로 결의했고, 그 이후 총회 기관에서 섬기는 직원이나 신학대학원 교수는 물론이고 어린이부터 노년 성도들까지 모금에 동참했다. 당시 총회회관 건립을 위한 성도들의 열정과 헌신은 정말 대단했다고 할 수 있다.

1992년 3월 31일 기공예배를 드린 지 1년 6개월 만인 93년 9월 17일에 준공감사예배를 드렸고, 총회 산하 모든 상비부가 총회회관으로 입주했다. 총공사비는 34억 4,600만 원이 소요되었는데, 중간에 모금이 원활하게 진행되지 않아서 불미스러운 일이 생기기도 했다. 1990년 총회는 전담 총무를 두기로 결의했고, 이 결의에 따라 최해일 목사는 마지막 비상근 총무이자 첫 번째 상근 총무가 되었다. 수도 서울의 강남에 총회회관이 건립되면서 교단 위상에 상당한 변화가 생겼다. 교회 연합 사업에도 한몫을 감당하는 교단이 되

을 강하게 느끼고 있었는데, 1975년 총회장이 되고 총대들을 설득하는 데 성공하면서 총무 일까지 겸했다. 민영완, 『민영완 회고록: 때를 따라 도우시는 은혜』, 187-188.

었으며, 무엇보다 효율적인 총회 행정이 가능해졌다. 최근에는 고신신학원이 총회의 인준을 받아 이곳에 개교되면서 수도권 교회의 여성 지도자들을 훈련시키는 데 큰 역할을 하고 있다.

2) 선교센터

총회회관에 이어 선교부의 대전 이전도 매우 중요한 역사 중 하나다.[71] 원래 5개의 주택으로 구성된 이 센터는 미국장로교회(PCA)의 한국선교부가 선교사 사택으로 사용하고 있었다. 한국 교회의 성장으로 인해 한국 선교의 필요성이 줄어들게 되자 미국장로교회 한국선교부는 1993년 한국에서 철수를 결정했고, 여러 검토 끝에 건물을 고신총회 선교부에 기증하기로 결정했다. 당시 상황에서 볼 때 이 건물은 통합 측으로 이전하는 것이 자연스러운 일이었다. 하지만 당시 선교부 총무였던 곽삼찬 목사와 신내리 선교사의 끈질긴 노력으로 고신총회 선교부가 기증받는 데 성공한 것이다. 이것이 가능했던 데에는 고신총회 선교부만이 이 건물을 미래의 선교사들을 훈련하는 데 사용하겠다고 제안했기 때문이다. 그리하여 1994년부터 이곳에서 선교사 훈련이 시작되었고, 부산의 초읍동에 있던 선교부 사무실도 이곳으로 이전했다(1994년 5월 14일). 하지만 이듬해에 선교본부는 훈련원만 남기고 서울에 준공된 총회회관으로 이전했다(1995년 5월 19일).

1980~90년대의 교단의 급성장과 함께 선교에 대한 열정으로 수많은 선교사가 배출되었고 자연스럽게 대규모 선교센터가 필요했다. 이헌철 선교사가 본부장으로 있을 때 선교센터 건립을 추진하기 시작했고, 2006년 총회로부

---

71 편집위원회, 『고신선교 60주년 고신선교백서』 (서울: 대한예수교장로회 총회출판국, 2014), 58 이하.

터 승인을 받았다. 이 프로젝트는 교단 내 수많은 교회들의 호응을 이끌어 냈고, 2010년에 건물이 준공될 수 있었다. 건축에 들어간 비용은 땅값을 제외하고도 무려 60억 원에 달했다. 선교센터가 완공되자 총회회관에 있던 선교부도 자연스럽게 대전으로 이전했다. 충청도는 교단의 교세가 가장 약한 지역이었는데, 선교센터의 건립으로 교단 내 선교에 있어 매우 중요한 입지와 역할을 하게 되었다.

3) 신학대학원

다른 두 기관에 비해 신학대학원의 천안 이전은 교단 역사에서 한 획을 그은 매우 중요한 일이었다.[72] 신대원의 이전은 고신총회의 오랜 숙원이었다. 수도권 노회들이 신대원 이전을 지속적으로 요구했을 뿐 아니라 비수도권 노회들도 이 요구에 공감했다. 이 요구는 1990년대가 되면서 현실로 바뀌었다. 모두가 캠퍼스를 서울이나 서울에서 가까운 수도권으로 이전하기를 원했지만, 당시의 관련 법률 때문에 최종 선택지는 천안이 될 수밖에 없었다. 1995년에 부지를 마련했고, 1996년 4월 26년에 기공식이 이루어졌다. 그리고 마침내 1998년 9월 8일 새 교정에서 개강예배가 드려졌다. 대부분 공사가 1997년 외환 위기 직전에 마무리될 수 있었던 것은 하나님의 놀라운 섭리였다. 한편 27년이 지난 오늘날 KTX를 비롯한 여러 교통수단의 발달로 인해 이제 천안은 대한민국 교통의 중심지로 변모했다.

신대원이 천안으로 이전하면서 교단 내 모든 지방 신학교들도 천안 캠퍼스로 통합되었고, 수도권 교회들은 더 이상 부교역자 수급 부족 때문에 고민

---

[72] 여기에 대해서는 다음 에세이를 참고하라. 이성호, "고려신학대학원의 천안으로의 이전," 『대한예수교장로회 고신총회 70년사』, 577-583.

할 필요가 없어졌다. 여전히 경상도 지역이 강세였지만 수도권 지역에서 다양한 학생들이 신대원을 지원했다. 또 많은 신학생이 수도권 지역 교회에서 사역하면서 더 많은 목회 경험을 쌓았고, 수도권 지역 교회들도 안정적으로 성장할 수 있었다. 신대원의 이전으로 인해 고신 교단은 경상도라는 이미지를 상당 부분 벗어날 수 있게 되었다. 교수들의 수준도 다른 신학교에 비해 손색없을 정도로 높아졌기 때문에 여러모로 최상의 교육 수준을 유지할 수 있었다.

신대원의 천안 이전과 더불어 하나교회의 설립을 이야기하지 않을 수 없다. 천안은 고신 교단의 교세가 매우 약한 곳이었다. 당시 자립이 가능한 교회는 사실상 천안교회 하나뿐이었다. 이때 총회설립50주년준비위원장인 곽삼찬 목사가 주도하여 마산동광교회와 마산노회남전도연합회가 합심하여 하나교회의 대지를 마련했고, 총회 산하 많은 교회들이 재정을 지원하여 하나교회를 설립했다(2002년 12월 1일). 이후 하나교회는 총회 설립 60주년을 기념하여 세종본향교회를 설립하는 데 결정적인 역할을 했다. 최근에는 총회 설립 70주년을 기념하여 종교개혁기념주일에 한꿈교회를 분립·개척했다(2022년 10월 30일).

17. 서울포럼

수도권 지역 교회들을 하나의 신학적 관점으로 모으는 모임으로는 서울포럼이 있다. 수도권 노회들의 모체인 경기노회는 고신 교단 발전과 개혁주의 운동의 수도권 확산에 늘 관심을 가지고 있었다. 경기노회는 교단 발전을 위해서 여러 문제에 대한 담론의 장을 마련하는 게 필요하다고 여겨 제115회 정기노회에서 포럼위원회를 정식으로 출범시켰다. 역사적인 제1회 서울포럼은 2012년 9월 3일 남서울교회당에서 "장로교 총회의 총무의 자질과 역할"이라는 주제로 열렸다.

이후로 수도권 여러 노회가 협력하여 포럼을 열게 되었는데, 현재 서울서부노회, 서울중부노회, 서울남부노회, 경기서부노회, 경기북부노회가 회원 노회로 활동하고 있다. 포럼은 매년 회원 노회가 돌아가면서 주관하는데, 당 회기 주관 노회의 노회장이 위원장이 되어 포럼을 개최한다. 포럼에는 임원회 외에 회원 노회마다 한 명씩 전문위원이 있어서 포럼을 활성화시키고 있다. 포럼은 해마다 두 차례 열리는데, 가을 노회 후 노회 임원을 위한 소포럼이 열리고, 교단 총회가 열리기 전에 본 포럼을 개최하여 교단과 교회가 당면한 현안 문제들을 다루고 있다.

서울포럼은 교단의 민감한 문제부터 장기적이며 이상적인 문제까지 망라해서 다루고 있다.[73] 또한 수도권 개체교회를 위한 현실적인 문제도[74] 심도 있게 다룸으로써 교단과 교회의 내일을 위한 유익한 공론의 장이 되고 있다. 2021년에는 10주년을 기념해 다음과 같이 선언문을 발표하기도 했다.

---

73 "장로교단 총무의 자질과 역할" "고신총회의 과거 20년, 미래 20년" "고신 언론, 어디로 가고 있는가?" "고신총회 대학/신대원의 쟁점과 나아갈 길" "통일시대 한국 교회의 과제" "한국 교회 교회정치, 바로 가고 있는가?" "고신대의 혁신과 도약, 어떻게 할 것인가?"

74 "수도권 고신 교회의 사명과 나아갈 길" "교회 연합, 교회의 살 길인가?" "미래 목회, 어떻게 준비할 것인가?" "언택트 시대의 택트 목회 방안" "고신의 교회 문화, 이대로 갈 것인가?" "코로나19 이후 교회의 회복과 성장을 위한 과제"

서울포럼 제10회 선언문

서울포럼이 지난 10년 동안 한국 교회의 현안들을 진솔하게 논의할 수 있도록 은혜를 주신 하나님께 감사하며, 하나님 나라를 위해 계속 헌신할 것을 다짐하면서 다음과 같이 우리의 입장을 밝히는 바이다.

하나, 우리는 변하는 세상 속에서 개혁주의 신학과 신앙을 변함없이 고수한다.
하나, 우리는 개체교회를 든든히 세우고, 고신총회와 한국 교회를 순수하게 섬긴다.
하나, 우리는 복음을 대적하는 모든 인본주의와 세속화 세력에 단호히 맞선다.
하나, 우리는 예수 그리스도의 복음으로 삶의 모든 영역에서 올바른 길을 모색한다.
하나, 우리는 포스트모던 시대와 통일 시대를 대비하여 다음 세대를 성경으로 무장시킨다.

2021년 6월 29일(화)

제10회 서울포럼 위원장 김낙춘 목사와 위원, 참여자 일동

제10회 서울포럼 위원

경기북부노회: 오동규 목사, 서영국 목사, 최영완 목사, 안재경 목사
경기서부노회: 심 온 목사, 유영업 목사, 김기주 목사, 김정용 목사, 서성준 목사
서울남부노회: 김낙춘 목사, 이배영 목사, 김일영 목사
서울서부노회: 박진휴 목사, 신민범 목사, 유상현 목사, 김상호 목사
서울중부노회: 이상욱 목사, 황신기 목사, 김명수 목사

18. 연합기관의 발전

경기노회로 시작된 수도권 지역 노회들은 시간이 지날수록 서로 간의 유대감이 약화될 수밖에 없었다. 하지만 수도권 노회들은 서로 연대하려는 노력을 게을리하지 않았다. 수도권을 기반으로 하는 수도권장로회연합회도 있고, 교회학교연합회도 있다. 학생신앙운동(SFC)도 수도권 교회들을 묶는 중요한 기관이었다. 수도권장로회연합회의 주관으로 매년 열리는 '목사·장로부부 친선체육대회'는 25년의 역사를 자랑하고 있다. 다른 지역에서는 찾아보기 힘든 모습이다.

수도권 노회들이 분화 발전하면서 연합기관들도 자연스럽게 노회와 함께 분립했다. 장로회연합회, 남녀 전도회연합회, SFC, 교회학교연합회 등이 각각 노회별로 창립되어 사역과 활동을 이어오고 있다. 각 연합기관들이 노회와의 관계 속에서 성장을 위한 터전을 마련할 수 있었던 것은 공교회성을 보여 준 하나님의 귀한 선물이다.

1) 수도권 학생신앙운동

수도권 학생신앙운동은 경기노회 시작 후 수련회 중심의 교회 연합적 성격을 띠었다. 1962년 환원 사건 이후 경기노회에는 11개 교회밖에 남지 않았지만, 교회를 새롭게 하는 역할에 매진했다. 특히 1967년에 서울학생신앙운동 대학부 연합모임이 결성되었고, 대학생 사역에 관심을 가지게 되었다. 1971년 김만우 목사가 초대 전국대표간사로 임명되기 전후로 학원 사역이 시작되었다. 1970년 연세대와 1971년 이화여대 등에 학원 SFC가 조직되었다. 당시 CCC(Campus Crusade for Christ) 같은 대학생 선교단체 운동이 1960~70년대부터 활발하게 전개되었고, 1974년 '엑스폴로 '74(EXPLO

'74)'와 같은 대형 집회들이 확산되면서 교회 대학부에 속한 이들의 양육과 전도를 위한 캠퍼스 사역의 필요성이 대두되었기 때문이다. 이런 분위기 속에서 1974년에는 '제1회 전국 SFC 대학생대회'가 서울에서 개최되었다. 그러나 1970년대 중반 고소 건으로 교단이 고소 반고소로 분리되면서 SFC 운동도 분리되어 열기가 다소 식을 수밖에 없었다.

1979년 강영순 목사가 SFC의 첫 전임간사로 헌신했고, 1980년에는 안용운 목사가 교사를 사직하고 전임간사로 헌신하게 되면서 본격적인 캠퍼스 사역이 전개되었다. 1980년 5월 비상계엄으로 휴교령이 내려졌으나 캠퍼스 복음 운동의 필요성을 설득하면서 모임을 이어갔고, 그해 여름 제7회 대학생대회에서 캠퍼스 운동의 비전을 키웠다. 이 불씨로 인해 서울대, 고려대, 이화여대, 덕성여대 등에서 캠퍼스 모임이 시작되었다. 1982년에는 캠퍼스의 확장으로 서울 지역에도 'U-SFC(학원 연합)'라는 조직으로 지방 SFC(교회 연합; 노회 산하의 교회 연합 운동)과 같은 자격을 얻게 되고, 대학 캠퍼스 복음화를 위해 노력하면서 간사들의 헌신과 캠퍼스 운동이 지금까지 지속되고 있다.

1990년대를 지나오면서 서울 지역의 캠퍼스 운동은 확장되었고, 2000년대까지 한국 교회 및 고신 교회와 함께 성장했다. 그러나 교회의 성장세가 꺾이는 지점에서 교회 중심의 운동인 SFC도 조금씩 침체되어 갔다. 그러면서 교회 중심의 성격을 다시 살려야 한다는 요구가 일어나게 되었다. 현재 수도권 SFC는 교회 연합 사역과 캠퍼스 사역을 두 축으로 하여 여러 권역에서 운동을 전개하고 있다.

캠퍼스 사역은 학생 수가 부족한 대학들이 부득불 센터 중심의 캠퍼스 연합모임으로 이어가던 것이 2020년대 이후 점차 신입생이 증가하면서 각 캠퍼스별로 SFC가 창립되는 등 새로운 전성기를 맞이하고 있다. 교회 연합 사역도 노회별·연합별 지방수련회를 탄력성 있게 개최하면서 새로운 도약을 진행하고 있다. 한편 2024년 6월 6일 수도권 SFC 동문회가 창립되어 동문

영역 운동에서도 새로운 지평을 열게 되었다.

2) 수도권 장로회연합회

수도권장로회연합회는 1994년 10월 1일 6개 노회(경기, 서울, 남서울, 동서울, 수도, 경인)에 소속된 장로들이 교회와 교단의 발전을 위해 헌신하고 장로 상호 간의 영적 교류와 친목을 긴밀하게 하고자 설립되었다. 고신총회회관에서 설립총회를 가지면서 수도권의 장로 협의체로 탄생된 것이다. 현재 11개 노회 장로회로 구성된 수도권장로회연합회의 주요 행사로는 신년감사예배, 목사·장로부부 체육대회, 등산대회, 장로 세미나, 고신찬양제 등이 있다. 2024년 30주년을 맞아 『수도권장로회연합회 30년사』를 발간하면서 감사예배를 열었다.

3) 수도권 여전도회연합회

수도권 연합기관 가운데 가장 활발하게 사역하는 기관은 여전도회연합회다. 여전도회연합회는 매월 월례회를 개최하되, 교회를 순회하며 하고 있는데 공교회 운동의 좋은 모범 사례가 되고 있다. 특히 수도권 여전도회연합회는 1987년 7월 24일 강원도 철원에 수양관을 매입하여 조국 교회와 북한을 위해 정기적으로 기도해 왔고, 상호 교류의 장이자 다음 세대를 위한 수련회 장소 제공 등 여전도회 연합 운동의 중심지로 작용해 왔다. 2017년에는 철원수양관을 매각한 대금 10억 원 전액을 SFC훈련센터 건립에 기부하면서 다음 세대를 위한 사랑과 헌신을 보여 주었다.

4) 기타 연합기관

위의 연합기관 외에도 남전도회연합회와 교회학교연합회가 있다. 청장년 연합회(CE)는 현재 재조직을 준비 중에 있다.

교회학교연합회는 다음 세대 어린이 사역에 지속적인 헌신을 보여 주고 있으며, 특히 교회학교 사역을 지원하기 위한 교사 강습회는 지금까지 한 번도 쉬지 않고 매년 계속되고 있다. 교사 강습회 외에 선교 유적지 탐방, 모범 교사 및 어린이 시상 등 교회를 섬기는 사역도 꾸준히 지속되고 있다.

19. 결론: 앞으로 가야 할 방향과 도전

현재 서울서부노회가 계승하고 있는 경기노회는 수도권 지역의 고신총회에 속한 모든 개체교회들의 어머니와 같은 존재다. 수도권 지역의 거의 대부분 교회는 경기노회에서 비롯되었기 때문이다. 지난 70년 동안 경기노회는

✳ 서울서부노회(전 경기노회) 설립 70주년 감사예배(2024년 11월 2일, 남서울교회) [출처: 고신뉴스 KNC]

괄목할 만한 성장을 보여 주었는데, 1954년 겨우 조직교회 4곳과 미조직교회 21곳으로 시작된 경기노회가 이제는 상당한 규모를 갖춘 11개 노회로 성장했다. 설립 초기에는 경기노회가 교단의 비주류에 불과했지만, 이제는 총회에서 중요한 역할을 하면서 그만큼 책임감도 커지고 있다. 한국 사회의 인구 변동을 고려해 볼 때 앞으로 한 세대 안에 총회의 중심이 부산·경남 지역에서 수도권으로 이동할 가능성도 충분하다.

글을 마치면서 앞으로 다가올 미래에 대해 몇 가지 정리하고자 한다. 지난 수십 년간 수도권의 위상은 계속 높아졌으며, 이 추세는 앞으로도 변하지 않고 더욱 강화될 것이다. 이는 앞으로 수도권 교회들의 위상이 고신총회 안에서 더욱 증가할 것임을 의미한다. 이제는 점점 쇠약해질 수밖에 없는 총회를 위해 무엇을 해야 할 것인지 고민해야 한다. 특히 규모가 있는 대형 교회들의 책임이 더 막중해질 수밖에 없다. 원칙 없이 단기적으로 지원할 것이 아니라 장기적인 안목을 가지고 필요한 곳을 지원해야 할 것이다.

지난 역사를 통해서 우리는 교회 안의 분쟁이 교회 성장에 얼마나 큰 장애물이 될 수 있는지 잘 알고 있다. 초기 두 번의 송사 논쟁을 지혜롭게 잘 해결했더라면 오늘날 경기노회는 훨씬 더 큰 성장의 기쁨을 누릴 수 있었을 것이다. 죄로 인해 교회 역시 분쟁에 휘말릴 수밖에 없었다. 만약 이것을 피할 수 없다면 평소 그것을 극복할 수 있는 힘과 능력을 길러야 할 것이다. 이 점에서 교회 정치의 중요성을 강조하지 않을 수 없다. 교회 정치가 잘 이루어진다면 분쟁이 일어나도 교회의 권위와 질서를 지키면서 관리할 수 있기 때문이다.

한편으로는 대부분 수도권 교회들이 부산·경남 지역 출신 성도들의 보이지 않는 헌신에 의해 설립되고 성장했다는 것을 기억할 필요가 있다. 사실상 경기노회는 부산·경남 노회의 확장이라고 해도 과언이 아니다. 고신 교회의 성도들은 타 교단의 성도들에 비해 비교적 교단의식이 강하기 때문에 수도권으로 이사를 가게 되더라도 고신 교회를 찾아오는 경우가 많다. 앞으로도 수도권 집중화 현상은 계속될 것이기 때문에 당분간은 젊은이들을 중심으로 이런 일이 계속 일어나게 될 것이다. 그렇다면 작은 교회일수록 고신의 정체성을 강화시킬 필요가 있다. 나아가 수도권과 지방 교회는 다양한 인적 네트워크를 잘 유지시킬 필요가 있다.

저출산과 고령화 문제는 이제 피할 수 없는 국가적 재난이다. 지방 교회들은 이미 이런 문제를 피부로 경험하고 있다. 수도권 지역 교회들은 그나마 상대적으로 낫다고 할 수 있지만, 장기적으로는 저출산과 고령화의 늪에서 헤어날 수 없을 것이다. 교회 내 교회학교 학생들이 점점 사라지고 있고, 노인 세대들이 점점 증가하고 있다. 교회가 젊은이들로부터 매력을 잃는다면 한 세대 안에 교회의 절반이 문을 닫을 수도 있다. 그래서 작은 교회들은 연대나 합병을 통해 자신의 약점들을 보완할 필요가 있다. 큰 교회들은 작은 교회들이 실제적으로 자립할 수 있도록 지원할 필요가 있다. 이를 위해 서울포럼과 같은 모임을 통해 교회 지도자들이 머리를 맞대고 치열하게 토론할 필요가 있다.

결국 최종적인 해답은 유능하고 신실한 목회자를 양성하는 것이다. 다원화된 사회 속에서 고신 교회의 목회자들은 다른 교단의 목회자들과 경쟁 관계에 있다. 목회자들이 자신을 부단히 성장시키지 않으면 도태될 수밖에 없는 곳이 수도권이다. 안타깝게도 고신 교회는 이 지역에서 후발 주자라고 할 수 있다. 그렇다고 해서 무슨 특별한 비법을 추구하는 것도 위험한 일이다. 교회가 성장할 때는 그런 방법이 가능했을지 모르지만, 교회 쇠퇴의 시대에는 그런 것이 오히려 교회를 쇠망하게 할 뿐이다.

신학교에 지원하는 학생들의 숫자도 계속 줄어들고 있다. 신학대학원이 천안에 위치하고 있어서 수도권 교회들은 좀 더 유리한 입장에 있지만, 얼마 있지 않아 절대적인 부교역자 숫자가 부족하게 될 것이다. 더군다나 이들이 교회 교육을 맡고 있기 때문에 심각한 문제가 될 것임은 자명하다. 지금부터

라도 교회 안에서 미래의 지도자들을 발굴하는 데 총력을 기울여야만 한다.

마지막으로 신학의 중요성을 이야기하지 않을 수 없다. 교회당을 세울 곳을 찾을 수 없을 정도로 교회가 많은 수도권에서 교회를 계속 세워가야 할 이유는 무엇인가? 단지 교회 숫자 하나 더 늘리는 것은 큰 의미가 없을 것이다. 바른 신학에 근거한 바른 교회를 세우는 것이야말로 교회 성장의 유일한 이유가 될 것이다. 경기노회는 처음부터 신학교의 중요성을 분명하게 인식하고 있었다. 부산의 신학교를 서울이나 수도권으로 이전해야 한다고 강력하게 주장했을 뿐 아니라 분교를 세워 신학교를 운영하기도 했다. 이제 경기노회의 소원대로 신대원이 천안으로 이전했고, 이 때문에 적지 않은 유익을 얻고 있기 때문에 다른 노회들보다 신학대학원에 대해 더 많은 책임감을 가져야 한다. 신대원을 다시 부산으로 이전해야 한다는 목소리가 나올수록 수도권 노회들의 역할이 더욱 중요해질 것이다.

사실 신앙의 정통과 생활의 순결은 경기노회가 속한 고신 교회의 설립이념이기도 했다. 신앙의 정통은 역사적 개혁신학을 의미하고 생활의 순결은 신사참배를 거부한 바른 예배를 의미한다. 이 설립 이념은 교회 쇠퇴의 시대에 특별히 중요하다. 이제 중대형 교회들도 곧 쇠퇴의 위기를 마주하게 될 것이다. 이제는 교회를 어떻게 키울 것인가를 고민하기보다 교회를 어떻게 바르고 더 순결하게 만들 것인가를 고민해야 한다. 결국 정체성을 잘 유지하는 교회가 지속적으로 건강하게 유지될 수 있기 때문이다. 이 정체성을 확인하는 첫걸음은 역사를 공부하는 것에서 시작된다. 그러므로 이 책이 수도권 지역 목회자들과 성도들에게 도움이 되기를 간절히 소망한다.

III

내일을 향한 고신 교회의 방향

종/합/과/평/가 01

고신이 앞으로 나아갈 길

권오헌 목사 서울시민교회, 전 총회장(72회)

　수도권 교회들의 역사는 하나님의 크신 은혜와 고신 선배들의 선한 몸부림을 보여 줍니다. 선배들은 영광스러운 복음과 자랑스러운 전통을 물려주었습니다. 다만 수도권의 다른 교단들에 비해 약세인 것은 아쉽게도 우리의 선택에 아쉬운 점이 있었기 때문입니다. 이런 역사의 교훈을 거울삼아 앞으로의 70년은 더 중하고 급한 일에 힘쓰는 선택을 통해 더욱 앞서가는 교단이기를 소망합니다.

1. 교회의 연합 운동을 통한 청년들의 교단의식을 회복해야 한다

교단의 젊은이들이 고신의 전통에 긍지를 가지도록 고신의 역사와 가치를 전승해야 합니다. 교단이 설립된 역사를 통해 고신 교회를 향한 하나님의 섭리적 인도와 고신 교회가 한국 교회를 섬길 귀한 사명이 있는 교단임을 인식하도록 해야 합니다. 이는 단순한 지식의 전달로 충분하지 않고 교단 경험을 통해서 가능합니다. 즉 고신 운동을 경험해야 합니다. 우리 세대가 고신 교단에 대한 긍지를 느끼고 교단의식을 가지게 된 것은 학생신앙운동의 연합수련회를 통해서였습니다. 같은 신앙과 신학을 가진 젊은이들과 교류하면서 교단의식이 생겨났습니다. 학생 시절에 고신의 정신을 경험하는 수련회와 연합활동을 통해서 우리 젊은이들의 고신의식을 강화합시다.

2. 다음 세대에 대한 관심과 지원을 강화해야 한다

1) 청년과 대학생을 위한 협력과 투자

심은 대로 거두는 것이 성경이 가르치는 원칙입니다. 다음 세대가 더 풍성하고 견고하게 서려면 다음 세대 운동에 적극적인 투자와 지원이 필요합니다. 특별히 우리에게는 학생신앙운동이라는 좋은 기관이 있습니다. 수도권에 모여드는 대학생들과 청년들을 생각한다면 이들을 위한 전략과 투자가 있어야 합니다. 우리가 운영하는 대학은 아니지만, 우리 교단의 학생들이 서울의 대학들에 입학합니다. 캠퍼스 근처에 학사나 스터디 카페를 운영하여 젊은이들이 모이도록 해야 합니다.

최근에 서울시는 청년주택을 지어서 젊은이들의 주거 문제를 해결하고자 합니다. 구별로 여러 개의 청년주택이 이미 운영되고 있고, 또 건축 중입니다. 정부의 재정으로 청년들을 지원하는 일이니 그 청년주택에 거주하는 청년들을 위한 사역자와 사역 공간에 투자하여 젊은이들을 그리스도께로 인도하는 일에 힘써야 합니다. 직장인들이 많은 지역의 교회는 그들을 위한 점심과 음료를 제공하는 점심 프로그램을 마련할 수 있습니다.

이런 투자를 할 수 있는 교회들은 많지 않습니다. 그러므로 노회나 시찰 단위로 지역의 대학생들과 청년들을 위한 정책을 세우고 협력해야 합니다. 한 교회가 감당할 수 없는 일이라도 연합하면 가능합니다. 교회들이 함께 청년과 대학생들을 위한 사역에 참여한다면 시찰 단위 연합 운동도 자연스럽게 복원될 수 있습니다.

2) 최근과 미래 이슈에 대한 선제적 대처와 변화를 위한 전략

한국의 젊은 세대는 이전 세대와는 전혀 다른 신인류라고 할 수 있습니다. 이런 새로운 세대를 추수하기 위해서는 교회의 대처와 전략도 변해야 합니다. 아내 빼고는 다 바꾸라고 한 삼성 이건희의 혁신에 대한 갈망을 본받아야 합니다. 교회는 포기할 수 없는 것과 과감히 변화해야 할 것을 분명히 하고 우리가 물려받은 복음을 젊은이의 언어와 문화에 맞게 전달해야 합니다. 성경의 진리 외에는 다 변해야 다음 세대를 얻을 것입니다.

젊은이들이 고민하는 문제에 대해 알아야 하고 그들이 적용할 수 있는 성경적 해답을 제시해야 합니다. 결혼과 직장이 얼마나 큰 부담이 되는가를 알아야 합니다. 지방 청년들의 서울 거주에 드는 재정적 부담을 도와주어야 합니다. 교회가 이런 문제에 대해 전문가를 키워서 현재 정부나 지자체에서 제공하는 혜택들만 잘 안내해 주어도 큰 도움이 될 것입니다.

3. 목회자 지원자가 감소하는 현실에서 수도권 신학교에 대한 고민이 필요하다

요즈음 신학생들은 예전보다 늦게 소명을 받는 경향이 있습니다. 왜 고신대학교 신학과가 학생 모집에 어려움을 겪습니까? 예전에는 중고등학생 시절에 은혜 받고 목회자와 선교사로 헌신했는데, 그 소명과 헌신의 연령이 늦어지고 있습니다. 그러니 신학교에 지원하기보다 일반 대학을 가려고 합니다. 그러다가 대학을 졸업할 무렵이나 졸업하고 직장생활을 하다가 헌신하는 이들도 많습니다. 그런데 대학생들은 서울에 모여 있습니다. 청년들도 서울로 몰려듭니다. 그러므로 미래의 목회자 지원자는 서울에서 난다고 해도 과언이 아닙니다.

수도권에 있는 고신 교회들은 이런 점에서 감당해야 할 역할을 놓치지 말아야 합니다. 직장인들이 소명을 고민할 때 이미 서울이 연고지가 된 대학 졸업생들이 목회자의 길을 결정하고자 할 때 이들의 선택을 도울 수 있어야 합니다. 이를 위해서는 신학대학원 과정이 서울에도 개설되어야 합니다. 직장인들을 위한 야간 신학 과정도 있어야 합니다. 최근 우리 교단과 통합 이야기가 거론되고 있는 교단이 서울에 대학원대학교를 운영 중이다. 만약 교단이 통합된다면 서울의 신학대학원 과정을 운영하는 일에 수도권 교회들이 힘을 모아야 합니다.

종/합/과/평/가 02

서울 지역 교회의 계속적인 성장을 위해서

유해신 목사 관악교회 담임

경기노회를 중심으로 수도권 지역에서 지난 70년 동안 교회가 성장한 과정을 보면서 다음 몇 가지 제안을 하고자 한다.

1. 고신 교회 소속된 교인이 이사할 때 고신 교회로 가는 캠페인 전개

전국 여러 지역에서 서울로 이사하는 성도들은 고신 교회를 찾도록 교단 차원에서 캠페인을 전개할 필요가 있다. 전국 각 지역에 있는 성도들이 서울로 이사할 때 고신 교회를 찾는 것은 전통처럼 되어 있다. 고신 교회의 성도들이 서울로 대학 진학이나 취업을 통해 수도권으로 올라올 때 비교적 고신 교회를 찾는 편이다. 그러나 여전히 고신 교회가 아닌 다른 교단 교회로 가는 경우도 상당히 있다. 특히 타교단 교회 중 대학청년부가 잘 되는 교회를 찾아가는 경우들이 많다. 그래서 총회적으로 고신 교회 성도들은 타지역으로 이사할 때 바른 신학과 순결한 신앙 전통을 이어가기 위해 고신 교회에 출석하도록 지도해야 할 것이다. 수도권에서 다른 지역으로 이사 가는 성도들에게도 마찬가지다. 타지로 이동하는 성도들은 반드시 고신 교회로 이명하여 우리 신앙을 지켜가도록 전국적인 캠페인을 전개할 필요가 있다.

타지역 교회로 이동하는 성도들에게 이명증을 주어 성도의 교회 이동을 지도해야 할 것이다. 이명증을 통해 지역은 달라도 고신총회에 소속된 모든 교회는 한 교회라는 의식을 성도들에게 심어줄 수 있기 때문이다.

2. 계속적인 교회 개척

본문에서 언급한 대로 '총회 3,000교회 100만 성도 운동'의 일환으로 수도권 지역에서 상대적으로 많은 수의 교회가 개척되었다. 앞으로도 교회 개척은 활발히 진행되어야 한다. 총회의 개척 운동에 결합하여 서울 지역의 3개 노회가 연합으로 '서울지역교회개척협의회(가칭)'를 구성하면 효율적이라 사려된다.

미국정통장로교회(PCA)는 총회 산하에 '국내 전도 및 교회 개척 담당 총무(the General Secretary of Home Missions and Church Extension)'를 두고 있다. 또한 여러 노회가 노회 차원에서 '지역별 국내 선교사(regional home missionary)'를 풀타임으로 두고 있다. 이 담당자들은 노회 산하의 개척 교회를 컨설팅하고 개척 교회 목사들의 멘토가 되고 있다.

우리 고신 교회도 총회 사무처에 풀타임으로 교회 개척 담당 총무를 두는 것을 생각해 봄직하다. 또한 서울의 각 노회 차원이나 노회 연합으로 '개척교회 멘토'를 둘 수 있다. 서울 지역에는 은퇴한 유능한 목사들이 많다. 이분들에게 약간의 활동비를 지급하면서 이 일을 맡길 수 있을 것이다. 이분들이 개척 교회에 대한 멘토가 되어 컨설팅하고 개척 교회 교역자들을 격려한다면 개척된 교회가 쇠퇴하지 않고 번성하는 데 큰 힘이 될 것이다.

아울러 서울 지역 개척의 교회들은 특별한 경우가 아니면 상가의 임대 교회일 것이다. 임대 교회이면서도 재정적으로 자립하고 존속하면서도 발전하는 모델을 잘 개발할 필요가 있다.

3. 고신다운 교회로의 성장

이미 많은 교회가 있지만 우리가 계속 교회를 개척하는 이유는 모든 교회에게 주신 사명이 복음 전도이기 때문이다. 하나님 나라를 확장하는 가장 좋은 방법은 교회를 개척하는 것이다. 하나님께서 우리 고신에 내려 준 귀한 전통 때문에 고신 교회는 성장해야 한다. 영남권을 중심으로 성장한 고신은 귀한 전통을 가지고 있다. 곧 성경적 개혁신앙을 파수하면서 생활에서 거룩한 삶을 살기 위해 발버둥을 치는 것이다. 이 전통이 서울 지역 문화와 조화되지 않을 수도 있지만, 그럼에도 우리는 다음과 같은 고신의 좋은 전통을 서울 지역 문화에 적절하게 실현하려는 노력을 계속해야 할 것이다.

첫째로, 고신다운 교회는 성경 말씀에 신실한 교회다. 또 성경을 전체적으로 가르치는 성경 중심의 교회다. 우리는 「헌법」에서 고백하는 대로 오래전 신앙 선배들이 작성한 신앙고백서와 교리문답을 가르쳐야 한다. 단순히 지적으로 가르치는 것이 아니라 하나님의 구원 역사에 대해 생생하게 가르쳐서 성도들에게 경건과 기쁨을 주도록 가르쳐야 한다. 그것은 단지 교리문답을 가르치는 것이 아니라 교리문답을 골격으로 해서 성경을 풍성하고 생생하게 가르치는 것이어야 한다.

사도행전 6장 7절은 "하나님의 말씀이 점점 왕성하여 예루살렘에 있는 제자의 수가 더 심히 많아지고"라 말한다. "왕성(αὐξάνω)"과 "많아지고(πληθύνω)"는 창세기 1장 28절에서 "생육하고" "번성하라"의 헬라어 단어(70인역, 헬라어 번역 구약성경)와 같은 단어를 쓰고 있다. 창세기의 단어를 그대로 쓴다면 사도행전 6장 7절은 이렇게 쓸 수 있다. "말씀이 생육하고 제자들의 수가 번성했다." 하나님께서 인류에게 주신 소명, 즉 생육하고 번성하는 것은 말씀이 번성하고 성도의 수가 많아지는 것을 통해 이루어지고 있다. 교회와 성도들의 수가 많아지기 위해서는 말씀이 자라야 한다. 순수한 복음을 전할 때 초대교회처럼 성도의 수가 많아질 것이다.

둘째, 고신다운 교회가 되기 위해 또 하나 제안하고 싶은 것은 성찬을 좀 더 자주 하는 것이다. 최소한 한 달에 한 번 성찬을 시행하고, 더 준비가 된다면 매주 성찬을 하는 것도 필요하다. 하나님께서는 말씀의 선포와 성찬을 통해서 은혜를 전달하신다. 말씀이 풍성하기 위해서는 '보이는 말씀'인 성례를 신실하게 집행해야 한다.

셋째, 고신다운 교회에서 중요한 것은 전통적으로 우리가 지켜 온 주일성수를 계속 계승하는 것이다. 주일성수는 그 자체가 목적이 아니다. 하나님을 예배하는 데 집중하고, 말씀을 묵상하고 기도하는 데 있다. 예배를 준비하고 예배에서 받은 은혜를 삶으로 연결하기 위해서는 주일에 경제활동을 하거나 식당에서 음식을 사 먹는 등의 행위를 자제해야 한다. 구약 성도들은 안식일에 종이나 가축까지 쉬도록 배려했다. 지금 이 시대에 우리 개인의 편의를 위해 주일에 경제활동이나 소비 활동을 하면서 가게의 주인들이 쉬지 못하게 하는 것은 이웃 사랑에 맞지 않다.

4. 서울 지역의 연합 활동을 통해 서로 좋은 영향을 주도록

장로회연합회, 남·녀전도회연합회, 학생신앙운동(SFC), 주일학교연합회 등이 서울 지역의 각 노회별로 조직되어 있고, 수도권장로회연합회와 수도권여전도회연합회가 조직되어 활동하고 있다. 이런 연합기관들의 활동을 더 활성화하여 성도 교제의 유익을 누리고 교회들이 다른 교회들로부터 배우는 기회를 계속 만들어가야 할 것이다.

  최근 몇 년 동안 고신신학원에서 장로교육반을 함께 운영하면서 수도권의 장로 교육에 협력하는 것은 많은 유익이 있다. 특히 SFC가 성장하도록 함께 힘을 모아야 할 것이다. 대학이 몰려 있는 수도권 교회들이 교단에 기여할 중요한 부분이 바로 대학 SFC를 활성화하는 것이다. 서울의 몇 교회가 중심이 되어 몇 년째 서울 지역 간사들과 연결해서 생활비를 책임지며(최소 225만 원) 간사 활동을 지원하고 있다. 이런 지원을 통해 SFC 사역이 고신 교회와 연결되도록 하며, 사역의 확장을 도울 수 있을 것이다.

종/합/과/평/가 03

서울중앙교회의 설립을 통해 본 고신 교회의 정체성과 비전

김진영 목사 서울중앙교회 담임

1. 서울중앙교회의 설립과 고신 교회의 정체성

서울중앙교회의 설립에 대해 알려지지 않은 놀라운 사실이 있다. 서울중앙교회 설립 25주년 기념 책자에서 교회 설립 배경을 다음과 같이 설명한다.

1953년이면 6·25사변이 거의 끝날 시기다. 서울 수복과 더불어 한창 복구 사업이 진행되고 있었으며, 한편으로는 휴전 회담이 거의 마무리될 즈음에 부산 서부교회에서는 서울 도성에 기독교 회복을 위하여 개척 교회 설립을 결정했다. 이 당시 서부교회에서는 백영희 목사가 시무하였는데, 예배위원 24명을 임명하여 교회 설립을 추진했다. 24명 중 대표 3인이 대구 성밖교회에 시무하시는 전칠홍 목사를 전도목사로 청빙하고 마침내 교회를 설립했다.

서울에 있던 목회자나 교인들이 서울중앙교회를 시작한 것이 아니다. 뜻밖에도 부산 서부교회에서 서울 지역에 고신 교회의 정신을 드러내는 교회 설립을 계획하고 예배위원 24명을 서울로 파송했다. 교회 설립의 목적은 서울 도성에 기독교 회복을 위한 교회를 세우는 것이었다. 그런데 서울중앙교회 설립에 주도적 역할을 했던 부산 서부교회 교인들은 다음 해인 1954년 초에 다른 교회로 분립하여 나갔다. 서울중앙교회는 설립 초기부터 지금까지 70여 년의 역사 동안 큰 위기들이 있었다. 교회를 개척했던 개척위원들, 개척했던 목회자와 교인들 간의 서로 다른 입장으로 인해 교회를 떠나고 헤어지기도 했다. 그럼에도 불구하고 서울 도성에 고신 교회의 정신을 드러내고, 한국의 기독교를 회복하기 위한 목적으로 설립된 서울중앙교회는 지금도 존재하고 있다.

이번에 서울·경기 지역 고신 교회의 역사를 돌아보면서 발견한 사실은 고신 교회를 향하신 하나님의 은혜와 섭리는 지금도 여전하다는 것이다. 고신 교회는 신사참배를 승인함으로써 배교와 우상 숭배의 길을 걸었던 한국 교회의 죄를 회개하자는 회개 운동에서 시작된 교회다. '신앙의 정통, 생활의 순결'을 통해 한국 교회가 하나님의 마음에 합한 교회로 다시 회복하자는 비전이 있었다. 이것이 고신 교회의 정체성이었고, 서울 도성에 서울중앙교회를 세우신 하나님의 은혜였다. 고신 교회의 정체성과 비전을 가지고 시작된 서울중앙교회는 우리의 부족함과 연약함 그리고 잘못에도 불구하고 여전히 하나님의 은혜와 놀라운 섭리 안에 서 있음을 발견하게 된다. 하나님께서 고신 교회에 주신 은혜와 사명을 기억하면서 몇 가지를 제안하고자 한다.

2. 개혁주의 신학의 터 위에 서서
개혁 교회를 추구하는 고신 교회

서울·경기 지역에는 다양한 교단에 속한 많은 교회가 있으며, 그들이 추구하는 교회의 모습 또한 다양하다. 많은 교단과 교회가 있지만 교회의 본질과 정체성을 분명히 표명하는 교단이나 교회는 그리 많지 않다. 고신 교회는 역사적 개혁교회의 전통을 따라 개혁교회를 추구한다. 한국에 다양한 교단과 교회들이 있지만, 개혁주의 신학과 개혁교회를 추구한다는 뚜렷한 비전을 가진 교회는 고신 교회이며, 이것이 고신 교회의 정체성이다.

고신 교회가 추구하는 개혁교회는 하나님 중심, 성경 중심, 교회 중심을 신앙과 삶의 핵심 원리로 삼고, 삶의 모든 영역에서 하나님의 말씀에 순종함으로써 세상의 빛과 소금이 되는 교회다. 고신 교회는 시대의 흐름과 세상의 분위기에 흔들리고 요동하는 교회가 아니라 개혁주의 신학에 뿌리를 깊이 내리고, 개혁교회를 건설하고, 삶의 모든 영역에서 믿음으로 살아가는 교인을 키우는 교회가 되기 바란다. 이것이 서울·경기 지역에 고신 교회를 두신 하나님의 뜻이며, 우리 고신 교회의 사명이다.

개혁교회로 세워지기 위해 무엇보다 중요한 것은 하나님의 말씀인 성경을 열심히 배우고 순종하는 교회가 되는 일이다. 초창기 선교사들이 한국 교회 교인들을 '성경을 사랑하는 교인들(Bible Loving Christian)'이라고 불렀듯이 고신 교회는 하나님의 말씀인 성경을 사랑하고 믿음으로 살아가는 교인을 양육하는 교회가 되기 바란다.

3. 장로교회의 비전을 실현하는 고신 교회

한국 교회는 장로교회가 큰 비중을 차지하지만, 장로교회의 원리에 따라 운영되는 교회는 많지 않다. 한국의 교회는 장로교회뿐 아니라 다른 교단에 속한 교회들도 두 가지 종류의 교회, 즉 담임목사와 교역자 중심으로 운영되는 교회이거나 소위 민주적 방식에 따라 운영하는 교회다. 한국의 장로교회는 유명무실한 이름일 뿐, 실제로 장로교회의 원리를 따라 운영되는 교회는 그리 흔하지 않다.

인구 감소와 함께 교인의 수적 감소와 영적 침체로 인해 교회 성장에 대한 열망과 기대가 크다. 교회의 성장과 부흥을 위해 노력할 때 고신 교회는 외적 성장과 부흥뿐 아니라 장로교회의 본질과 원리에 충실한 교회로 성장하기를 바란다. 고신총회에 속한 교회들이 개혁주의 신학의 터 위에서 장로교회의 원리에 충실한 교회로 성장할 때 하나님께서 고신 교회를 세우신 은혜에 더욱 부응하게 될 것이다.

수도권 고신 교회의 역사를 돌아보면서 고신 교회를 향한 하나님의 은혜는 지금도 여전함을 발견한다. 신사참배의 죄를 회개하면서 하나님이 기뻐하시는 교회로 다시 일어서고, 한국의 기독교를 회복하고자 했던 고신 교회에게 주신 비전과 은혜는 지금도 유효하다. 개혁주의 신학의 터 위에서 성경의 가르침에 충실한 장로교회의 이상을 실천함으로써 하나님께서 고신 교회에 주신 은혜와 사명에 충성된 교회로 끊임없이 전진하는 고신 교회가 되기를 바란다.

IV

서울 지역 3개 노회 현황

1. 서울남부노회

교회명	**광진교회**	📍 서울시 광진구 뚝섬로 612-1 📞 02-456-9865	
설 립 연 도	1995년	설립시 주 소	서울시 광진구 뚝섬로 612-1
교회명 변 경			

교역자

담임목사 송태종

교회명	나라교회	서울시 송파구 충민로2길 24, 리더스프라자 5층 02-412-1231 narachurch.co.kr	
설립연도	1984년 7월 15일	설립시 주소	경기도 부천시 역곡동 62-11 동신빌딩 302호
교회명 변경	1994년 3월 6일 동림교회에서 나라교회로 변경		

교역자
담임목사 이한식(2003년 5월 11일 부임)
전임 담임목사 이 서(1984년 7월~2003년 1월)

장로
시무 박상규 김영래
원로 김지훈
은퇴 임태길 손경수
무임 양윤동

교회 소개
- 역곡동 동림교회(1984~1989년/ 5년) 이서 강도사
- 서초동 동림교회(1989~1994년/ 5년) 이서 목사
- 구의동 나라교회(1994~1997년/ 3년) 1994년 3월 교회명 변경
- 방이동 나라교회(1997~2008년/ 11년)
  2003년 1월 이서 목사 소천, 2003년 5월 이한식 목사 부임
- 장지동 나라교회(2008년~현재/ 16년) 이한식 목사

교회명	뉴코리아교회	서울시 강서구 양천로57길 9-14, 2층 02-3664-8015　www.newkorea.kr	
설립연도	2011년 08월 15일	설립시 주소	상동
교회명 변경			

교역자
담임목사 정형신

장로
시무 김상문

교회 소개

뉴코리아교회는 2011년 8월 15일 광복 66주년에 설립되어 대한민국에 정착한 탈북민들의 신앙과 삶을 세우고 북한선교의 꿈을 확산하면서 열방의 그리스도인들이 함께 예배하는 통일코리아의 현장입니다.

뉴코리아교회는 북한선교의 십일조를 감당한다는 비전으로, 국내 입국한 3만여 탈북민들 중 3천여 명의 탈북민 이웃을 섬기고, 70여 탈북민교회 목회자 가정을 격려할 뿐 아니라 5만 한국 교회 중 5천 개 교회가 북한선교와 통일 준비를 시작할 수 있도록 안내하고 있습니다.

교회명	**능동성지교회**	서울시 광진구 천호대로112길 10, 2층　02-457-8058
설립연도	1980년 07월 12일	설립시 주소　서울시 성동구 능동 235-1 지하 1층
교회명 변경		

교역자
담임목사 구성문(원로)

장로
시무 조정묵
은퇴 나종연

교회 소개

- 1980년 6월 1일 오전 11시에 서울시 성동구 능동 235-1번지 지하 30평에서 7명의 성도와 함께 첫 예배를 드리면서 시작되었습니다.
- 1980년 7월 10일 교회 설립 인가를 받았습니다(경기노회 제50회 3차 임시노회).
- 2024년 10월 6일 현재(2층 50평) 하나님의 은혜 가운데 60여 명의 성도 중 30여 명이 함께 예배드리고 있습니다. 주님이 세우신 교회를 믿음으로 받들고 있습니다.

교회명	다니엘새시대교회	서울시 서초구 헌릉로468길 21-16(다니엘학교 내) 02-3411-1437 danielchurch.or.kr		
설립연도	1997년 11월 2일	설립시주소		서울시 서초구 헌릉로468길 21-16
교회명변경	다니엘교회(설립) 다니엘새시대교회(2010년 1월 1일)로 개명			

교역자

담임목사 김태민
부교역자 정가영 간사, 문설주 전도사

장로

시무 김한주 김현수 오진곤
은퇴 김충환 나팔윤 류인복 민동기 박근수 박창균 양명기
유재석 이봉우 장석구 최진호

교회 소개

다니엘새시대교회는 한영교회로부터 1997년 11월 2일 분립 개척한 다니엘교회와 1998년 1월 4일 창립된 새시대교회(2008년 5월 11일 주님의뜻교회와 통합)가 2010년 1월 1일자로 통합한 교회입니다.

다니엘새시대교회는 교역자와 평신도를 포함한 구성원 모두가 동일하게 하나님의 백성이라는 자각 아래 교회에서뿐만 아니라 가정, 일터, 사회의 모든 삶의 영역에서 하나님 나라와 의를 추구합니다.

교회명	다음세대교회	서울시 송파구 송파대로49길 64, 2층 02-446-6810　www.ngm.or.kr
설립연도	2006년	설립시 주소　서울시 광진구 중곡동
교회명 변경		

교역자
담임목사 권지현
강도사 김규진 이희주

장로
시무 방길호

교회 소개
다음세대교회는 '말씀의 빛과 성령의 불로 세대를 변화시키는 사랑 공동체'입니다.
다음세대교회는 말씀을 더 바르게 알고, 성령을 더 뜨겁게 체험하며, 현 세대와 다음 세대를 변화시켜서 진리 안에서 서로 사랑하는 공동체를 세우는 것을 가장 중요한 사명으로 생각합니다.

교회명	대서울교회	서울시 광진구 자양번영로 27 (자양동 583-3) 02-457-9742 godislov.modoo.at
설립연도	1980년 4월 6일	설립시 주소: 서울시 광진구 자양동 553-45
교회명 변경		

교역자
담임목사 방정기
원로목사 방의혁
교육전도사 민태홍(2024년 10월 20일 부임)

장로
시무 노승민 서의모 김경모 방명혁 김종수
은퇴 설종규

교회 소개

대서울교회는 1980년 2월 24일 자양3동 553-45번지(2층 30평)에서 방의혁 강도사(현 원로목사)가 개척하였습니다. 이후 1989년 3월 현 장소를 매입하고 이전하여 (112평), 동년 11월에 2층을 증축했습니다. 2012년 10월 20일에는 방정기 목사가 2대 담임목사로 위임되었습니다.

교회명	동부제일교회 (남부시찰)	서울시 강동구 올림픽로54길 7 02-471-7715
설립연도	1994년	설립시 주소: 서울시 강동구 올림픽로 587-1
교회명 변경		

교역자
담임목사 이상집

장로
은퇴 임충부

교회 소개

하나님 중심, 성경 중심, 교회 중심으로 설립된 교회입니다. 예배를 통한 하나님의 영광을 선포하는 교회, 제자 삼는 사역을 감당하는 교회, 이웃과 세상을 섬기는 교회라는 3대 비전을 실천하는 교회입니다.

교회명	동부제일교회 (중부시찰)	서울시 중랑구 동일로145길 19 02-977-6469
설립연도	1966년 4월 9일	설립시 주소: 서울시 중랑구 중화동 425-323
교회명 변경		

교역자

담임목사 김광석
원로목사 양성우
부목사 임우진 김채완
전도사 안순옥

장 로

시무 하혜성 김용현
원로 김봉갑 한은수
은퇴 남궁성규 김창수 방규오 신승호 이상덕
　　 배세한

교회 소개

동부제일교회는 원로목사인 양성우 목사가 1966년 4월 9일에 설립한 교회입니다. 양성우 목사는 38년간 시무했고, 2013년에는 2대 담임목사인 김광석 목사가 지금까지 시무하고 있습니다.

교회명	동인교회	⦿ 서울시 강남구 학동로101길 26, 301호 ☎ 02-543-0558	
설 립 연 도		설립시 주 소	
교회명 변 경			

교역자

담임목사 강철호
원로목사 박성목
강도사 김태진

장로

시무 배기용 서강섭 이해우

교회명	동행교회	⦿ 서울시 송파구 위례광장로 170, 상가A 201호 ☎ 02-3402-0621 ⌂ walktogetherchurch.com	
설 립 연 도	2021년	설립시 주 소	서울시 송파구 위례광장로 170, 상가아파트 201호
교회명 변 경			

교역자

담임목사 박영수

교회 소개

동행교회라는 이름에서 알 수 있듯이 하나님과 형제자매와 이웃과 동행하는 교회입니다. 'walk together'라는 이름처럼 급하게 성과를 내려고 하기보다 천천히 두 손을 꼭 붙잡고 서로 격려하면서 보폭을 맞추어 함께 나아가는 공동체입니다.

교회명	로뎀교회	경기도 용인시 처인구 동부로151번길 38-3 010-2436-6760	
설립연도	2004년	설립시 주소	역북동
교회명 변경			

교역자
담임목사 박용철

교회명	목양교회	서울시 광진구 자양번영로 44-1 010-3160-4766	
설립연도	1998년 9월	설립시 주소	경기도 고양시 마두동
교회명 변경	한빛교회 ⇨ 목양교회		

교역자
담임목사 최돈호

교회 소개
목양교회는 성경 강해와 해석을 중심으로 하는 예배 속에 믿음을 키워가고 있습니다. 작지만 헌금은 전액 선교비와 교육비로 사용하는 가운데 지역사회와 세상에 하나님의 사랑을 나누고 있습니다.

교회명	문정중앙교회	서울시 송파구 송이로32길 4(문정동) 02-430-9191
설립연도	1988년 11월 20일	설립시주소: 서울시 송파군 문정동 9-6
교회명 변경		

교역자

담임목사 김순만

장로

시무 김상술 박준홍
협동 민완식

교회 소개

문정중앙교회는 1987년 12월 5일 방효원 장로 외 12명이 창립준비위원회로 모인 것을 시발로 경기노회 남서울교회(박종수 목사 시무) 남전도회가 송파구 문정동 416-8번지 2층(40평)을 임차한 장소에서 1987년 12월 27일 14시 창립예배를 드렸습니다. 이듬해 1988년 1월 29일 문정중앙교회 설립 인가(경기노회 동부시찰 소속)를 받았습니다. 이어 1988년 11월 20일 이문근 목사가 부임하였으며, 1989년 6월 사임했습니다. 1989년 10월 이신구 강도사가 부임하여 섬기다가 1990년 사임했습니다. 이후 1991년 1월 20일 김순만 목사가 위임목사로 부임하여 현재에 이르고 있습니다.

교회명	방배제일교회	서울시 서초구 방배천로6길 32-1 02-3472-2443	
설립연도	1999년 1월 28일	설립시 주소	방배동 467-11
교회명 변경			

교역자
담임목사 박병연
원로목사 오경재

장로
시무 류종국
휴무 오종철
은퇴 윤대석 박재길

교회 소개

방배제일교회는 1999년 1월 28일에 원로목사인 오경재 목사가 설립한 교회입니다. 어려운 환경 속에서도 주님을 바라보며 한때 출석교인 70명으로 부흥하기도 했습니다. 지금은 후임 목사인 박병연 목사가 2대 목사로 부임하여 하나님을 기쁘시게 하는 교회로 성장하고 있습니다.

교회명	배곧영동교회	경기도 시흥시 배곧4로 81-46, 5층 031-431-3928　www.bgydc.net	
설립연도	2017년 4월 30일	설립시 주소	상동
교회명 변경			

교역자
담임목사 김종설
강도사 김준영 권영만

장로
시무 이영민

교회 소개
배곧영동교회는 서울영동교회에서 경기도 시흥시 배곧 신도시에 개척한 교회입니다. '섬김을 통한 세상의 변화'라는 서울영동교회의 건강한 가치와 정신을 이어받아 시흥 배곧 지역의 지역적 필요를 돕고 섬기고자 합니다. 무엇보다 배곧영동교회는 영적으로 무너진 영혼들을 하나님의 말씀으로 회복시키는 비전을 가지고 있습니다.

교회명	복음자리교회	서울시 서초구 새원4길 9　☎ 010-5342-2509
		blog.naver.com/gospelplace02
설립연도	2014년	설립시 주소　동일
교회명 변경		

교역자
담임목사 이세령

장　로
시무 홍승육

교회 소개
복음자리교회는 농촌을 생각하는 모임 공동체를 비롯해서 장로 두 가정과 이세령 목사 가정이 2014년 11월 첫 주일에 첫 예배를 드림으로 시작되었습니다.

표어: 복음이 주는 위로와 쉼을 나누는 교회

실천 방향
- 광야에서 나그네의 공동체를 지향하는 교회
- 세금을 성실하게 납부하는 성도들로 양육하는 교회
- 가정 기도회를 성실하게 드리는 교회
- 서로의 부족을 짐 지는 교회
- 이명증을 주고받는 일에 성실한 교회
- 다부제 예배보다는 독립된 치리회로 분립하는 교회

복음을 가지고 우리가 사는 현실에서 하나님 나라와 의를 이루는 성도와 가정 그리고 교회가 되기를 소망합니다. 그리고 바른 교회 질서를 세우는 공동체를 꿈꾸고 있습니다.

교회명	부름교회	서울시 강남구 세곡동 524　070-7778-6152　youtube.com/@burumchurch
설립연도	1986년	설립시 주소　서울시 동대문구 청량리
교회명 변경		

교역자

담임목사 원영배
원로목사 원현호
부목사 김헌주
강도사 문준혁

장로

시무 김형찬 김정훈

교회 소개

부름 받은 구원의 은혜를 일상에서 살아 내기 원하는 교회입니다.

교회명	빛소금교회	서울시 강동구 고덕로 227 배재고등학교 아펜젤러기념예배당 02-481-6400 www.light-salt.net	
설립연도	1990년 3월 11일	설립시 주소	한영외국어고등학교 (서울시 강동구 상일동 166번지 소재)
교회명 변경	2012년 1월 29일 한영교회에서 빛소금교회로 변경		

교역자
담임목사 김용태
은퇴목사 김낙춘
기관목사 윤길용 김성수
부목사 신성재 채윤기 김승천
강도사 박정훈
전도사 이우호

장로
시무 강욱중 김종경 송명준 이병삼
사역 김교동 박종묵 장성록 조충훈
휴무 강석수
원로 김경래
은퇴 강병근 김무열 박항천 백기선 안동원 이남신
　　　이영학 이준동 최일수 이순래

교회 소개
서울영동교회(서울 강남구 논현동 소재, 고신)에서 1990년 3월 한영학교 안에 분립 개척한 교회로, 우리나라 최초로 학교 안에서 예배하는 교회입니다. 이는 교회의 헌금을 선교와 교육, 구제를 위해 사용하기 위함입니다. 특히 채플 및 학교와의 다양한 협력을 통해 학원 복음화를 감당하고 있습니다.

교회명	삼일교회	경기도 양평군 서종면 황순원로 71 010-7200-3191 cafe.daum.net/samilch	
설 립 연 도	1988년	설립시 주 소	서울시 강동구 명일동 343-3
교회명 변 경			

교역자
담임목사 신성영
전도사 신성민 신성경

교회 소개
하나님의 영광을 위하여 성화 운동, 제자 운동, 선교 운동을 목표로 성도들이 하나님 중심, 성경 중심, 교회 중심의 신앙생활에 진력하도록 교육하고 훈련하며, 특별히 해외에 교회를 건축하는 등 선교하는 일에 힘쓰고 있습니다.

교회명	새순교회	강원도 원주시 강변로 93-5 033-762-547	
설 립 연 도	2006년 11월 21일	설립시 주 소	원주시 신림면
교회명 변 경	2006년 11월 21일, 원주시 신림면 신림리 693-12에 신림의성교회 설립 2009년 7월 16일, 원주시 강변로 93-5로 이전 후 새순교회로 변경		

교역자
담임목사 서경욱

교회 소개
새순교회는 개혁주의 신앙을 계승하는 고신총회에 속한 건전한 교회로서 지역과 소통하면서 가정과 이웃을 소중히 여기는 교회입니다.

교회명	서울강남교회	서울시 서초구 방배천로30길 26 02-595-1762 www.sknchurch.org	
설립연도	1979년 12월 02일	설립시 주소	서울시 강남구 반포동 535-16
교회명 변경			

교역자
담임목사 강영진
원로목사 신도범
부목사 신우열 손부원 유봉재
강도사 원이레
전도사 김영은 김경숙

장 로
시무 신용현 강명진 김기홍 김승태 정남환 이인영
원로 김해곤 금동창 김성식
은퇴 이만영

교회 소개
서울강남교회는 1979년 12월 2일에 설립되었습니다. 성도의 가정에서 시작하여 1983년에 당회를 조직하고 1986년에 반포동에 교회당을 신축했습니다. 2006년에 학사관을 개관하였으며, 2015년에는 교회당을 방배동으로 이전 건축하여 나날이 하나님의 은혜로 부흥·성장하고 있습니다. 매년 VIP를 초청하여 메리 크리스마스 파티를 통하여 복음의 기쁨을 나누고 있습니다. 예수님의 명령을 따라 복음을 전하는 교회, 말씀을 가르치는 교회, 이웃을 섬기는 교회의 사명을 감당하고 있습니다.

교회명	서울남교회	📍 서울 서초구 고무래로 10-5 📞 02-532-3191 ▶ youtube.com/@서울남교회-j8o	
설 립 연 도	1994년 1월 30일	설립시 주 소	상동
교회명 변 경			

교역자
담임목사 정주일
전도사 이동숙

장 로
시무 전형용

교회 소개

서울남교회는 1994년 1월 30일 서울영동교회에서 분립한 성도들이 개척한 교회입니다. 고신 총회회관 내에 있으며, 하나님을 사랑하고 이웃을 사랑함으로 세상에 하나님 나라가 오기를 꿈꾸는 사랑과 생명의 공동체입니다.

교회명	서울서광교회	서울시 광진구 자양로 238　02-452-1868　[FAX] 02-453-9664	
설립연도	1979년 8월 5일	설립시 주소	서울시 서초구 서초동 705 서일연립 2층
교회명 변경			

교역자
담임목사 조석연
원로목사 윤화현
전도사 윤사라

장로
시무 김병주 서 영 조기흥
원로 윤삼랑
은퇴 임두성 김석태 김기화
협동 황병남

교회 소개

서울서광교회는 1979년 8월 5일에 윤화현 강도사 가족이 첫 예배를 드림으로 시작되었습니다. 1980년 2월 12일 경기노회(임시노회)에서 설립 허가를 받았으며, 1980년 12월 15일에 예배당을 구의동으로 옮겨 부흥을 이루었습니다. 1995년 광장동 청구아파트 상가를 분양받아 부흥을 이루다가 2003년에 현 위치로 교회를 이전하였습니다. 윤화현 목사는 2005년 12월 3일 은퇴하였고, 조석연 담임목사가 2대 목사로 부임하여 지금에 이르고 있습니다.

교회명	서울서문교회	⊙ 서울시 송파구 강동대로 320 ☎ 02-409-0051 🌐 www.seomoon.org
설립연도	1954년	설립시 주소: 서울시 서대문 합동 28-16
교회명 변경		

교역자
담임목사 배준완
부목사 김호석 한시온 강현석 추 진 신진우 정성호 김세훈 이옥찬
사역목사 이재환   **기관목사** 이현준   **기관강도사** 김광수
강도사 김광수   **전도사** 김동화 서혜선 김소희 이정연 이소망

장로
시무 홍봉룡 이한주 이준규 박광은 문용 이용직 김병연 박기형 김병준
원로 이중구 하호영 김삼관 김창성 정철도
은퇴 강덕원 강원호 권오주 김상수 김성순 김성희a 김수광 김윤호 김창호 김학동 박동락 박인국 박준서 서성우 성재훈 손상대 안건훈 오병실 오영규 유동휘 윤병연 윤태원 이광민 이동근 이병무 이오용 이운돈 이종구 임록봉 조석준 조재천 조태영 조함식 지화병 차병식 최성원 최학생 한창진 이재규 이계정 노창선
협동 김영수 김태선 박종환 윤두영

교회 소개

서문교회는 1954년 4월 서대문에서 출발해서 1990년 12월 현재의 송파(올림픽아파트 종교부지)로 이전해 왔습니다. 지난 70년간 수많은 교단 목회자와 신학교수, 사회 속의 인재들을 배출했습니다. 지금까지 민영완, 최해일, 김만우, 박성복, 한진환 목사가 담임 목회자로 섬겨왔습니다. 서문교회는 하나님 나라를 전파

하는 교회, 생명을 살리고 양육하는 교회, 세상을 섬기고 변혁하는 교회의 비전을 힘써 추구해왔습니다. 2023년 부임한 배준완 목사와 함께 새로운 70년을 준비하며, 모든 세대를 예배자로 세우고, 모든 세대가 소명을 따라 살아가고, 모든 세대가 도시 속에서 복음의 증인으로 살아가도록 구비시키는 사명을 감당하고 있습니다.

교회명	서울성산교회	⊙ 서울시 광진구 뚝섬로59길 18 ☎ 02-444-0581 ⊙ seongsan.org	
설립연도	1967년 2월 5일	설립시 주소	서울시 성동구 자양동 142
교회명 변경			

교역자
담임목사 장태영
부목사 정현민 유봉춘
강도사 박홍건
전도사 김명덕 김미옥 정지완

장로
시무 조재천 윤병기 노수원 이명남 이형렬 유성진 이철현 김영일
은퇴 박성덕 고재용 전교하 이계열 강영식 이진환 박명수 김순하 오창성 조승호

교회 소개
서울성산교회는 '말씀과 성령으로 제자되어 땅끝까지 증인 되는 사랑과 섬김의 공동체'라는 비전으로 지역 사회와 세계를 섬기는 교회입니다. 1967년 2월 5일 자양동에서 예배를 드리기 시작하여 지금까지 변함없이 한 자리에서 하나님을 예배하며 지역 주민들, 특별히 힘들고 어려운 이웃들을 그리스도의 사랑으로 섬기는 데 힘쓰고 있습니다. 나아가 복음으로 세계를 섬기고 선교하기 위해 여러 지역의 선교사들을 기도와 물질로 후원하고 있습니다. 또한 모든 성도가 성숙한 그리스도인으로 자라 하나님 나라의 일꾼으로 쓰임 받고, 말씀과 성령 안에서 하나 되어 건강한 교회를 이루어 가기 위해 양육과 훈련에 매진하고 있습니다.

교회명	서울성일교회	서울시 서초구 효령로70길 36-19 02-2055-3581~2 www.sung-il.org	
설립연도	1979년 4월 27일	설립시 주소	서울시 강남구 도곡동 942-6
교회명 변경			

교역자
담임목사 이병택
강도사 진동화 김은성
전도사 김현주

장로
시무 최병만 정광수
원로 민형기 김경용 장성구
은퇴 박원재 김기수 이성규 한종산
협동은퇴 이종환

교회 소개
서울성일교회는 '다시 복음으로 나는 그리스도인이다'라는 표어 아래 서초 지역에 복음으로 건강한 하나님의 교회를 세우며, 성령의 인도를 따라 선한 영향력을 끼치는 공동체를 꿈꾸는 교회입니다.

교회명	서울시민교회	서울시 광진구 천호대로 622(능동 247-5) 02-444-4385 www.seoulshimin.or.kr
설립연도	1976년 10월 31일	설립시 주소 서울시 광진구 중곡동 158-5
교회명 변경	강동교회에서 서울시민교회로 개명	

교역자
담임목사 권오헌
부목사 최갑진 김흥식 김　원 김윤수 오현교
기관목사 이일호 홍성철 김추현 허태영
강도사 하동석
전도사 나재찬 권예찬

장 로
시무 박용태 신형섭 최영식 김진호 박선동 전종진 김태우 오하영 정귀환 권혁호 임도연 최현기 심기섭 박덕래 김철수 구영진 안기석 손성호 손　익 장성수 추경일 노경철
원로 김형웅 신형섭 김진호
은퇴 임병재 최인수 안성국 구서회 김현규 박명한 맹성광 김기충 박장효 우성준 이영호 이은철 정경일 최영석 길성구 이원녕 조성제 강주원 김제윤 심기섭 박덕래

교회 소개
서울시민교회는 1976년 10월 31일에 설립되었습니다. 하나님의 은혜 가운데 성장하여 현재 성찬회원(세례, 입교인)이 1,607명입니다. 대학부와 청년회가 290명, 교회학교가 261명에 이르고 있습니다. 2014년에는 우리시민교회를 분립하면서 150명을 파송했고, 2016년에는 의정부숲교회를 분립시켰습니다. 4개의 사회복지기관을 통해 장애인을 섬기고 있으며, 현재 사역자는 목사 12명, 강도사 1명, 전도사 2명이고, 시무장로 20명, 은퇴장로 21명이 함께 교회를 섬기고 있습니다.

교회명	서울영동교회	서울시 강남구 논현로132길 18 02-544-8001 www.sydc.net	
설립연도	1976년 7월 4일	설립시 주소	상동
교회명 변경			

교역자
담임목사 조상우
부목사 윤영욱 박정민 이지열 김영한 김근수 정용찬
기관목사 양낙흥 신산철 윤한석 김규일 이광염
전도사 정영주 임경심 김현승 은주하 박예진

장로
시무 김성수 김창근 나종주 민병근 박종흔 송종민 유재균 윤종효 이용우 이용운 정연승 지문철 하승보 홍수열 박성헌 이희승
은퇴 강승주 권대연 김명규 김문돌 김서동 김 승 김영진 김작남 김정호 김종근 김준완 김진석 김춘복 김홍연 박대동 박철원 손기식 손봉호 신섭철 안병직 오기맹 이광연 이만순 이설규 이호식 전갑용 정규장 정예영 정유근 정의정 정희공 조동락 조성봉 차진한 최광사 최주완 홍관수 황하수 박은철 송윤형
무임 이병욱 이병주

교회 소개

서울영동교회는 1976년 설립된 이래로 설립 48주년을 지나고 있습니다. 평신도 대표자들을 중심으로 건강하고 선교하는 교회를 세우고자 대형 교회를 지향하거나 건물을 세우는 일 대신 세상을 향해 봉사하고 섬기면서 선교적 사명을 감당함으로 그리스도 안에서 서로 섬기고 사랑하는 신앙 공동체를 이루고자 진력해 왔습니다. 성령님의 인도하심 가운데 하나님 나라를 지금 이곳에서 누리고 경험하며, 검소하고 절제된 생활을 통해 참된 그리스도인의 삶의 모습을 세상 앞에 나타내도록 힘쓰는 서울영동교회입니다.

교회명	서울제일교회	서울시 성동구 왕십리로28길 1-1 02-2293-1656 서울제일교회.kr	
설립연도	1966년 1월 1일	설립시주소	서울시 성동구 행당동 168-18
교회명 변경	동일교회(설립), 왕십리제일교회(1970년 8월 5일)로 변경, 서울제일교회(1974년 4월 26일)로 재변경		

교역자
담임목사 김동춘
원로목사 김일훈
사역목사 김우신 최성욱
강도사 이경연 하대웅
전도사 윤석진
선교사 한　성 김일훈

장　로
시무 임형욱 이은규
협동 이용주
은퇴 신기준

교회 소개
서울제일교회는 성동구 행당동에서 설립 후 홍익동으로, 다시 도선동(1970년 4월 5일)으로 이사했고, 1974년 8월 5일 교회당 신축과 함께 서울제일교회로 변경하여 오늘날에 이르고 있습니다. 김상철 목사가 1대 담임으로 수고했고(1966~1973년), 1973년 9월 15일 하찬권 목사가 2대 담임으로 부임하여 교회당 신축과 사회 법정에 대한 반고소운동을 주도했습니다. 하찬권 목사가 사임하고 김종열 목사가 부임했지만, 1975년 8월 5일 교단 분열에 대해 중립을 선언했습니다. 총신대를 졸업한 신성종 목사와 황성수 목사가 담임하게 된 것도 이 때문입니다. 1981년 3월 다시 경기노회로 복귀했고, 1983년 이선 목사가 부임한 뒤 교회는 안정된 성장을 이루게 됩니다. 이후 정병재 목사와 권재입 목사가 시무했고, 김일훈 목사는 원로목사로 추대되었습니다. 지금도 왕십리 지역에 복음 전파의 사명을 열심히 감당하고 있으며, 2020년 3월 교회를 새롭게 리모델링하여 지역사회와 교단 그리고 한국 교회를 위해 힘차게 도약하고 있습니다.

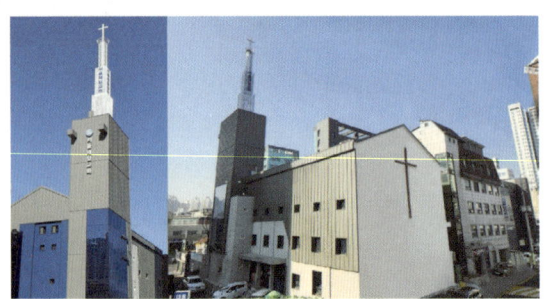

교회명	서초동교회	서울시 서초구 서운로11길 7 seochodong.org 02-3474-6603 [FAX] 02-3472-8240
설립연도	1960년 12월 25일	설립시주소: 서울시 용산구 용산2가 8번지
교회명 변경	신동교회(1960년 12월 25일) ⇨ 드림교회(동부교회와 합병으로, 1988년 12월 12일) ⇨ 서초동교회(1995년 10월 26일)	

교역자
담임목사 안정진
부목사 임성은

장로
시무 최명수 고성민 박지환
은퇴 김병학 김정근

교회 소개

서초동교회는 1960년 12월 서울 용산2가에서 신동교회(이응익 목사 개척)로 시작하여 1978년 12월 현재 위치로 교회당을 건축하여 옮겨왔습니다. 1988년 12월 동부교회(윤봉기 목사 개척, 고신)와 합병하면서 고신 교단에 속한 교회가 되었습니다. 서초동교회는 매주 성례전의 예배를 통해 능력으로 임하는 하나님 나라를 누리고 있습니다. 주일과 주중에도 다채로운 소그룹 모임을 All-Line으로 진행하여 신앙의 성장을 돕고 있습니다. '거룩한 예배 공동체(holy city), 거룩한 교제 공동체(holy talk), 거룩한 일상의 생활(holy life)'를 형성하기 위해 매주 은혜의 방편을 부지런히 사용합니다. 이제 교회 설립 70주년을 바라보며 다음 세대에 신앙을 계승하기 위해 노력하고 있습니다.

교회명	세계로교회	📍 서울시 금천구 한내로 52, 102호(각산아파트) 📞 010-3845-4146	
설립연도	2011년	설립시 주소	서울시 강남구 일원동
교회명 변경			

교역자

담임목사 김종찬

교회 소개

세계로교회는 국제암환우복지선교회를 창립하여 전국 9개 지회를 설립하여 활동 중입니다. 현재 초교파 교회들이 선교회에 가입하여 암환우 섬김 사역을 위해 집회와 발반사 사역 교육에 힘쓰고 있습니다.

교회명	수서제일교회	📍 서울시 강남구 일원동 739 청솔아파트 상가 내 📞 070-4222-7064	
설립연도	2007년	설립시 주소	상동
교회명 변경			

교역자

담임목사 현재원   전도사 유상옥

교회 소개

수서제일교회는 하나님 중심, 성경 중심, 교회 중심의 신앙생활 원리로 살아가는 교회와 성도 공동체를 지향하는 교회입니다.

교회명	신광교회	서울시 중랑구 상봉로12길 39 02-433-0123 cafe.daum.net/skch153
설립연도	1983년 10월 1일	설립시 주소: 서울시 중랑구 면목3동 497-25
교회명 변경	베데스다교회 ⇨ 서울북교회 ⇨ 신광교회	

교역자
담임목사 김일영

장로
원로 김시진
은퇴 김기동

교회 소개

신광교회는 1983년 10월 1일에 김시진 집사 가정을 중심으로 베데스다교회를 개척했습니다. 1984년 4월 13일 1대 박창환 목사가 부임했고, 4월 22일 고려교단 서울북노회에 가입하였고, 이어 1985년 11월 30일 서울북교회로 교회명을 변경하였습니다. 1991년 12월 16일 예배당을 면목3동 486-47번지로 이전했으며, 1992년 10월 17일 2대 김태윤 목사가 부임했습니다. 1993년 8월 30일 다시 예배당을 면목6동 67-2번지로 이전하고 신광교회로 교회명을 변경했습니다. 1998년 3월 20일 3대 김일영 목사가 부임하여 현재까지 목회하고 있습니다. 2002년 4월 1일 서울시 중랑구 망우3동 529-7호를 매입하여 6월 16일 예배당을 이전하였습니다. 이어서 2004년 10월 11일 고려교단을 탈퇴하고 고신 교단 서경노회에 가입했습니다. 신광교회는 하나님 중심, 성경 중심, 교회 중심의 생활 원리로 성도들이 하나가 되어 가정과 지역 복음화를 위해서 힘쓰고 있습니다.

교회명	신명교회	📍 서울시 강동구 명일로 237 📞 02-488-8217 🌐 cafe.naver.com/grays0iez
설립연도	1988년 11월 22일	설립시주소 서울시 강동구 길1동 381-1번지
교회명변경	목양교회 ⇨ 신명교회	

교역자
담임목사 이배영

장로
시무 길봉운
은퇴 한기범 김현철

교회 소개
신명교회는 하나님 중심, 성경 중심, 교회 중심의 생활 원리로 지역의 영혼 구원을 위하여 진력하는 교회입니다. 나아가 성령 충만을 체험하는 예배와 Q.T의 생활화, 전도의 생활화에 힘쓰고 있습니다.

교회명	신행교회	📍 서울시 송파구 가락로 84 📞 02-424-6409
설립연도	1986년	설립시주소 서울시 강동구 송파동 122-1
교회명변경	동산교회에서 신행교회로 변경	

교역자
은퇴목사 정성모

교회명	압구정교회	서울시 강남구 압구정로29길 17 02-540-4400 apgujeong.org	
설립연도	1957년 12월 5일	설립시 주소	서울시 용산구 원효로 1가 26번지 2호
교회명 변경	원일교회(용산) ⇨ 대일교회(마포) ⇨ 평화교회(압구정) ⇨ 압구정교회		

교역자
담임목사 노은환
부목사 이종흔 김세영
기관목사 최정기 **전도사** 강경희
선교사 노록수 김은해 이윤수 민혜준

장로
시무 이상도 박신웅 진은민 방의석 김하영
협동 신용백
원로 오은택
은퇴 성창경 윤동성 장기열 신부섭

교회 소개
압구정교회는 1957년 12월 5일 박수종 원로목사가 용산구 원효로에서 10여 명의 교인들과 함께 원일교회를 개척했습니다. 1965년 11월 21일에 마포구 대흥동 436번지로 이전하고 교회 명칭을 대일교회로 변경했습니다. 1971년 10월 3일에 합동 측 경기노회를 탈퇴하고 고신 측 경기노회로 환원했습니다. 1974년 9월 1일에는 김정도 집사가 강남구 신사동 370-3번지 150여 평을 교회에 헌납했고, 1981년 11월 12일 본 주소(강남구 영동지구 4공구 체비지 777-6)로 이전하고 교회 명칭을 평화교회로 변경했습니다. 1995년 7월 17일 교회당을 4층으로 증축하고 입당감사예배를 드렸고, 동시에 박수종 목사 은퇴 및 원로목사로 추대하면서 남서울노회 공로목사가 되었습니다. 1996년 2월 26일 총회유지재단에 가입하였고, 1997년 7월 22일 2대 위임목사로 노은환 목사가 부임했습니다. 이어 1999년 10월 11일에 교회 명칭을 압구정교회로 변경했습니다. 2019년 12월 1일에는 교회 건축비 11억 6천만 원 전액을 상환하고 헌당감사예배를 드렸습니다. 압구정교회는 하나님 나라의 통치 원리인 사랑의 이중 계명(하나님 사랑, 이웃 사랑)을 따라 하나님 나라를 건설하고 있으며, 은혜롭게 부흥하고 있습니다.

교회명	양무리교회	서울시 강남구 삼성로75길 9 02-568-3868 cafe.naver.com/gangnamyang	
설립연도	2017년 9월 17일	설립시 주소	강남구 삼성로75길 9
교회명 변경			

교역자
담임목사 정찬우

교회 소개
교회(타 교단)의 어려움으로 몇몇 교인들이 나와 모임을 가지던 중 현 담임목사와 만남을 가지게 되었고, 함께 교회를 개척하게 되었습니다. 한 사람 한 사람을 주님의 충성된 제자로 세운다는 비전을 가지고 함께 믿음 생활을 하고 있습니다.

교회명	언약교회	서울시 송파구 송이로28길 8 02-2043-5052	
설립연도		설립시 주소	
교회명 변경			

교역자
담임목사 천광신

장 로
은퇴 이상석

교회명	예담교회	경기도 성남시 분당구 벌말로40번길 3 070-4409-8291 cafe.naver.com/yedamchurchsn	
설립연도	2009년	설립시 주소	서울 서초구 강남대로37길 12-12, 지하
교회명 변경			

교역자
담임목사 김승관

교회 소개
표어: '영원을 향해가는 유목민'
예담교회는 전 교인이 30~40대로 청소년 이하 다음 세대의 영혼 구원에 총력하고 있는 젊은 교회입니다. 유치부, 초등부, 중고등부 3개 교육부서가 활발히 전도하고 있습니다.

교회명	위례교회 (we례교회)	성남시 수정구 헌릉로 993 위례더퍼스트메디타워 3층 031-8039-5353 weryechurch.org	
설립연도	2022년 4월 17일	설립시 주소	상동
교회명 변경			

교역자
담임목사 장성민
부목사 지건우 오성민 이다역
전도사 정하늘

교회 소개
위례교회는 분당우리교회의 일만성도파송운동으로 위례 지역에 설립된 교회입니다. 하나님의 말씀을 기초로 하나님의 부름 받은 백성으로 살고, 세상을 향해 보냄을 받은 그리스도의 제자로 살아갑니다.

교회명	이레교회	서울시 서초구 반포대로4길 9 010-2510-4054
설립연도	2010년	설립시 주소: 상동
교회명 변경		

교역자
담임목사 진영민

교회 소개

이레교회는 대부분 클래식 음악인들로 구성이 된 교회로, 이 시대 문화 예술을 성경적 가치관으로 재해석하고 복음으로 재구성해 선교의 도구로 만들어가고 있습니다. 또한 문화적 수용력을 갖추고 복음에 기초한 능력 있는 사역자로 배출하는 사역에 힘쓰고 있습니다.

교회명	일원동교회	서울시 강남구 광평로10길 14-41 02-2226-1048　www.iwc.or.kr	
설립연도	1993년 10월	설립시주소	서울시 강남구 광평로10길 14-41
교회명변경			

교역자
담임목사 권수경
부목사 장승민
강도사 임정택
파송목사 민영운

장로
시무 여기성 김성필 김경태 박정태
협동 김영재 이완구
은퇴 김영덕 박정철 조경훈 제의홍 이상달 백승현 이규호

교회 소개
일원동교회는 1993년 7월 개포제일교회와 서울영동교회에서 일원동교회를 설립했습니다. 이후 1993년 10월 일원동교회 입당 및 창립예배를 드렸습니다. 1대 담임목사인 변종길 목사는 1993~1994년을 시무하고 사임했습니다. 2대 담임목사인 이세령 목사는 1996~1999년을 시무하고 사임했습니다. 3대 담임목사는 김민석 목사로 2001~2007년을 시무하고 사임했습니다. 4대 담임목사는 채경락 목사로 2008~2016년을 시무하고 사임했습니다. 5대 담임목사는 배준완 목사로 2016~2023년 11월까지 시무하고 사임했습니다. 5대 담임목사는 권수경 목사로 2023년 11월부터 현재까지 시무하고 있습니다. 일원동교회는 마음과 뜻과 힘을 다해 하나님을 사랑하고, 이웃을 전심으로 사랑하고 섬기는 다음 세대를 세우려는 목표를 가지고 있습니다. 그에 따라 가정을 중심으로 교회와 주일학교가 긴밀하게 소통하고 있으며, 동시에 자녀들이 복음으로 올바르게 성장할 수 있도록 교육하고 있습니다. 성경 중심으로 가르치는 주중 모임을 통해 교회의 모든 가정이 하나님의 말씀을 기준으로 삼고 살아갈 수 있도록 지도하고 있습니다. 그래서 현 세대가 올바른 믿음생활을 할 수 있도록 함과 동시에 다음 세대들에게도 바른 신앙을 전수하기 위한 노력을 다하고 있는 교회입니다.

교회명	작은목자들교회	주일: 서울시 관악구 청룡16길 25, 영락의료과학고등학교 강당(추양관) 주중: 서울시 관악구 쑥고개로 55, 4층 샘물관	
설립연도	1996년	설립시주소	서울시 서초구 방배동
교회명변경	서울복음교회 ⇨ 살림교회(2000년) ⇨ 작은목자들교회(2006년)		

교역자
담임목사 김성욱
은퇴목사 박영돈
부교역자 문병환
기관목사 석성민
전도사 이정화

장로
시무 서재홍 오범석 최성호

교회 소개
- 하나님 나라의 실체를 누리는 교회
- 그리스도를 닮은 작은 목자로서 서로 섬기고 사역하는 사랑의 공동체
- 천국의 복음이 바로 전파되는 교회
- 신앙 인격을 갖춘 새사람의 공동체
- 이웃에 대한 사랑을 실천하는 교회
- 전도와 선교로 하나님 나라를 확장하는 교회

교회명	잠실중앙교회	서울시 송파구 올림픽로35길 118 02-423-5303 www.jamjoong.org
설립연도	1976년	설립시 주소: 서울시 강동구 잠실1동 강남빌딩 3층
교회명 변경		

교역자
담임목사 최정훈
부목사 허 준 신준섭 강석호 박종길 김선민 김봉수
기관목사 기동연 소재길 조환영
협동설교자 박삼우 정현구
전도사 김은혜 고성자 이영아 노지혜 최한웅

장 로
시무 장상환 김영래 김영철 이문상 천문녕 정정용 신상철 주서진 한창호 안순권
은퇴 김정대 권봉도 윤부하 조주평 이은준 박필근 조정걸 김 균 권정민 황근하
　　박철흠 추범수 박경준 고재명 이장화 최충희 정채균 안종수 이광선 정종현

교회 소개
잠실중앙교회의 비전
- 소그룹을 통해 한 몸를 경험하는 교회
- 세상과 이웃의 소리에 귀 기울이는 교회
- 아무도 가지 않은 '제3의 길'을 걷는 교회
- 각각이 모여 다양성을 이루는 교회

교회명	좋은씨앗교회	서울 송파구 석촌호수로 135, 레이크팰리스상가 5층 02-419-0691　www.goodseedchurch.net
설립연도	2015년 5월 31일	설립시 주소　상동
교회명 변경		

교역자

담임목사 이정관
강도사 천창욱

교회 소개

좋은씨앗교회는 불필요하거나 과도한 부수적 프로그램을 지양하고 본질적인 일(예배, 교제, 교리 교육)에 집중하며, 자녀들에게 가장 좋은 신앙 교육은 부모들이 자녀들과 함께 드리는 예배라고 믿기에 세대통합예배를 드리고 있습니다.

교회명	주말씀교회	서울특별시 중랑구 면목로76길 43
설립연도	2019년	설립시 주소　상동
교회명 변경		

교역자

담임목사 예정욱

교회 소개

2019년에 20여 명의 교인과 함께 주말씀교회로 개척하였습니다. 당시 목회자인 예 목사의 처부가 은퇴하면서 정리한 예배당 장소를 빌려 사용하게 되었습니다. 장인의 교회에서 한 가정이 합류하고 신대원 때 양육하던 두 가정과 청년들이 한 교회로 출발하여 지금에 이르고 있습니다. 개척 6년 차가 되어 이전을 위한 교회 자리를 구하며 기도하고 있습니다.

교회명	참빛교회 (남부시찰)	⊙ 서울시 송파구 마천로 258-1 ○ www.chambit.net ○ 070-8954-7681 [FAX] 02-408-7681	
설 립 연 도	1991년 1월 6일	설립시 주 소	서울시 송파구 가락동
교회명 변 경			

교역자

담임목사 강종안
부목사 홍성관

장 로

시무 강종만 박철수 노승현
은퇴 강종길

교회 소개

참빛교회는 1991년 1월 6일 강종안 목사가 송파구 가락동 삼환아파트 주변 주택가 30평짜리 지하에서 7명의 교인들과 함께 개척했습니다. 이듬해 송파구 마천동 42번지 상가 4층으로 교회를 이전했습니다. 2005년 12월 25일 성탄감사예배를 시작으로 송파구 거여동 129번지에 새로운 예배당을 증축하여 예배드리기 시작하였고, 이듬해 2006년 3월 1일 새 예배당에서 입당 및 헌당 감사예배를 드리게 되었습니다. 본교회는 2011년 10월 고려교단을 탈퇴하고 고신 교단 서경노회에 가입했으며, 이어 지역별 노회 재편성에 따라 2018년 서울남부노회로 편성되었습니다.

참빛교회는 2001년 몽골 단기선교를 시작으로 매년 여름마다 우즈베키스탄, 인도, 몽골, 필리핀, 미얀마, 네팔 등 세계 선교의 모퉁이돌 역할을 감당하기 위해 노력하고 있습니다. 또한 교회의 성장과 선교의 열정 가운데 2007년 남양주 평내동 158번지 130평의 부지에 제2성전을 건축했고, 다음 세대를 위한 위례신도시 시대를 열어갈 꿈과 비전을 품고 성장·부흥하고 있습니다.

교회명	**참빛교회** **(동부시찰)**	서울시 송파구 거마로3길 4, 4층 02-3401-1005
설립연도	2007년 06월 09일	설립시 주소	경기도 하남시 감이동 299-4
교회명 변경		

교역자

은퇴목사 박민영

교회 소개

참빛교회는 양로원과 요양원, 교도소 선교를 위하여 세워진 교회입니다. 현재 교도소 10곳에 대한 섬김을 비롯해 양로원 1개소와 요양원 1개소를 운영하면서 매주 주일 오후 2시에 예배를 드리고 수시로 기도하면서 불신자들에게 복음을 전하고 있습니다. 기존 성도라 할지라도 신앙생활을 하지 못해 기도와 찬송 그리고 예배도 잃어버린 자들을 일깨워 주고 불신자들이 복음을 받아들여 구원 받게 하는 사역을 감당하고 있습니다.

교회명	청연교회	경기 하남시 미사강변대로 400, 오벨리스크 4층 031-522-5288 www.churchungyeon.com	
설립연도	2021년 4월 21일	설립시 주소	상동
교회명 변경			

교역자
담임목사 임대웅
전도사 박현호 선경란 원주현 이가희

장 로
시무 류지성 강홍재 오승환 김주영

교회 소개

청연교회는 서울서문교회(한진환 목사 시무 당시)가 분립 개척한 교회로서 80여 명의 성도가 분립하여 시작했습니다. 2024년 현재 270명의 재적 성도 가운데 200여 명의 주일 출석 성도로 자립 성장하였으며, 예배와 교제, 지역 보육원 사역 등을 통한 이웃 사랑을 실천하고 있습니다.

교회명	큰사랑교회	서울시 구로구 부일로9길 87 02-3453-2669
설립연도	1995년	설립시 주소	서울 서초구 서초3동 1487-92
교회명 변경		

> 교역자

담임목사 한유근
원로목사 한택동

> 장로

시무 성열진

> 교회 소개

큰사랑교회는 서울 서초구 방배1동 자택에서 한택동 원로목사와 20여 명의 교인으로 시작되었습니다. 1995년 4월 29일 서초구 서초3동 1487-92번지로 이전하여 정식 설립했으며, 이후 대치동과 양재동, 역삼동을 거쳐 2017년 12월 현 주소로 이전했습니다. 2017년 12월 3일 한택동 목사를 은퇴 및 원로목사로 추대했고, 2대 담임목사로 한유근 목사가 부임했습니다. 큰사랑교회는 길 잃은 한 마리 양을 찾으시는 주님의 뜻을 받들고자 힘쓰며, 베풀어 주시는 은혜 가운데 세워져 가고 있습니다.

교회명	푸른나무교회	서울서 동대문구 답십리동 1-548　02-592-3673	
설립연도	2018년	설립시주소	서울시 광진구 SFC훈련원
교회명 변경			

교역자
담임목사 황영익

교회 소개
2018년 봄 SFC훈련원에서 첫 예배를 시작하여 현재 동대문구 답십리동의 예배 처소에서 모이고 있으며, 지역 사역을 하는 건강한 작은 교회를 추구하면서 무의탁 노인, 장애인 사역, 중국 선교 등의 사역을 감당하고 있습니다.

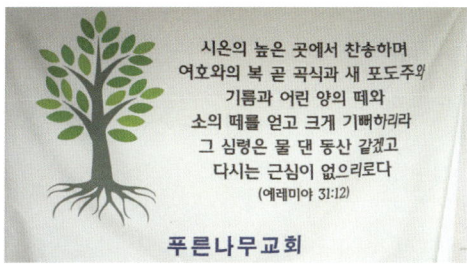

교회명	하늘시민교회	서울시 성동구 상원길 65, 상가A동 301호, 302호　02-467-0691	
설립연도	2015년 12월 17일	설립시주소	경기도 하남시 하남대로 848
교회명 변경			

교역자
담임목사 김현섭

장로
은퇴 배영진

교회 소개
하늘시민교회는 고신총회 전국남전도회연합회를 통해 세워진 교회입니다. 서울남부노회 중부시찰에 소속되어 성수동 지역 복음화에 힘쓰고 있습니다.

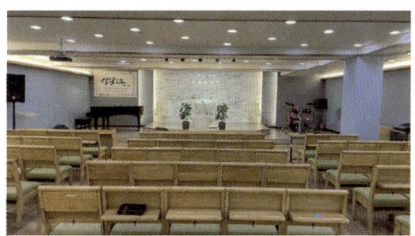

교회명	**한길교회**	서울시 광진구 천호대로132길 8
설립연도	2013년 5월 12일	설립시 주소: 서울시 강서구 화곡로 429 토피아빌딩(화곡로)
교회명 변경		

교역자
담임목사 손재익

교회 소개

한길교회는 서울노회 강서교회(현 서울중부노회 신촌강서교회)에서 부목사로 시무하던 손재익 목사가 2013년 5월 12일 교인 2명과 함께 서울시 강서구 가양동 이프라임의원(피부과)에서 예배를 드림으로 시작되었습니다. 그해 7월 9일 서울노회로부터 기도소 허락을 받았으며, 2015년 8월 20일 서울시 강동구 길동 342-17번지에 예배당을 임대하여 예배드리게 되면서 총회 3,000교회 100만 성도 운동 제233호 교회로 선정되어 개척예배를 드렸습니다. 이후 교회당이 위치한 남서울노회로 옮겼고, 2017년 10월 17일 서울남부노회 제1회 정기노회에서 교회 설립을 허락받았습니다. 2018년 2월 현 위치인 서울시 광진구 천호대로132길 8에 있는 SFC교육훈련센터 건물 지하 예배당을 임대하여 예배드리고 있습니다.

교회명	한샘교회	경기 남양주시 와부읍 수레로 31-3, 평원빌딩 031-593-7485	
설립연도	1988년 2월	설립시 주소	서울시 송파구 석촌동 274-13
교회명 변경			

교역자
담임목사 이석신(은퇴)
전도사 김아윤

교회 소개
송파에서 목사 가정으로 출발하였으며, 남양주 덕소로 이전한 후 순수한 개척으로 시작한 교회입니다. 한샘교회는 현재 은혜롭게 유지되는 가운데 지역의 재개발아파트 단지를 중심으로 비전을 품고 열심으로 복음을 전하기 위해 애쓰는 교회입니다.

교회명	함께가는교회	서울 동대문구 왕산로16길 47 010-3036-6469	
설립연도	2019년	설립시 주소	서울 동대문구 왕산로16길 47
교회명 변경			

교역자
담임목사 염종열

교회 소개
함께가는교회는 각자가 보냄을 받은 일상에서 하나님의 백성으로 살아가는 신자들의 공동체입니다.

서울남부노회 연도별 교회와 교역자 수

(2022년 기준, 단위: 명)

연도	2017	2018	2019	2020	2021	2022
교회	55	54	56	57	58	56
목사	136	175	179	141	182	188
기타 교역자	68	64	68	60	74	61

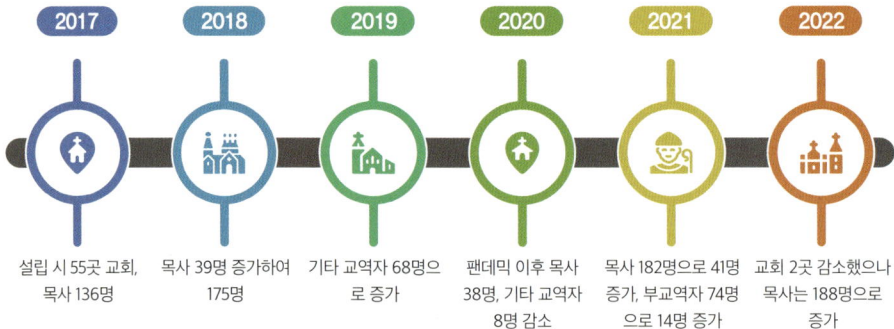

- 2017: 설립 시 55곳 교회, 목사 136명
- 2018: 목사 39명 증가하여 175명
- 2019: 기타 교역자 68명으로 증가
- 2020: 팬데믹 이후 목사 38명, 기타 교역자 8명 감소
- 2021: 목사 182명으로 41명 증가, 부교역자 74명으로 14명 증가
- 2022: 교회 2곳 감소했으나 목사는 188명으로 증가

서울남부노회 연도별 교회 구성원 수

(2022년 기준, 단위: 명)

연도	2017	2018	2019	2020	2021	2022
교역자	204	239	247	201	256	249
기타 직원	1,366	1,400	1,476	1,518	1,518	1,560
교인	12,522	12,600	12,228	-	10,156	11,069
봉사자	3,374	3,074	3,608	3,163	3,093	2,974
합계	17,466	17,313	17,559	4,882	15,023	15,852

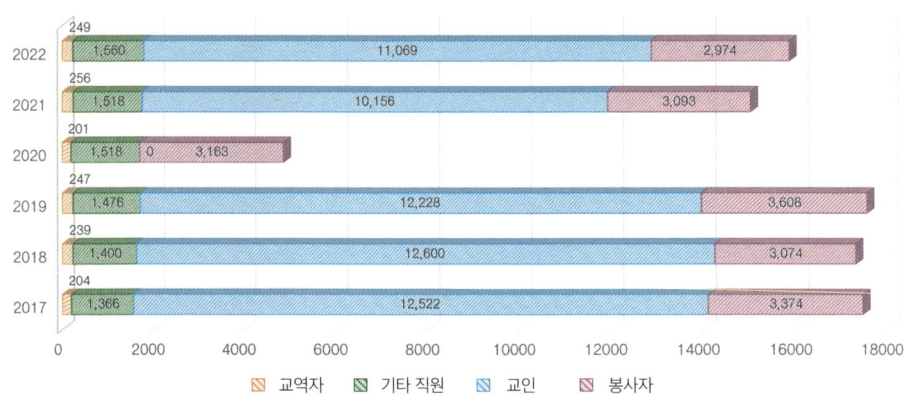

서울남부노회 교회와 교인 수 및 소속 교회 재정

(2022년 기준, 단위: 곳, 천 명, 억 원)

연도	2017	2018	2019	2020	2021	2022
교회 수	55	54	56	57	58	56
교인	12.5	12.5	12.2	-	10.2	11.1
재정 총합	163	166	170	165	167	185

2017 설립 시 교회 수 55곳, 교인 12,500명
2018 교회 1곳 감소, 재정 3억 증가
2019 교회 2곳 증가, 재정 4억 증가
2020 팬데믹 후에도 교회 1곳 증가
2021 팬데믹으로 교인 2천 감소, 재정 3억 감소
2022 팬데믹 후 교인 1천 명 증가, 재정 18억 증가

서울남부노회 신급에 따른 교인 분포

(2022년 기준, 단위: 명)

연도	2017	2018	2019	2020	2021	2022
세례교인	10,858	11,438	11,514	11,276	11,532	11,768
학습교인	313	329	268	307	253	235
원입교인	2,610	2,555	2,367	3,004	2,685	3,155
유아세례	1,498	1,618	1,664	1,521	1,541	1,667
합계	15,279	15,940	15,813	16,108	16,011	16,825

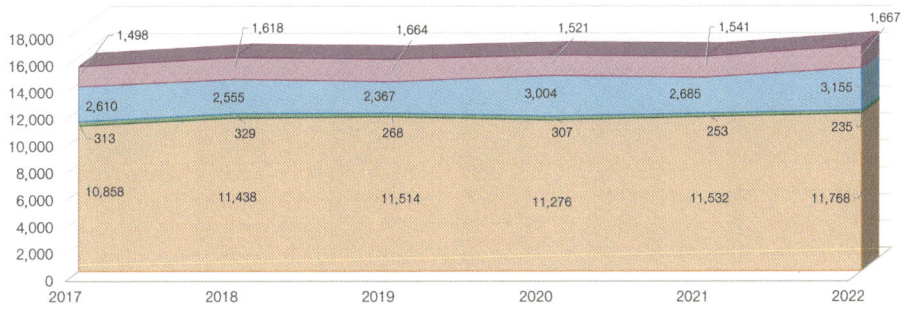

서울남부노회 교회학교와 주일오전예배 출석 현황

(2022년 기준, 단위: 명)

연도	2017	2018	2019	2020	2021	2022
영유치부	608	576	541	-	369	409
유초등부	900	918	862	-	668	752
중고등부	776	757	696	-	536	595
대학청년부	1,157	1,227	1,092	-	914	942
주일오전	9,081	9,122	9,037	-	7,669	8,371
합계	12,522	12,600	12,228	-	10,156	11,069

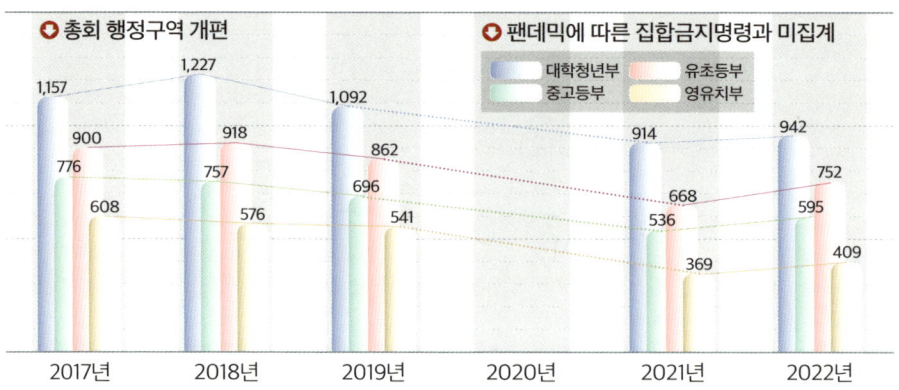

서울남부노회 교회 봉사자 구성

(2022년 기준, 단위: 명)

연도	2017	2018	2019	2020	2021	2022
교사	1,211	1,132	1,274	1,114	1,093	1,083
찬양대	1,353	1,153	1,513	1,230	1,165	1,034
구역장	810	789	821	819	835	857
합계	3,374	3,074	3,608	3,163	3,093	2,974

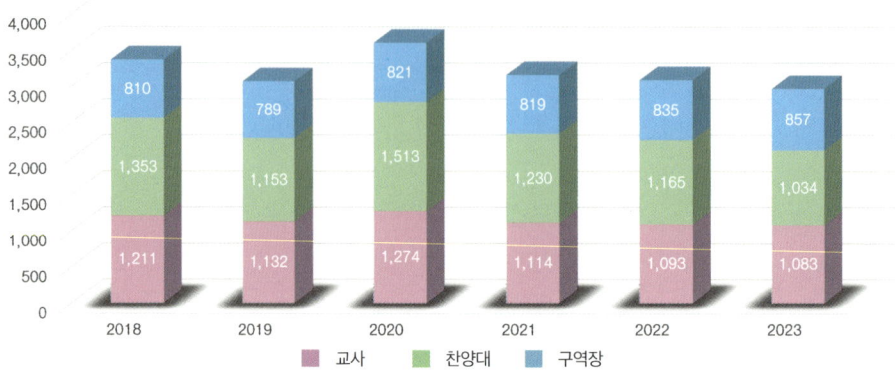

서울남부노회 기타 회원 명단

은퇴목사
곽시동 구성문 김경빈 김일훈 김창호 민동기 박민영 박성목 박호원 방의혁 백남석 신도범 신영락 양성우 오경재 원현호 유봉재 윤화현 이교웅 이석신 이수원 이정수 이혁도 임충웅 정리안 정영수 정창영 조명호 조영원 최종완 한택동 한진환 김낙춘 정성모 하 영 김완일 박영돈 정현구

전도목사
김종필 김준성 염종열 유영진 이창호 전인하 황성호 이희석 배민수

교수목사
양낙흥 권해생

기관목사
이일호 이영한 김대진 허태영 김추현 윤길용 이세홍 김진승 김신정 홍성철 이광염

무임목사
황혜림 백영호 권호수 김준재 김제동 조인훈 이남혁 유동휘 최성욱 장기영 김정훈 황영진

선교사
서동주 오종권 송기정 김유찬 박지덕 박계원 이기영 고영호 박진태 석대성 김희석 조예레미야 구자우 유종선 박희명 손승호 손부원 구성태 전주원

유학목사
김성문 윤은효 방찬일 이성진 서학량 김태종 박보아스 김성완 정복기

2. 서울서부노회

교회명	강남일교회	서울시 관악구 조원로11길 6 02-856-9205 kangnamil.org
설립연도	1977년 4월 3일	설립시주소: 서울시 관악구 동작동 13-2번지
교회명변경		

교역자
담임목사 김윤종
부목사 신민철
강도사 류호정
전도사 김예일

장로
시무 권남선 박철홍 조길호 김봉균 한찬희 오수창
원로 김현태 임영종 이정창
은퇴 정길봉 남효순 정균성 무임 홍영식

교회 소개
강남일교회는 대한예수교장로회(고신) 서울서부노회에 속한 교회입니다. '오직 예수!'를 영구 표어로 삼아 죄인이 와서 구원 얻는 교회, 낙심한 자들이 소망을 가지는 교회, 영육 간 병든 자들이 치유 받는 교회, 영육 간 가난한 자가 부자 되는 교회, 하나님 중심, 성경 중심, 교회 중심의 신앙원리를 실천하는 교회로 1977년 4월 3일에 설립되어 지금까지 하나님의 은혜로 사명을 다하고 있습니다.

교회명	경신교회	서울시 강서구 수명로2길 42 02-2667-3522　www.kshin.kr
설립연도	1980년 3월 16일	설립시 주소　서울시 강서구 신정2동 135-5
교회명 변경	삼광교회(설립), 엘림교회(1982년 6월 15일)로 변경, 경신교회(1988년 1월 15일)로 변경	

교역자
담임목사 김창기
원로목사 신민범
전도사 방치환 심재옥

장 로
시무 송남규 장재형 김대성 박지성
원로 정재봉 선우훈
은퇴 이훈교 김재근 신명범
협동 최문택

교회 소개

경신교회는 1980년 강서구 신정동에서 시작되어 1995년에 강서구 등촌동으로 상가를 분양받아 이전했습니다. 2007년에 강서구 발산동 138번지의 종교 부지에 신축하여 이전했고, 오늘날에 이르고 있습니다. 역대 담임목사로는 최무식 목사, 정찬수 목사가 있으며, 1990년 11월부터 신민범 목사가 2024년까지 위임목사로 섬겼습니다.

교회의 영구 목표는 '하나님의 임재 체험' '믿음의 인재 양성' '섬김의 실천'입니다. 비전은 개혁 신앙, 가정 교회, 통일 선교입니다. 교리 교육과 필수 양육 멘토링으로 확신을 가진 신실한 성도를 세워가는 교육 목회를 지향하고 있습니다.

교회명	관악교회	서울시 관악구 대학길 52 070-8682-3991　gwanakchurch.org	
설립연도	2009년 5월 17일	설립시 주 소	서울 관악구 봉천4동 1568-1 3층 좋은교사
교회명 변 경	좋은교회(설립), 관악교회(13.4.14.)로 변경		

교역자

담임목사 유해신
기관목사(고려신학대학원) 김재윤
기관목사(SFC) 안용준
전도사 류영협

장 로

시무 조용준 안효상 차승회
은퇴 김정권

교회 소개

관악교회는 2009년 5월 17일 서울광염교회(예장 합동)의 제74호 개척교회로 설립되었습니다. 하나님의 말씀을 바로 가르치고, 「웨스트민스터 신앙고백」 「하이델베르크 요리문답」을 고백하고 가르칩니다. 전 세대가 함께 참여하여 드리는 예배와 교제를 통해 힘을 얻어 가정, 직장, 학교, 시민 사회 등 모든 삶에서 하나님 나라의 백성으로 살고 전도하는 것을 지향합니다.

교회명	**구로하사랑교회**	서울시 구로구 고척로3길 5-10
설립연도	2008년 10월 29일	설립시 주소 서울시 구로구 오류동 6-65
교회명 변경	새생명교회에서 구로하사랑교회로 변경	

교역자
담임목사 고재구

장로
시무 한상수
은퇴 김정의

교회 소개
구로하사랑교회는 개척 목회자가 새생명교회라는 이름으로 사역해 왔고, 은퇴와 동시에 고재구 목사가 부임하여 구로하사랑교회로 변경하면서 새로운 사역을 시작하게 되었습니다.

구로하사랑교회 구로구에 속해 있기 때문에 지역사회를 향한 정체성을 나타내는 것입니다. '하사랑'은 성경의 핵심인 하나님 사랑과 사람 사랑의 준말입니다. 그래서 구로하사랑교회는 하사랑의 핵심 가치를 가지고 모든 성도가 협력하여 달려가는 교회입니다.

교회명	꿈과사랑의교회	서울시 구로구 새말로 31, 201호 02-857-0690 dlcc.cafe.daum.net	
설립연도	1978년 7월 21일	설립시주소	서울시 관악구
교회명변경	충신교회에서 꿈과사랑의교회로 변경(2005년 9월 11일)		

교역자
담임목사 김재일

장로
시무 강성윤

교회 소개
꿈과사랑의교회는 신앙의 정통과 생활의 순결을 지향하는 교회입니다. 꿈과사랑의교회의 비전은 말씀(삶의 방식)과 기도(삶의 능력)와 예배(삶의 목표)가 중심을 이루는 건강한 성도를 추구하는 것입니다.

교회명	꿈이있는교회	서울 관악구 관악로 140-16 02-882-6222	
설립연도	2005년 8월 30일	설립시주소	서울 관악구 봉천6동 20-12 복영빌딩 201호

교역자
담임목사 우홍기

교회 소개
꿈이있는교회는 개혁주의 신앙과 생활을 추구하는 공동체입니다. 개혁 신앙은 하나님의 절대 주권을 삶의 모든 영역에 확장해 가는 것이며, 꿈이있는교회는 건강한 공동체를 세워가는 교회입니다. 공동체의 정신은 '연합'과 '나눔'입니다. 예배는 연합의 장으로 어린이로부터 노인에 이르기까지 모두가 한 몸을 이루며 함께 예배를 드립니다. 예배 후 식사와 교제는 나눔의 장입니다. 꿈이있는교회는 연합과 나눔을 통해 안식과 평안과 기쁨을 누립니다.

교회명	낙현교회	서울시 관악구 남부순환로142길 39 02-838-2251 [FAX] 02-851-3199 www.joyhill.org	
설립연도	1972년 7월 2일	설립시 주소	서울시 관악구 신림3동 717
교회명 변경			

교역자

담임목사 최경기
원로목사 오인국
강도사 배명준 허스데반

장로

시무 양병길 고관호 곽용남 박충일 한홍수
원로 박정남
은퇴 이선근 윤태영 백규식

교회 소개

1972년 이진숙 전도사와 아들 오인국(이후 목사 안수) 씨를 비롯한 9명이 신림3동 717번지의 3평반 셋집에서 첫 예배를 드렸습니다. 1980년 오인국 강도사의 목사 안수와 함께 담임목사로 청빙하고, 1983년 예배당 건축과 헌당 예배를 드리게 되었습니다(2005년 현 건물로 재건축). 2016년 11월 1대 오인국 목사의 은퇴식과 2대 최경기 목사의 위임식을 거행하여 현재에 이르고 있습니다. 바른 신앙의 고백 위에 건강한 주님의 몸 된 공동체를 이루어 선교와 전도와 교육의 사명을 감당하는 교회를 목표로 하고 있습니다.

교회명	남서울교회	서울시 영등포구 신풍로16길 1 02-833-7661 namseoulch.com
설립연도	1963년 8월 4일	설립시주소: 서울 영등포구 양평동1가 28
교회명변경	영일교회(설립), 남서울교회(1970년 7월 19일)로 변경	

교역자
담임목사 최성은
부목사 최성현 남창완 김가왕 김진욱 박성언 최시온
강도사 김지환
전도사 이혜숙 성시원 강성민
교육사 신지은

장로
시무 정방현 김종완 이상진 이은석 고두석 임동만 김영일 김원식 박민제 장성원 김태교 이정택 이승호 구본철 김종명 김도희 모영택 이동섭 이길성 김영민 김형수 최영만 김진수 이상은 신용철 김종섭 송만규 이훈도 진춘근 천판실 성백길 최경희 서만욱 김윤원 이충일 정우식 채영주
원로 김경화 오창원
은퇴 김효영 문충식 황건수 김부명 이성우 김덕섭 윤선부 이영생 이강대 이재영 정용안 박재원 서봉수 권학수 박남진 이우찬 전종환 김봉영 박세훈 전인식 권영찬 박신출 정은상
협동 강상균

교회 소개
남서울교회는 1963년 8월 4일 복음의 불모지였던 영등포 지역에 영혼 구원의 비전으로 설립되었습니다. 2010년 새롭게 교회당을 건축하여 복음의 터전을 만들어 건강한 교회로 자라가고 있습니다. '모든 성도를 사역자로 세우는 교회' '행복한 가정을 만드는 교회' '건강한 교회' '세상을 축복하는 교회'의 비전을 가지고 대그룹 예배와 소그룹 모임의 균형을 지향하면서 다음 세대를 기독교 세계관으로 양육하고 이웃을 사랑으로 섬기고 있습니다.

교회명	남서울찬양교회	서울시 관악구 봉천로27길 42, 2층 02-883-3367	
설립연도	1983년 10월 11일	설립시 주소	서울시 관악구 봉천동 647-77
교회명 변경	봉천만민교회(설립), 남서울찬양교회(1990년 5월 27일)로 변경		

교역자

담임목사 양승은

교회 소개

남서울찬양교회는 1983년 10월 서울 관악구 봉천동 647-77(당시 봉천만민교회)에 설립되었습니다. 이후 1990년 5월 27일에 교회명을 남서울찬양교회로 변경하였고, 교회당 위치도 봉천동 647-77에서 봉천동의 다른 지역으로 2번의 이사를 거쳐 2008년부터 현재 위치인 관악구 봉천로27길 42로 이전하여 현재까지 이르고 있습니다. 남서울찬양교회는 '하나님 중심' '성경 중심' '교회 중심'으로 '구원의 믿음과 사랑의 기쁨, 천국에 대한 소망'을 가지고 말씀과 기도로 하나님을 경외하고자 힘쓰는 교회입니다.

교회명	남일교회	서울시 동작구 동작대로27길 57 02-599-5395 namil.or.kr	
설립연도	1967년 6월 25일	설립시 주소	서울시 동작구 사당동 산 14번지
교회명 변경			

교역자

담임목사 박종래
부목사 유정엄 마선호
강도사 전재원
전도사 이애지 박영수

장 로

시무 김장규 정종욱 최성환 유제석 이 은 서기남 안문환 장명규 표종균 이형기 현안선 박상원 이승훈 김석원
원로 이재섭 김경제 강대옥 김계종 박재선 김일환
은퇴 김일규 구자덕 김창환 최영식 조경연 김영규

교회 소개

남일교회는 58년 전 사당동에 세워졌습니다. 1대 고 김재성 목사의 뒤를 이어 박종래 담임목사는 20년째 복음을 전파하는 교회, 새로운 교회, 다음 세대를 준비하는 교회로 어지러운 세상 속에서 좌우로 치우치지 않고 조금도 흔들림없이 하늘 소망을 바라보면서 전진하고 있습니다.

교회명	대광교회	서울시 금천구 독산로 299 02-857-0191 daegwangchurch.kr youtube.com/@서울독산동대광교회	
설립연도	1988년 6월 19일	설립시 주소	서울시 금천구 독산3동 893-5
교회명 변경	독산본동교회(설립), 대광교회(1997년)로 변경		

교역자
담임목사 오 훈
전도사 장경미

장 로
시무 박성대 박기정

교회 소개

대광교회는 1988년 6월 19일 금천구 독산로 301에 독산본동교회로 설립되었습니다. 1997년 대광교회로 교회명을 변경(독산3동 893-5)하고 2001년 현재 위치(금천구 독산로 299)로 이전하여 '하나님 중심, 성경 중심, 교회 중심'의 원리에 따라 복음을 전파하고 있습니다.

교회명	두레교회	서울시 영등포구 버드나루로14가길 14 02-2677-5271 dooresarang.org	
설립연도	1986년 9월 28일	설립시 주소	서울시 동작구 상도2동 363-118
교회명 변경			

교역자
담임목사 채충원
부목사 양명지 서정원

장로
시무 김석환 박동식 이국희 김승진 이성진
은퇴 박명기 서계수 강성규 오근준 한관수 김영준

교회 소개

두레교회는 전통적 「웨스트민스터 신앙고백」을 신조로 하는 대한예수교장로회(고신)에 속한 교회로서 개혁주의 신앙과 생활을 확립하여 세상의 빛과 소금이 되며, 이웃 사랑을 실천하는 교회입니다. 1986년 9월 28일에 설립하여 1996년 현 당산동으로 이전하여 '좋은 제자 좋은 이웃' 되기 위해 힘쓰는 교회입니다.

교회명	등촌교회	서울시 양천구 목동중앙북로8길 49 02-2648-8671 www.deungchon.org
설립연도	1968년 4월 27일	설립시주소 서울시 영등포구 등촌동 411 시영주택 5호
교회명변경		

교역자
담임목사 김신수
은퇴목사 문재섭
부목사 황경진 김수호 권혁진 이종영 김원철 김수환 김영준 김상근 전병인 김지훈
강도사 정재용 **SFC 간사** 안광우
전도사 추애령 고영옥 최윤양 강금옥 정수정 강연실 정태옥 박소영 유지은 김정인

장로
시무 이일철 김상훈 김영민 조동원 강승구 권용구 정진유 김종필 윤 담 한영찬 문성도
협동 김 재
휴무 김국명 김두연 최기대 김을주 손정식 김창제 김대언 강덕중 김광수 이인규 손필상 정병한 **휴무협동** 이수영
은퇴 김상규 옥치진 안창환 김용근 김우덕 김준수 고윤규 임 번 최남철 최병조 안수득 강수홍 박무영 여동훈 이계석 심한배 오희철 오천인 김철수 신진호 이위창 최윤희 이재삼 원종택 이석구
무임 김영철 박정규 양정환

교회 소개
등촌교회는 전통적「웨스트민스터 신앙고백」을 신조로 하는 대한예수교장로회(고신)에 속한 교회로서, 1968년에 영등포구 등촌동에 설립되었습니다. 현재 "오직 하나님께 영광을!"의 성경적 원리에 따라 하나님께 영광을 돌리는 교회로 발돋움하는 교회입니다. 하나님 나라 백성으로 하나님의 뜻을 이루고 예수 그리스도와 하나 되고 성령 충만하여 관계가 회복되고 영과 진리로 예배하여 예수 그리스도의 복음으로 기뻐하면서 복음을 증거하며, 하나님 말씀을 듣고 배우고 순종하여 이웃을 사랑하고 섬기어 하나님께 영광을 돌리는 교회입니다.

교회명	마곡장로교회	서울시 강서구 공항대로 124, 1101동 상가 02-2662-3700	
설립연도	2016년 10월 9일	설립시 주소	상동
교회명 변경			

교역자
담임목사 박성천
강도사 황규환 하헌건

장 로
시무 민병현
은퇴 배재일

교회 소개

마곡장로교회는 하나님이 기뻐하는 방식을 지향하면서 하나님을 예배하고 경배하는 삶이 전부인 교회입니다. 마곡장로교회의 성도들은 교회 안에서 신앙 성장과 양심의 자유를 누리며, 사랑으로 교제하는 일에 힘쓰고 서로 낮아지고 존중하며, 말보다 사랑의 행동을 우선합니다. 하나님의 은혜와 영광과 주권에 대한 관심을 교회 밖에서의 삶에 적용하고 전도와 진정한 사회 참여와 변혁으로 이어가는 일에 진심입니다. 마곡장로교회에는 복음과 예배, 예수님을 닮아가려는 사람밖에는 없으며, 바라는 것은 제 십자가를 지고 예수님을 따라가는 일상입니다. 이 일을 위해 직분자들은 걸림돌을 치우는 일을 하고 성도들은 함께 기도합니다.

교회명	**상도교회**	📍 서울시 동작구 상도로 112, 3층(상도동) ☎ 010-4220-2093	
설립연도	2009년 4월 30일	설립시 주소	상동
교회명 변경			

교역자
담임목사 황의무

교회 소개
상도교회는 개혁주의 신앙의 전통과 생활의 순결이라는 믿음의 선조들로부터 물려받은 귀한 신앙의 유산을 가지고 '예배와 말씀을 따르는 삶'을 실천하고 있습니다. 또 교회의 영성적 기능과 예언자적 기능을 따라 영혼 구원과 사회 구원의 책임을 실천하는 교회가 될 것입니다.

교회명	서울삼일교회	서울시 양천구 남부순환로50길 21 02-2699-5440　31church.kr	
설립연도	1973년 4월 5일	설립시 주소	경기도 광명시 광복아파트 앞 점포
교회명 변경			

교역자

담임목사 김승제
부목사 제락영
강도사 배병진
전도사 김미나

장로

시무 김종대 장지은 신정섭 조길수 이민규 서동권 윤인기 김은태 홍기영
은퇴 김은철 신영각 홍영만 권영균 김종복 진교일

교회 소개

서울삼일교회는 양천구 신월3동의 동네 중심에 자리를 잡고 있습니다. 젖과 꿀이 흐르는 교회를 비전으로 삼고, 안식, 회복, 훈련, 승리를 교회 모토로 삼아 성장을 거듭하고 있습니다. 지상 교회에서 천국을 경험하면서 완성될 하나님 나라에 대한 기대와 소망을 가지고, 지역 사회와 동네를 섬기며 이끌어 나가는 '동네 속의 교회'로 인정받고 있습니다. 매 주일 300여 명의 성도들이 모여 함께 예배드리고 있습니다.

교회명	서울알곡교회	서울 관악구 난곡로24길 42 02-856-5427	
설 립 연 도	1991년 12월 15일	설립시 주 소	서울서 관악구 신림3동 655-115호
교회명 변 경	알곡교회(설립), 서울알곡교회(2022년 10월 20일)		

교역자
담임목사 유상현
부목사 구홍식 유힘찬
강도사 장선민

장 로
시무 김진묵 박지용 박석우 박철규
협동 전용복 노태웅

교회 소개

서울알곡교회는 주기철 목사와 손양원 목사를 비롯한 순교자의 신앙을 이어받아 대한예수교장로회 고신총회 서울서부노회에 소속한 교회입니다. 서울알곡교회는 1991년 12월 15일 현 담임목사인 유상현 목사의 가정에서 개척예배를 드리면서 시작되었습니다.

서울알곡교회는 하나님 중심, 성경 중심, 교회 중심의 생활 원리인 개혁주의 신학과 신앙으로 모여서 말씀을 듣고 배움으로 '말씀의 사상화'와 엎드려 기도하는 '기도의 체질화'를 실천하고 있습니다. 또한 모여 예배하는 '예배의 생활화', 일어나 복음을 전파하는 '전도의 사명화'를 통해 불신자를 신자로, 신자를 제자로, 제자를  사역자로 세워 하나님 사랑과 이웃 사랑을 실천하는 교회입니다. 나아가 서울알곡교회는 하나님의 말씀으로 하나님의 사람을 세워 다음 세대를 준비하는 교회입니다.

교회명	서울제일교회	서울시 강서구 곰달래로31가길 88 02-2697-7960　www.seouljeil.com youtube.com/@seouljeilchurch		
설립연도	1978년 4월 2일	설립시 주소	서울시 용산구 효창동 5-674번지	
교회명 변경	서울효창교회(설립), 서울제일교회(1980년 10월 5일)로 변경			

교역자
담임목사 김　송
원로목사 박성규
부목사 이형근 박요한
교육전도사 이하준

장　로
시무 김병순 김희철 윤희장
은퇴 이선보 황장연 강성구

교회 소개
서울제일교회는 "성령님의 도우심으로 하나님을 사랑하고 이웃을 사랑하는 예수 그리스도의 제자 공동체"라는 정체성을 가지고 있습니다. 또한 "복음의 감격으로 예배가 살아 있는 교회, 성경을 배우고 사랑하는 교회, 가정을 바로 세우는 교회, 다음 세대를 일으키는 교회, 성도 간의 영적인 교제가 풍성한 교회, 복음의 능력으로 세상을 변화시키는 교회"라는 여섯 가지 핵심 가치를 실현하기 위해 온 성도가 한마음으로 정진하고 있는 교회입니다.

교회명	서울주사랑교회	서울시 강서구 까치산로 125 010-7900-8290 cafe.daum.net/seouljusarang
설립연도	2015년 6월 1일	설립시 주소 서울시 강서구 까치산로 125
교회명 변경		

교역자
담임목사 이명호

장로
시무 김보양

교회 소개

서울주사랑교회는 총회 '총회 3,000교회 100만 성도 운동' 제222호로 선정되어 2015년 6월 1일 강서구 화곡6동 977-22번지(까치산로 125)에 소재한 상가 지하와 2층에 개척하게 되었습니다. 개척 당시에는 매일 전도를 했으며, 지금도 매주 수요일과 금요일에 전도를 실천하고 있습니다. 설립 시에는 목사 가정으로 시작해 예배를 드렸고, 현재 출석 인원은 약 30명 정도입니다. 주일 오후에는 5K 사역을 하고 있는데, 교회 근처 5킬로 안에 있는 가난한 자들을 돕자는 사역입니다. 현재 주일 오후에 교회 근처에서 지역 사회 청소 사역을 하면서 구제 사역도 함께 실천하고 있습니다.

교회명	**성민교회**	서울시 구로구 고척로21나길 48-35 02-2615-5010　www.seongmin.church
설립연도	1975년 6월 1일	설립시 주소　서울시 구로구 오류동 산 8
교회명 변경		

교역자
담임목사 박진휴
원로목사 정태효
강도사 윤지환
전도사 이한솔

장로
시무 조성환
원로 최병일
은퇴 안병주

교회 소개

성민교회는 개혁주의 신앙에 입각한 정통적 신앙을 고수하고 있으며, 하나님 중심, 성경 중심, 교회 중심을 생활 원리로 삼아 아름다운 신앙 공동체를 이루고 있습니다. 성민교회는 하나님께서 우리에게 주신 사명을 다음과 같이 고백하고 있습니다.

우리는 예수 그리스도를 믿고 구원받은 성도로서 1) 예배를 통하여 하나님께 영광을 돌리며, 2) 복음을 전하여 하나님과 동역하며, 3) 교회에 헌신하여 하나님 나라를 확장합니다.

이를 실천하기 위하여 열정이 넘치는 찬양과 기도 그리고 절제되고 말씀에 충실한 예배를 드리기 위해 힘쓰고 있습니다. 사역 면에서는 열심히 제자 훈련을 받아 주신 사명을 감당하며, 교회를 위해 1성도 1헌신 운동을 하고 있습니다.

교회명	성산교회	서울시 양천구 남부순환로 339 02-2602-1107 www.isungsan.org	
설립연도	1980년 6월 15일	설립시 주소	서울시 양천구 신월동 21-1호 상가 2층
교회명 변경			

교역자
담임목사 이재석
원로목사 박성대
부목사 임현택

장로
시무 이병권 김병열 이성삼 김한기 박종범 김우건
원로 김근일
은퇴 엄완영 최창순

교회 소개
성산교회는 44년 전 박성대 원로목사를 통해 예수님을 알지 못하는 사람들에게 복음을 전하여 영과 육이 복을 받는 삶을 살도록 하기 위해 세워진 교회입니다. 지금도 "대저 하나님의 모든 말씀은 능하지 못하심이 없느니라"(눅 1:37)는 말씀을 붙들고 성도 한 사람 한 사람을 예수님의 제자로 바르게 훈련하고 세워서 어떤 시련이 와도 흔들리지 않는 굳건한 믿음의 용사로 키워내기 위해 힘쓰고 있습니다.

교회명	시광교회	서울시 영등포구 경인로71길 70, 벽산디지털밸리 1502~4호 02-6925-2536 seetheglory.or.kr	
설 립 연 도	2011년 4월 24일	설립시 주 소	서울시 영등포구 시흥대로 589-8, 신대림자이 101동 B103호
교회명 변 경			

교역자
담임목사 이정규
부목사 강성호 배훈민
강도사 오강일
전도사 서금옥 김인수 박선주 송승민

교회 소개
시광교회는 교회 설립 후 2023년에 멀티사이트 예배당인 신촌 캠퍼스를 개척했으며, 2024년 교회당을 현재의 문래동으로 옮기게 되어 문래와 신촌의 두 지역에서 공동체로 모여 하나님을 예배합니다.
시광교회에서 우리는 하나님이 우리를 사랑하셔서 얼마나 위대한 일들을 행하셨는지, 행하고 계신지를 지속적으로 듣습니다. 가장 큰 대도시인 서울에서 복음이 도시 사람들에게 희망을 준다는 것을 굳게 믿고 복음이 만들어내는 삶과 공동체를 만들어가고자 합니다.

교회명	신광교회	서울시 금천구 가산로 78 02-856-0477 ishinkwang.org
설립연도	1964년 7월 14일	**설립시주소** 서울시 영등포구 독산동 207
교회명변경	덕산교회(설립), 신광교회(1971년 12월 29일)로 변경	

교역자

담임목사 진동식
원로목사 윤지환
부목사 김동유 윤수민
강도사 노태수

장로

시무 구본창 박은수 현원섭 손 협
원로 박봉수 김현호
은퇴 박노일 김중곤 김칠균 양태송

교회 소개

신광교회는 설립 당시 장년 7명과 이진숙 전도사의 헌신으로 개척을 시작해 덕산교회라는 이름으로 시작했습니다. 개척된 이후 아름답게 성장하면서 박종수 목사(당시 전도사)가 시무하다가 이후 윤지환 목사가 전도사로 부임한 후 38년간 섬기고 은퇴 후 김열 목사, 손성호 목사, 진동식 목사 순으로 담임목사로 섬기고 있습니다.

신광교회는 성도들의 아름다운 헌신으로 지금도 하나님을 사랑하면서 즐거움으로 봉사하고 섬기는 교회요, 기도로 함께하는 교회입니다.

교회명	신독산교회	서울시 금천구 두산로 70, 현대지식산업센터 1층 B동 118호 02-804-4146 youtube.com/@NewdoksanChurch		
설립연도	2023년 11월 19일	설립시 주소	상동	
교회명 변경				

교역자
담임목사 김신덕

교회 소개

신독산교회는 2023년 11월 스무 명의 성도들과 함께 개척한 교회입니다. 하나님 사랑과 이웃 사랑 그리고 하나님 영광을 핵심 가치로 두고 있습니다. 비록 개척한 지 얼마 되지 않은 작은 교회이지만, 본질인 말씀과 기도가 뜨거운 교회, 영혼 구원에 최선을 다함으로 시대적인 사명과 미래를 지향하며 하나님께 영광을 돌리는 은혜 가득한 교회가 되려고 노력하고 있습니다.

교회명	양천하사랑교회	서울시 양천구 지양로9길 12　02-2606-0691　www.hasarang.org
설립연도	2015년 12월 29일	설립시 주소　상동
교회명 변경		

교역자
담임목사 강태우
전도사 김종순
협력전도사 김경임

장로
시무 김종호 이환석 손진호
은퇴 임창진

교회 소개

양천하사랑교회는 '하나님 사랑, 사람 사랑'을 비전으로 2015년 12월 29일 등촌교회에서 분립 개척한 교회입니다. 구원의 감격을 누리면서 매일 새벽 경건과 매 순간 감사와 뜻을 구하여 세우는 하나님 나라와 온전한 십일조 생활로 고백하는 신앙을 중요한 믿음의 표지로 삼아 제자의 삶을 살아갑니다. 올해는 "말씀으로 하나 되는 교회"를 표어로 말씀으로 훈련되고, 말씀으로 전도하고, 말씀으로 회복되기를 힘쓰고 있습니다.

교회명	여의도교회	서울시 영등포구 국제금융로 78, 505	
설립연도	1977년 4월 17일	설립시 주소	서울시 영등포구 여의도동 1-45 시범아파트 관리사무실 2층
교회명 변경			

교역자

담임목사 김기성

교회 소개

여의도교회는 대한예수교장로회 고신 교단 소속 교회로서 성경과 복음과 주 예수님을 바르게 전파하면서 땅 끝까지 선교하는 사업에 적극 동참하는 교회입니다. 또한 사도행전 2장의 교회를 이루어 주님께서 다시 오시는 그 순간까지 순교신앙으로 충성 헌신 봉사하는 교회입니다.

교회명	영신교회	서울시 양천구 목동로19길 28 02-2602-8002 youngshin.org youtube.com/@youngshin-church	
설립연도	1971년 12월 12일	설립시주소	서울시 양천구 목동 404-142
교회명변경			

교역자

담임목사 김상호
부목사 이우선
강도사 조은찬
전도사 김진영 허승욱 손창성

장로

시무 장두제 김형훈 김의태 김기성
은퇴 강광승 조찬웅 권덕웅 김흥현 김형중 강인성 심은철 장두석 차동환

교회 소개

영신교회는 '영'등포부터 '신'정동까지 복음을 전파하고 전도하자는 사명으로 개척한 교회입니다.

영신교회는 믿음의 길을 걸어가는 교회입니다. 같은 말, 같은 마음, 같은 뜻으로 기성 세대들이 걸어가는 믿음의 길을 따라가는 다음 세대들에게 예수님만이 진리이며 결론임을 증명하려고 힘쓰는 교회입니다.

교회명	예수소망교회	서울시 강동구 천중로17길 46, B1 010-5479-6967	
설립연도	2019년 4월 28일	설립시 주소	서울시 구로구 고척로21나길 85-6
교회명 변경			

교역자
담임목사 조천식

교회 소개
예수소망교회는 2019년 4월 28일 하나님 중심, 성경 중심, 교회 중심의 신앙생활 원리를 따라 개혁주의 신앙을 파수하면서 지역과 나라와 세계를 향하여 복음 전파의 사명을 감당하는 교회로 아래와 같은 5가지 비전으로 설립되었습니다.

- 참된 예배로 하나님께 영광 돌리는 교회
- 예수 그리스도의 참된 제자를 양육하는 교회
- 예수 그리스도의 복음으로 땅끝까지 선교하는 교회
- 예수 그리스도의 사랑으로 봉사하는 교회
- 믿음과 사랑과 소망 가운데 참된 교제가 있는 교회

교회명	은여울교회	📍 경기 김포시 김포한강8로148번길 8-22
		📞 031-982-3240 🌐 eunyeoul.church
설립연도	2019년 6월 29일	설립시주소: 상동
교회명변경		

교역자
담임목사 김상헌
부목사 김철수

장로
시무 정관희 김우식
은퇴 김호준 배흥만 장종반

교회 소개

은여울교회는 바르고 건강한 교회를 세우려는 아름다운 꿈을 가지고 서울서부노회 남서울교회(최성은 목사 시무)에서 2019년 6월에 김포시 마산동에 분립 개척하여 설립한 교회입니다. 모닥불처럼 따뜻한 은혜의 온기를 머금고, 옹달샘처럼 깨끗한 말씀이 늘 샘솟아 나서 소금처럼 세상 속에 녹아들어 가 복음의 맛을 내는 공동체를 세워가기 위해 노력하고 있습니다.

교회명	은혜교회	서울시 동작구 여의대방로22길 120 02-823-1181 grace21.kr	
설립연도	1984년 2월 19일	설립시주소	서울시 동작구 노량진1동 200-2
교회명변경			

교역자

담임목사 이형신
원로목사 이무영
부목사 최양원 송민기 손순동 장정환
사역목사 허 주
전도사 이경숙 장은숙
협동전도사 박명순

장로

시무 김정범 김학명 조현선 조성규 권호철 한근희 권경민 임장진 유일환
은퇴 이용희 이재봉
협동 김원장
휴무 김용숙

교회 소개

은혜교회는 전통적 「웨스트민스터 신앙고백」을 신조로 하는 대한예수교장로회(고신)에 속한 교회로서, 1984년 2월 19일에 동작구 노량진1동에 설립되었습니다. 이후 2004년 4월 현 신대방2동으로 이전하여 '말씀과 성령의 능력으로 제자 되어 제자 삼는 교회'로 D7과 3300 세계 비전을 품고 달려가는 교회입니다.

교회명	제자삼는교회	서울시 강서구 금낭화로11길 10(방화동) 02-2663-4697 www.jejasama.org	
설립연도	1994년 11월 13일	설립시 주소	서울시 강서구 방화1동 262-27
교회명 변경			

교역자
담임목사 나종열
부목사 나주만(미국 유학)
전도사 윤미경

장로
시무 박경철 장주철 안석우

교회 소개

제자삼는교회는 교회의 존재 목적을 '영혼을 구원하여 제자삼는 일'(마 28:19-20)에 두고 있습니다. 그래서 이동 교인이 아닌 비신자에게 관심을 두고 비신자를 구원하여 제자를 만들어 평신도 사역자로 세우는 것이 핵심 사역입니다. '목사는 성도를 온전하게 하고, 성도는 봉사의 일을 하여 그리스도의 몸을 세워가는'(엡 4:12) 성경적인 교회를 추구합니다.

교회명	주님의교회	서울시 강서구 공항대로 484-12, 등촌중학교 등마루관 02-2651-7333 www.junimch.org youtube.com/@junimch
설립연도	2016년 9월 12일	설립시 주소: 서울시 강서구 공항대로 484-12
교회명 변경		

교역자
담임목사 한동은
부목사 심강열 최홍석
교수목사 이충만
강도사 한은총
전도사 김에스더 손복이

장로
시무 고영남 김석주 박수덕 한성호 이성민 송용범 임명락 박현규 박용대 황병진
원로 이영훈 김동진 손정률 구일옥
은퇴 여시동 유재철 정원준 신세호 홍종권 이임관
무임 오인환 박영주 나상웅 조흥오

교회 소개
주님의교회는 2014년 경향교회(고려)에서 분리된 후 2016년 주님의교회로 재설립되어 오늘까지 은혜 가운데 성장하고 있습니다. 삼위 하나님께서 세우시고 인도하시고 일하시는 교회가 되길 소망하며 애쓰고 있습니다. 교회는 등촌중학교 체육관 건물을 빌려 예배 장소로 사용하고 있으며, 현재 한동은 담임목사가 2016년부터 시무하고 있습니다.

교회명	진리와제자교회	서울시 강서구 마곡중앙5로 87 우성르보아II 3층 070-8682-3991 www.tndchurch.com
설립연도	2012년 1월 1일	설립시 주소: 서울시 양천구 신정동 1008-1
교회명 변경		

교역자
담임목사 김진성

교회 소개
진리와제자교회는 2012년 1월 1일 개척되었으며, 2015년 8월 2일 현 위치로 이전 감사예배를 드렸습니다. 진리와제자교회는 진리의 말씀으로 예수의 제자를 양육하여 하나님을 기쁘시게 하는 교회입니다. 이를 위하여 진리 선포, 제자 양육, 선교, 교회 개척, 문서 및 인터넷 선교를 실천하고 있습니다.

교회명	충신교회	🔗 서울시 영등포구 디지털로69길 7-1 📞 02-845-8291 ▶ youtube.com/@user-8291
설립연도	2022년 1월 23일	설립시주소 상동
교회명변경		

교역자
담임목사 이동섭

장 로
시무 백상욱 신재천

교회 소개

충신교회는 2022년 1월 23일 서울서부노회 동부시찰 내 충신교회(1988년 7월 4일 설립)와 예일교회(1990년 8월 5일 설립)가 노회의 허락을 받고 충신교회라는 이름으로 합병했습니다. 충신교회는 삼위 하나님을 예배하는 공동체이며, 「웨스트민스터 신앙고백」, 「하이델베르크 교리문답」을 가르치고, 바이블연상기억법을 통해 성경 전체의 맥을 교육합니다. '하나님의 사람으로 온전히 세우는 교회'라는 비전 아래 6대 실천 비전인 예배, 교육, 전도, 치유, 화해, 소명 비전에 따라 세상 가운데서 복음에 합당한 삶을 실천하는 사랑의 공동체를 추구합니다.

교회명	평안교회	📍 서울 양천구 월정로17길 7-2 📞 02-2605-5254
설 립 연 도	1988년 4월	설립시 주 소	서울 양천구 신월동 462-2
교회명 변 경		

교역자

담임목사 안도익

교회 소개

1988년 4월 서울 양천구 신월동 462-2의 소재지에서 목회자 가정(4인)으로 시작했습니다. 현재 상황은 어렵지만, 복음 전파에 최선을 다하고 있습니다.

교회명	하나두레교회	경기도 고양시 덕양구 권율대로 904, 5층 02-381-4334 hanadoore.org	
설립연도	2019년 12월 8일	설립시주소	상동
교회명변경			

교역자
담임목사 지창형
부목사 윤현락
은퇴전도사 강주현

장로
시무 김동한 김대식 임흥덕 신창엽 오병모
은퇴 한연수

교회 소개

하나두레교회는 두레교회(영등포, 고신)에서 2019년 12월 8일 분립한 교회입니다. 하나두레교회는 살아 계신 하나님을 예배하며, 성도와 진실하게 사랑하고 교제하며, 이웃을 섬기며, 이 땅에 임한 하나님 나라를 세우고 전수하며, 다시 도래할 하나님 나라를 소망하는 교회입니다.

교회명	하나로교회	서울시 양천구 등촌로 178 02-2061-4336	
설 립 연 도	1984년 4월 8일	설립시 주 소	서울시 양천구 목3동 318
교회명 변 경			

교역자

담임목사 신현귀

교회 소개

하나로교회는 철저한 양육과 훈련을 통해 생활화된 전도로 영혼을 구원하며, 예수님의 제자로서의 섬김을 통하여 지속적인 재생산으로 교회 성장을 이루어 가고 있습니다. 또한 평신도를 지도자로 세우는 사역으로 지역과 세계 복음화의 이상을 실현하는 주님이 원하시는 교회로 세워나갈 것입니다.

교회명	하늘문교회	서울시 금천구 시흥대로 52 02-803-8292 www.hy.or.kr
설립연도	1981년	설립시 주소 : 서울시 금천구 시흥1동 985-3
교회명 변경	2001년 6월 3일 한양교회에서 하늘문교회로 변경	

교역자
담임목사 임광채
공로목사 이윤형
부목사 장엘리야
전도사 박경희

장로
시무 장자룡 조성민
무임 표대연

교회 소개

하늘문교회는 개혁주의 신앙을 토대로 그리스도의 바른 제자 양성을 목적으로 설립되었습니다. 셀 공동체를 활성화하여 개인과 가정과 교회를 살리는 운동을 전개하고 있습니다. 하늘문교회의 신앙 비전은 "영원한 말씀, 사랑스러운 성도, 행복한 교회"입니다. 이 비전을 이루기 위하여 전 교인이 성경을 함께 읽고 있으며, 행복아카데미 교육을 실시하여 모든 성도가 행복한 삶을 살도록 돕고 있습니다. 현재 교회 신축 이전을 추진하면서 '2024 Blessing Project'를 통해 교회 이전 후의 시대를 준비하는 중입니다.

교회명	한빛교회	서울시 양천구 남부순환로57길 2, 4층 youtube.com/@한빛교회이명규목사	
설립연도	1987년 11월 13일	설립시 주소	서울시 강서구 화곡8동 330-12
교회명 변경	성막교회(설립), 한빛교회(1997년 7월 6일)로 변경		

교역자

담임목사 이명규

교회 소개

한빛교회는 1987년 11월 13일 한성기 원로목사 가족이 중심이 되어 개척된 교회입니다. 교회 설립 이후 4번의 이사를 하여 지금 자리에 이르렀습니다. 한빛교회는 그릇된 가치관과 세상 향락, 이기주의적 사고와 행동들이 만연한 이 시대에 하나님의 사랑을 실현하고자 한 알의 밀알이 되어 썩기 위해 세워진 주님의 몸된 교회입니다. 그러므로 한빛교회는 하나님의 말씀을 삶의 최고의 가치로 삼고, 전도와 선교에 최우선 노력을 동원하며, 혼란된 사회로부터 상처받은 영혼을 위한 치유와 돌봄에 전력함으로써 파괴되는 가정과 사회를 회복하고 하나님의 뜻을 이루기 위해 소원하면서 세워진 교회입니다.

교회명	한양교회	서울시 금천구 시흥대로41길 11 02-803-2135
설립연도	2001년 6월 3일	설립시 주소: 상동
교회명 변경		

교역자

담임목사 이인재

교회 소개

한양교회는 2001년 6월 3일 개척교회로 본 장소에서 시작되었습니다. 하나님 중심, 성경 중심, 교회 중심의 신앙 속에 하나님의 말씀을 바로 가르치고 성도들의 심령 속에 그 하나님 나라가 온전히 임하는 것을 목적으로, 복음적 삶을 이 시대에 살아내기 위하여 함께 도전하고 격려하면서 나아가고 있습니다.

교회명	효성교회	📍 서울시 영등포구 도신로 32 ☎ 02-842-9429	
설립연도	1984년 10월 1일	설립시 주 소	서울시 영등포구 대림3동
교회명 변 경			

교역자
담임목사
전도사 유혜원

장로
시무 방기상
은퇴 문상환

교회 소개
효성교회는 전통적 「웨스트민스터 신앙고백」을 신조로 하는 대한예수교장로회(고신)에 속한 교회로서, 도시 복음화와 세계 선교의 비전을 품고 주후 1984년 10월 1일에 영등포구 대림동에 설립되었습니다. 2010년 현 소재지로 이전하여 '하나님 중심' '성경 중심' '교회 중심'의 원리에 따라 "하나님을 예배하고 이웃을 섬기며 세상을 치유하는 제자 공동체"를 실천하기 위해 힘쓰는 교회입니다.

교회명	흥왕교회	서울시 구로구 천왕로1길 33 02-2611-8009, 2060-7989 cafe.naver.com/hech	
설립연도	1997년 11월 5일	설립시 주소	서울시 양천구 신월7동 941-1
교회명 변경	천지교회(설립), 흥왕교회(1999년 10월)로 개명		

교역자
담임목사 이성규
부목사 김선동

장로
시무 김문환 정무길 선우임성
무임 서철원

교회 소개
흥왕교회는 하나님 중심, 성경 중심, 교회 중심의 생활 원리를 따라 오직 하나님의 영광을 위하여 일하는 교회로, 이성규 목사가 1997년 11월에 개척하여 오늘에 이르렀습니다. 흥왕교회는 다음과 같은 7가지 비전을 가지고 선교 중심의 공동체로 성장하고 있습니다.

- 모든 성도를 참된 예배자로 세우는 예배 공동체
- 말씀과 기도와 성령의 능력으로 승리하는 치유 공동체
- 모든 성도가 함께 선교 사명을 감당하는 선교 공동체
- 성도의 교제와 기독교 문화를 선도하는 문화 공동체
- 사랑의 복음으로 이웃을 섬기는 사랑 공동체
- 복음적 인재를 양육하여 다음 세대를 세우는 제자 공동체
- 하나님이 주신 비전을 이루는 비전 공동체

교회명	힘찬교회	서울시 금천구 시흥대로39길 46 youtube.com/@힘찬교회	
설 립 연 도	2014년 1월 28일	설립시 주 소	상동
교회명 변 경			

교역자

담임목사 김낙현

교회 소개

힘찬교회는 2014년 1월에 고신 교단의 '총회 3,000교회 100만 성도 운동'의 일환으로 세워진 185호 교회로, 지역 사회에 복음을 전하고 있습니다.

서울서부노회 연도별 교회와 교역자 수

(2022년 기준, 단위: 명)

연도	2017	2018	2019	2020	2021	2022
교회	44	45	45	45	44	43
목사	134	136	142	140	140	138
기타 교역자	67	68	65	62	59	62

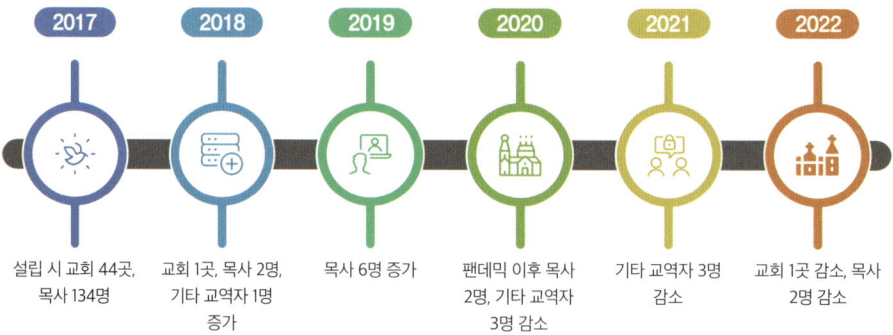

2017	2018	2019	2020	2021	2022
설립 시 교회 44곳, 목사 134명	교회 1곳, 목사 2명, 기타 교역자 1명 증가	목사 6명 증가	팬데믹 이후 목사 2명, 기타 교역자 3명 감소	기타 교역자 3명 감소	교회 1곳 감소, 목사 2명 감소

서울서부노회 연도별 교회 구성원 수

(2022년 기준, 단위: 명)

연도	2017	2018	2019	2020	2021	2022
교역자	201	204	207	202	199	200
기타 직원	1,325	1,298	1,299	1,367	1,351	1,355
교인	10,993	10,995	10,857	-	7,585	9,851
봉사자	3,458	3,519	3,471	3,301	2,914	2,924
합계	15,977	16,016	15,834	4,870	12,049	14,330

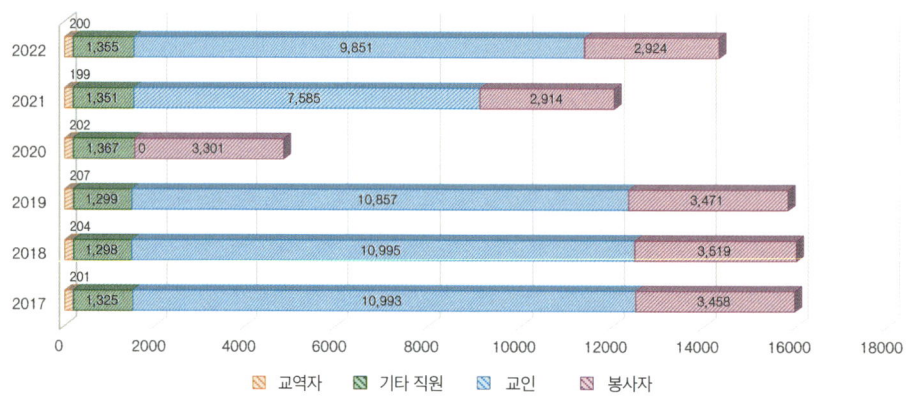

서울서부노회 교회와 교인 수 및 소속 교회 재정

(2022년 기준, 단위: 곳, 천 명, 억 원)

연도	2017	2018	2019	2020	2021	2022
교회 수	44	45	45	45	44	43
교인	11.0	11.0	10.9	-	7.6	9.9
재정 총합	126	130	132	132	140	148

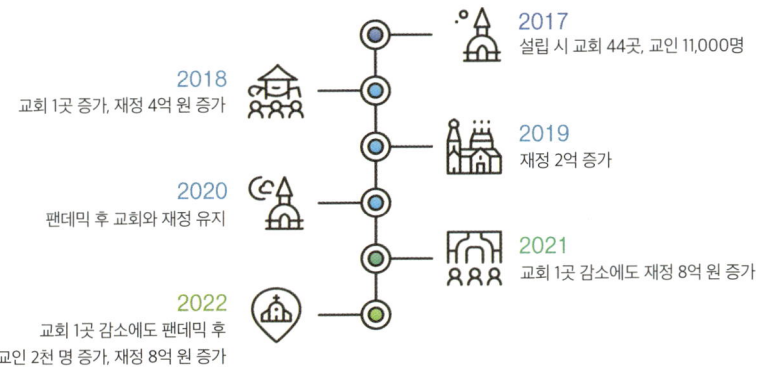

2017 설립 시 교회 44곳, 교인 11,000명
2018 교회 1곳 증가, 재정 4억 원 증가
2019 재정 2억 증가
2020 팬데믹 후 교회와 재정 유지
2021 교회 1곳 감소에도 재정 8억 원 증가
2022 교회 1곳 감소에도 팬데믹 후 교인 2천 명 증가, 재정 8억 원 증가

서울서부노회 신급에 따른 교인 분포

(2022년 기준, 단위: 명)

연도	2017	2018	2019	2020	2021	2022
세례교인	10,694	10,852	10,264	10,127	10,059	9,805
학습교인	612	594	518	554	310	487
원인교인	4,170	4,076	3,153	2,823	1,634	2,176
유아세례	1,465	1,420	1,266	1,258	1,127	1,107
합계	16,941	16,942	15,201	14,762	13,130	13,575

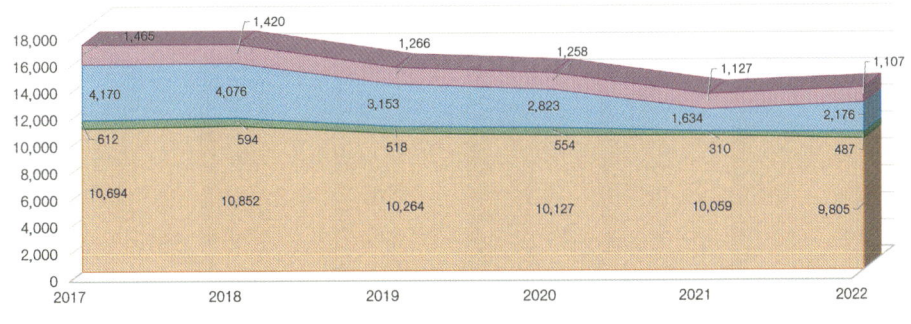

서울서부노회 교회학교와 주일오전예배 출석 현황

(2022년 기준, 단위: 명)

연도	2018	2019	2020	2021	2022	2023
영유치부	549	530	500	-	258	308
유초등부	948	962	829	-	471	619
중고등부	784	716	654	-	374	476
대학청년부	932	871	980	-	686	911
주일오전	7,780	7,916	7,894	-	5,796	7,537
합계	10,993	10,995	10,857	-	7,585	9,851

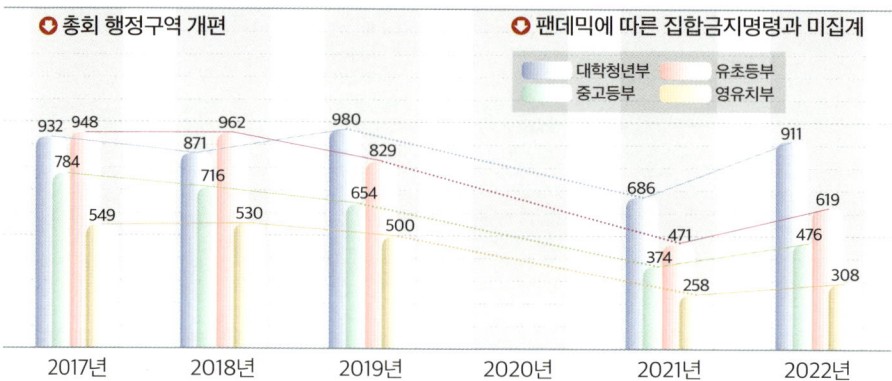

서울서부노회 교회 봉사자 구성

(2022년 기준, 단위: 명)

연도	2017	2018	2019	2020	2021	2022
교사	1,132	1,115	1,121	990	866	886
찬양대	1,279	1,353	1,306	1,258	1,132	1,126
구역장	1,047	1,051	1,044	1,053	916	912
합계	3,458	3,518	3,471	3,301	2,914	2,924

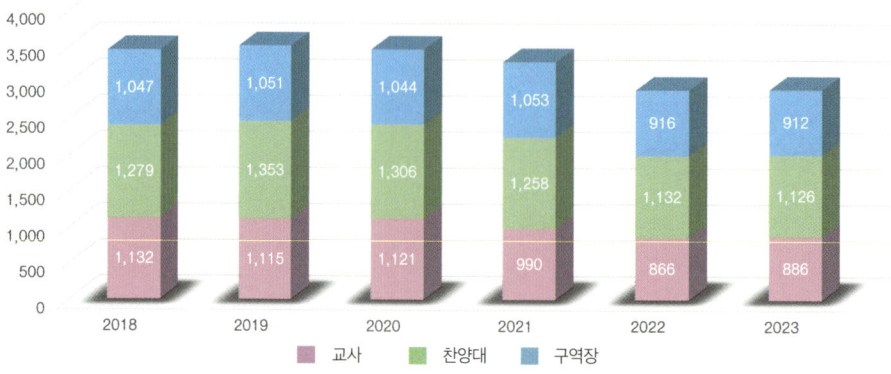

서울서부노회 기타 회원 명단

은퇴목사
김종열 송은환 김신간 신송태 이현기 이용준 임석윤 이윤형 신영호 문재섭 김인구 윤춘식 황윤정 오세택 이재일

전도목사
박상웅 원광수 유계섭 서영준 정성원 함정목 이승희 함정목 김영무 박민수 김철수

기관목사
황대준(SFC) 김재윤(신대원) 이동암(옹달샘)

군선교
고수영

무임목사
주충만 이상훈 이성배 이정철 임용석 강정원 박아론 김도균 김봉찬

선교사
조광훈 이신형 신성호 최우성 김선무 이남재 정필우 최재현 최성일 심상준 안병주

유학목사
강상석 김충배 김동휘 박정원 유설송 이현준 홍현기

3. 서울중부노회

교회명	광능교회	경기도 남양주시 진접읍 팔야로 109-103 / 031-528-6441
설립연도	1993년 4월 18일	설립시 주소: 상동
교회명 변경		

교역자

담임목사 박익서(은퇴)

교회 소개

광능교회는 전통적「웨스트민스터 신앙고백」을 신조로 하는 대한예수교장로회(고신)에 속한 교회로서, 세계 선교의 비전을 품고 주후 1993년 4월 18일 경기도 남양주시 진접에 설립되었습니다. '하나님 중심, 성경 중심, 교회 중심'의 원리에 따라 "구원의 기쁨, 사랑의 나눔, 겸손한 섬김"을 실천하기 위해 힘쓰는 교회입니다.

교회명	광명비전교회	서울시 성북구 오패산로16가길 99(하월곡동) 02-914-5402 kmvc.or.kr
설립연도	1979년 3월 11일	설립시 주소: 서울시 도봉구 미아4동 1-15
교회명 변경	2006년 4월 17일 광명교회에서 광명비전교회로 변경	

교역자
담임목사 김두만
원로목사 성삼진

장로
시무 양연식

교회 소개

광명비전교회는 대한예수교장로회(고신) 소속으로 서울중부노회 북부시찰에 속한 교회입니다. 1979년 3월 11일에 하나님 중심, 성경 중심, 교회 중심, 신앙 양심 중심이란 표어를 가지고 광명교회로 개척(1대 성삼진 원로목사)했고, 이후 2007년 새롭게 교회를 건축하여 입당하면서 광명비전교회로 개명했습니다. 하나님의 빛을 발하여 이 땅에서 참된 그리스도인을 꿈꾸고 그들에게 참다운 비전을 품게 하는 바로 그 교회가 되기 위해, 2016년 가정교회로 전환하여 '영혼 구원하여 제자 삼는' 주님이 원하시는 신약 교회의 회복을 꿈꾸며 전진하는 교회입니다.

교회명	광성교회	서울시 중구 다산로 32, 남산타운아파트 4상가 3층(신당동) ☎ 02-2256-0091 www.gsch.or.kr	
설립연도	1981년	설립시주소	서울시 중구 신당동
교회명변경			

교역자
담임목사 정홍진
원로목사 한영만

장로
시무 이찬조

교회 소개

광성교회는 1981년 약수동(중구 신당3동) 시장 인근에서 시작했습니다. 지역 재개발로 인하여 2000년 초 남산타운아파트 단지 내 상가를 분양받아 이전했지만, 기존 교회 위치와 직선거리로 100미터 이내에 위치한 곳이어서 사실상 40년 동안 한자리에서 지역과 이웃을 섬겨온 교회입니다. 2대 목사인 한영만 목사가 2022년 12월에 은퇴하면서 3대 정홍진 목사가 부임하여 사역 중입니다.

교회명	나눔교회	서울시 도봉구 방학로17길 45 02-956-0691
설립연도	1989년 5월 14일	설립시 주소	서울 성북구 정릉3동 산 87-342
교회명 변경	2000년 4월 탄포리교회에서 나눔교회로 변경		

교역자
담임목사 송경훈
부목사 이병호

장로
시무 김문수 박승환 송경열 신영헌 이동신 조만석
원로 문대상
은퇴 김정현 이원중

교회 소개
나눔교회는 강북 지역의 복음화를 통해 하나님께 영광을 돌리고자 하는 뜻으로 두레교회로부터 분립 개척하여 탄포리교회로 시작되었습니다. 이후 돈암동 복음화를 위한 교회 이전과 발맞춰 명칭을 나눔교회로 변경하였고, 현재에 이르고 있습니다. 우리는 삼위일체 하나님과 그분이 살아서 역사하심을 믿으며, 이것이 우리의 삶을 지탱하는 가장 큰 원천임을 고백합니다. 본 교회는 교회의 아름다운 전통을 존중하며, 이와 함께 한국과 세계 교회사의 교훈에도 귀를 기울입니다. 본 교회는 대한예수교장로회 고신총회에 속하며 성령께서 하나 되게 하신 교회의 일치를 힘써 지켜 나가면서 하나님의 주권이 삶의 모든 영역에 임하도록 부단히 노력하는 일에 주님의 신실한 모든 교회와 겸손한 자세로 협력하고자 합니다.

본 교회는 예배와 교육, 성도의 교제, 선교, 구제 및 지역 봉사를 통해 하나님 나라를 이룩하는 일을 목적으로 삼고 있습니다. 특히 하나님의 임재와 영광을 사모하는 예배 공동체, 치유와 성장을 이루어 가는 교제 공동체, 복음의 열매를 나누고 섬기는 증거 공동체를 교회의 3대 비전으로 삼고 있습니다.

교회명	남광교회	서울시 서대문구 홍제천로4길 37 02-337-4221	
설립연도	1976년	설립시 주소	서울시 서대문구 남가좌동
교회명 변경			

교역자
담임목사 김명수

장로
시무 황의식
은퇴 전명복

교회 소개
남광교회는 순교정신과 개혁주의 교회 건설을 위하여 세워진 교회로 하나님 중심, 성경 중심, 교회 중심의 강령을 따라 성령의 공동체, 양육, 섬김, 전도와 선교, 다음 세대를 준비하는 공동체 등 5가지 기둥으로 세우는 교회를 지향합니다.

교회명	**남산교회**	서울시 노원구 한글비석로24가길 74
설립연도	1976년 05월 02일	설립시 주소: 서울시 노원구 상계2동 195-139
교회명 변경		

교역자
담임목사 남정배
원로목사 김석구
부목사 김정주

장로
시무 정기덕 임병돈 최덕규
원로 노해근
은퇴 이학인 박영복 박주삼 심재홍

교회 소개
남산교회는 대한예수교장로회 고신총회 소속으로 하나님 중심, 성경 중심, 교회 중심의 순수 신앙의 뿌리를 이어받아 바르고 참된 신앙생활을 통해 세상의 빛과 소금이 되는 교회를 지향합니다. 또한 주님께서 자신을 십자가에 내어주면서까지 이 땅에 세우기 원하셨던 '바로 그 교회'를 세워서 주님이 주신 복을 모든 사람과 나누면서 하나님께 영광을 돌리는 목적을 가지고 있습니다.

교회명	늘찬양교회	경기도 파주시 조리읍 문원길 265 031-948-0671	
설립연도	1990년 12월 16일	설립시 주소	경기도 고양시 능곡동
교회명 변경			

교역자

담임목사 김상식
부목사 박용석

장로

시무 최봉춘 김용재

교회 소개

늘찬양교회는 말씀과 기도를 통해 '건강한 교회, 행복한 성도'를 꿈꾸고 있습니다. 이를 위해 늘찬양교회는 7대 목표를 향해 달려가고 있습니다.

- 하나님을 진리로 예배하는 교회
- 주의 사랑으로 서로를 사랑하는 교회
- 말씀으로 예수님의 제자가 되는 교회
- 지역에 그리스도의 사랑을 전하는 교회
- 다음 세대를 하나님의 리더로 세우는 교회
- 시대에 역동하며 변화를 꿈꾸는 교회
- 함께 교제하며 행복을 소망하는 교회

교회명	다사랑교회	서울시 노원구 상계로23다길 33 070-7758-0323
설립연도	2008년 5월 29일	설립시 주소: 상동
교회명 변경		

교역자
담임목사 최형원

교회 소개
다사랑교회는 전통적 「웨스트민스터 신앙고백」을 신조로 하는 대한예수교장로회(고신)에 속한 교회로서 세계 선교의 비전을 품고 주후 2008년 5월 29일에 노원구 상계동 389-650번지에 설립되었습니다. '하나님 중심, 성경 중심, 교회 중심'의 원리에 따라 '구원의 기쁨, 사랑의 나눔, 겸손한 섬김'을 실천하기 위해 힘쓰는 교회입니다.

교회명	**대명교회**	📍 서울시 서대문구 증가로32안길 24
설립연도	2000년 03월 05일	설립시주소 서울시 서대문구 북가좌2동 351-8
교회명 변경		

교역자
담임목사 최수환

장로
은퇴 이택봉

교회명	**북서울교회**	📍 서울시 도봉구 삼양로 606 📞 02-904-9397
설립연도	1969년 12월 14일	설립시주소 서울시 성북구 수유동 252-145
교회명 변경		

교역자
담임목사 김광현

장로
무임 이상덕

교회 소개

북서울교회는 1969년 12월 14일 서울시 강북구 수유동에서 설립예배를 드렸습니다. 1990년 3월 서울시 강북구 수유3동의 부지를 구입해 10월에 성전을 완공하고 입당했습니다. 2004년 1월 서울시 도봉구 쌍문1동 508-2번지로 이전하여 현재에 이르고 있습니다.

교회명	브니엘교회	서울시 노원구 상계로18길 30, 지층　02-937-1470	
설립연도	1984년 4월 18일	설립시 주소	상동
교회명 변경			

교역자
담임목사 남교희(은퇴)

교회 소개
브니엘교회는 설립할 당시부터 순수한 불신자를 전도하여 교회를 세우기 위해 시작한 교회입니다. 그래서 병든 아들을 고치기 위해 시줏돈을 들고 절로 가려던 불교 신자가 교회에서 들려오는 찬송 소리를 듣고 감동받아 본 교회로 와서 예수님을 믿고 지금은 권사로 섬기고 있습니다. 어린이집 교사와 초등학생이 전도를 받아 교회로 와서 예수님을 믿고 섬기는 등 여전히 자라가고 있는 작은 교회입니다.

교회명	샘교회	서울시 강북구 오패산로30길 16 02-982-2268
설립연도	1981년 6월 28일	설립시 주소: 서울시 도봉구 미아4동 856-17
교회명 변경		

교역자

담임목사 안태규

장로

시무 최민석

교회 소개

샘교회는 이 땅에 생명수를 흘려보내는 비전을 품고 주후 1981년 6월 28일에 서울시 도봉구 미아동에 설립되었습니다. 신앙의 전통과 생활의 순결을 지향하며, '코람데오(하나님 앞에서)' 신앙을 지켜가는 교회입니다.

세대 간의 신앙을 계승하는 감동적인 예배를 드리는 교회, 따뜻한 가정을 세우는 교회, 다음 세대를 키우는 교회, 살아 있는 복음을 전하는 교회입니다. 무엇보다 좋은 만남이 있는 샘교회입니다.

교회명	서교장로교회	서울시 마포구 월드컵북로5길 21, 2층 02-3144-6607 www.sgreformed.org
설립연도	1973년 10월 4일	설립시 주소: 서울시 마포구 노고산동 109-56, 삼강빌딩 3층
교회명 변경		

교역자
담임목사 이흥수

교회 소개
서교장로교회는 하나님 말씀의 권위와 교리와 신조에 복종하고 교회의 참된 표지인 말씀과 성례와 권징을 지켜나갈 때만이 참된 교회라 믿으며, 오직 하나님께 영광을 돌리고자 하는 분명한 목적을 가지고 바른 진리를 수호하고자 힘을 다하는 개혁된 장로교회입니다.

교회명	서부교회	서울시 은평구 응암로 345-1 02-352-6969 [FAX] 02-358-2766
설립연도	1973년 10월 4일	**설립시 주소** 서울시 서대문구 남가좌동
교회명 변경	연회교회(설립), 서부교회(1974년 10월 6일)로 변경	

교역자
원로목사 이장우
담임목사 김혜수
전도사 서효진

장로
시무 정윤균
원로 전기원 남궁현

교회 소개
서부교회는 정승벽 목사가 고신 교단의 설립 이념과 신앙 정신으로 1973년 10월 4일 12인의 교회설립위원회와 함께 마포구 노고산동 109-56에 연회교회(제38회 경기노회 인가)를 설립했습니다. 1년 뒤인 1974년 10월 6일 서부교회(제40회 경기노회 허락)로 명칭을 변경하고, 서대문구 응암동 103-29으로 예배 처소를 옮겼습니다. 그 후 서대문구 녹번동 176-7에 예배당을 건축하고 1981년에 헌당예배를 드린 후 오늘에 이르게 되었습니다.

초대 교역자로 정승벽 목사가 교회를 개척하여 33년간 목회하고 2003년 12월에 은퇴했습니다. 2대 교역자로 러시아 선교사였던 이장우 목사가 2003년 1월에 부임하여 2024년 12월 은퇴했으며, 현재 3대 교역자로 김혜수 목사가 부임하여 시무하고 있습니다.

교회명	서울동산교회	서울시 도봉구 마들로11길 25 02-900-2231~2 www.서울동산교회.org
설립연도	1986년 11월 2일	설립시 주소: 서울시 성북구 돈암동 현대상가 지하
교회명 변경	동산교회(설립), 서울동산교회(2002년 1월 1일)로 변경	

교역자

담임목사 신수철
부목사 김홍곤

장로

시무 송청금 최병두 백성칠 조성진
원로 오정관
은퇴 강장환 정재만 백동선 김성웅 문용현

교회 소개

서울동산교회는 1986년 11월 2일 일광교회에서 나온 100여 명의 성도가 설립한 교회입니다. 1990년 10월 22일 현재의 장소인 도봉구 마들로11길 25로 이전하여 예배하는 공동체, 섬기는 공동체, 전도하는 공동체로 주님께서 맡기신 사명을 성실하게 감당하고 있습니다. 1대 담임목사는 윤광중 목사(1987.1.6~2000.10.15)이고, 2대 담임목사는 김대진 목사(2001.4.19~2007.11.25)이며, 3대 담임목사는 신수철 목사(2008.3.9~현재)입니다.

교회명	서울등대교회	서울시 노원구 공릉로 127 02-977-7006 youtube.com/@서울등대교회
설립연도	1983년 3월 30일	설립시 주소: 서울시 성북구 장위동
교회명 변경	등대교회(설립), 서울등대교회(2020년 7월 1일)로 변경	

교역자
담임목사 이창길
원로목사 조은로

장로
시무 조대로 이찬희
원로 김형모

교회 소개
- 서울등대교회는 1983년 3월 30일 성북구 장위동에서 조은로 목사(초대 목사, 現 원로목사)에 의해 설립되었습니다.
- 2020년 7월 1일 노원구 공릉동으로 이전하면서 이창길 목사(2대 목사, 現 담임목사)가 위임목사로 부임했습니다.
- "영혼을 살리고, 바로 세우며, 제자 만드는 교회"라는 교회 강령을 중심으로 열심으로 세워가는 교회입니다.

교회명	서울보은교회	◎ 서울시 서대문구 통일로 36가길 21(홍제동) ☎ 02-736-5383　🌐 www.boeun.or.kr	
설립연도	1974년 2월 24일	설립시 주소	서울시 서대문구 홍제1동 158-20
교회명 변경	보은교회에서 서울보은교회로 변경		

교역자

담임목사 손덕현
원로목사 오성환
부목사 김성령 조성영 한민기 이민욱
강도사 최종진
전도사 심은우

장로

시무 신호상 강태석 서남수 조종렬 신원상 오승환 허광회 강재환 오수암
　　　윤형준 정영배
원로 이기현 이기두 김진오 우신권
은퇴 김수복 이기형 박종호 최세영 윤이중 김희범 박종삼 이재은

교회 소개

- 하나님의 은혜에 보답하는 교회입니다.
- 예배와 말씀과 기도와 찬양이 살아 있는 교회입니다.
- 하나님이 기뻐하시는 일에 힘쓰는 교회입니다.
- 다음 세대를 세우는 교회입니다.
- 성도들이 참 행복을 누리는 교회입니다.

교회명	서울새순교회	서울시 노원구 동일로242마길 6, 은혜빌딩 3층 02-931-0565	
설립연도	2008년 10월 11일	설립시 주소	동일
교회명 변경			

교역자
담임목사 김재신
원로목사 이성주

교회 소개

2008년 서울동산교회에서 나온 성도들 40~50명이 이성주 목사와 함께 교회를 설립하여 예배를 드리면서 서울새순교회가 시작되었습니다.

개척 당시부터 현 위치에서 예배를 드리고 있으며, 2018년 1월 첫주 현 담임목사인 김재신 목사가 부임하여 섬기고 있습니다. 서울새순교회는 초대 교회를 꿈꾸면서 신앙의 본질을 지키고, 교회다운 교회로 성도다움을 따라 질서를 지켜나가고 있습니다. 나아가 상식이 통하는 교회를 지향하면서 복음 사역을 감당하고 있습니다.

교회명	서울성막교회	서울시 도봉구 도봉로159길 11-16 010-5070-8780 www.sungmakchurch.org
설립연도	1989년 4월 24일	설립시 주소: 서울시 도봉구 도봉1동 589-7호
교회명 변경		

교역자
담임목사 박동길
원로목사 구동도

장로
시무 조현용

교회 소개

서울성막교회는 '하나님께 영광을'이라는 표어로 1989년 4월 29일에 설립된 대한예수교장로회 고신 교단에 소속된 교회입니다.

서울성막교회는 '너희는 가서 모든 민족을 제자로 삼으라'는 주님의 명령을 받들어 모든 족속과 방언, 모든 백성과 열방을 향해 같은 말과 같은 마음, 같은 뜻으로 하나 되어 복음을 들고 달려가는 교회입니다.

교회명	**서울성원교회**	서울시 마포구 마포대로 18길 48	
설립연도	1953년 05월 25일	설립시 주소	서울시 중구 남창동 소재 유치원 교사
교회명 변경	서울교회(1953년) ⇨ 북창교회(1954년) ⇨ 흥천교회(1962년) ⇨ 서울성원교회(1967년)로 변경		

교역자
담임목사 조현철
부목사 이다역 박정남
전도사 김정혜 서단비

장로
시무 조성복 김지권 방명철 하재오 최보정 박선규 최영곤
원로 송응섭 명돈승
은퇴 옥영정 정인준 김신호

교회 소개
서울성원교회는 1953년 5월 25일, 서울 지역 최초의 고신 교회로 설립되었습니다. 교단 총회는 서울 지역 개척을 위해 명신익 전도사를 파송하여 서울교회라는 이름으로 교회를 세웠습니다. 현재 조현철 목사가 2005년에 부임하여 담임목사로 시무하고 있습니다. 서울성원교회는 "사람을 살리고, 키우고, 세우는 교회"라는 비전 아래, 세상에서 빛과 소금의 역할을 충실히 감당하고 있습니다.

교회명	서울영천교회	서울시 종로구 통일로12길 14 02-736-6528 www.wabora.or.kr	
설립연도	1954년 3월 21일	설립시 주소	서울시 서대문구 현저동 106번지
교회명 변경			

교역자
담임목사 소성휘
원로목사 이용호
부목사 윤동영 박진형 이태훈
강도사 박경태
전도사 윤예찬 김석현

장로
시무 배경홍 서봉식 조종민 윤인성 이종욱 서호균 배수홍 안태열 서종준 정월용
      임관웅 남택종
원로 송주섭 권고광 김승치 김수관 민병문
은퇴 김병철 소준영 김광수a 김종대 진정식 백창현 김형원 한태승
      박용근 최광섭 기　옥 김광수b 김천만

교회 소개
서울영천교회의 '영천'은 '영혼의 샘'이라는 뜻입니다. 서울영천교회는 영혼의 샘이 넘치는 교회를 꿈꾸고 있으며, 특별히 4가지 샘이 넘치기를 소망합니다.

첫째로 말씀의 샘,
둘째로 교제의 샘,
셋째로 다음 세대의 샘,
마지막으로 능력의 샘입니다.

많은 사람이 서울영천교회를 통해 영혼이 소생하고 풍성한 은혜의 생수를 경험하기를 기도합니다.

교회명	서울중앙교회	서울시 종로구 창경궁로 129-11(인의동) 02-765-7761 www.jungang.org
설립연도	1953년 8월 2일	설립시주소 서울시 종로구 견지동
교회명변경	중앙교회(설립), 서울중앙교회(1954년 9월)로 변경	

교역자
담임목사 김진영
부목사 강승구 김남언 고기영
전도사 박병임 남지민 김영현 안　빈

장로
시무 김용진 이충열 안윤근 배종석 이용훈 권석범 김진구 정종순
　　　구성기 손문일 윤성호
휴무 이민규
원로 방해주 손준모 우창록
은퇴 강해민 유태원 임경묵 김정민 박윤복 권영대 김용웅 강　민 김재옥

교회 소개
서울중앙교회는 신사참배의 죄를 회개하고, 신앙의 정통과 생활의 순결이라는 고신교회의 정신을 수도권에 설립하기 위한 목적으로 1953년 8월 2일에 서울시 견지동에 '중앙교회'라는 이름으로 설립되었습니다. 1954년에 '서울중앙교회'로 이름을 변경하여 오늘에 이르고 있습니다. 71년의 역사 동안 세 번 이전했고, 1969년 인의동에 교회를 신축하여 옮기면서 오늘날까지 이곳에서 예배를 드리고 있습니다.

서울중앙교회는 개혁주의 신학의 기초 위에 장로교회의 아름다운 모습을 가진 교회를 추구합니다. "누구나 귀하게 여기는 교회, 모두 영적 군사로 자라는 교회, 우리 시대의 고아와 과부를 섬기는 교회"로서 '하나님의 새로운 사회를 펼쳐가는 교회'가 되는 '비전 2025'를 실천하고 있습니다. 하나님 앞에서 '교회다운 교회'로, '이 시대의 이정표가 되는 개혁교회'로 쓰임 받는 교회가 되도록 은혜를 구하며 힘쓰고 있습니다.

교회명	성수교회	서울시 강북구 한천로 1170 02-900-9558 cafe.daum.net/seongsuchurch	
설립연도	1977년 7월 1일	설립시주소	서울시 강북구 수유4동 279-48
교회명변경			

교역자
담임목사 이상욱
강도사 성진우

장로
시무 정후상 박찬호

교회 소개
- 1977년 7월 1일   교회 설립(이일우 목사)
- 2016년 11월 11일   이상욱 목사 위임
- 2022년 7월 1일   현 장소로 이전

성수교회의 표어는 "성경대로 믿고 성경대로 살자"입니다.
코람데오의 정신으로 신앙고백과 행함이 일치하는 삶을 살아감으로써 복음의 열매를 맺는 '생활 속의 그리스도인들의 공동체'가 되기를 추구하는 교회입니다.

교회명	성약교회	경기도 의정부시 오목로 116 031-853-6220
설립연도	1976년	설립시 주소: 경기도 의정부1동 154
교회명 변경		

교역자
담임목사 안경환
부목사 김효민

장로
시무 조성호 송진출 조규인
은퇴 최한식

교회 소개
성약교회는 예수 그리스도를 구주로 믿고 고백하는 성도들의 공동체이며, 이 땅에 성경적인 참된 교회를 세워가기 위해 꿈꾸며 노력하는 대한예수교장로회 고신총회에 소속된 견실한 복음적 교회입니다.

교회명	**성흥교회**	서울시 노원구 노원로 522, 2층 010-9723-5181	
설 립 연 도	1976년 11월 12일	설립시 주 소	서울시 성북구 석관동 127
교회명 변 경			

교역자

담임목사 김주홍(은퇴)

교회 소개

성흥교회는 1976년 설립 후 지금까지 "강한 성령이 역사 인도하는 교회, 좋은 일꾼이 배출되는 교회, 좋은 소문이 널리 퍼지는 교회"라는 주제로 영혼 구원에 힘써왔습니다. 설립 당시 지역인 성북구에서 노원구로 이전한 후 온 성도가 한마음으로 영혼 구원하여 제자 삼는 사역을 감당하고 있습니다.

교회명	수정교회	서울시 강서구 방화대로 342 02-2662-8291 cafe.naver.com/soojeongch youtube.com/@수정교회
설립연도	1974년 8월 16일	설립시 주소 서울시 마포구 합정동 383-1
교회명 변경		

교역자
담임목사 김영환
부목사 김대원
강도사 김완종
전도사 박정형
선교사 강하동

장로
시무 임동률 차길환 한만종
원로 오정택
은퇴 이흥우 박종성 이문규
무임 변대진

교회 소개
수정교회는 전통적「웨스트민스터 신앙고백」을 신조로 하는 대한예수교장로회(고신)에 속한 교회로서 세계 선교의 비전을 품고 주후 1974년 8월 16일에 서울시 마포구 합정동에 설립되었습니다. 2007년 현 방화동으로 이전하여 '하나님 중심, 성경 중심, 교회 중심'의 원리에 따라 "구원의 기쁨, 사랑의 나눔, 겸손한 섬김"을 실천하기 위해 힘쓰는 교회입니다.

교회명	신촌강서교회	서울시 마포구 서강로8길 30	
설립연도	1968년 12월 15일	설립시주소	서울시 서대문구 대현동 110-5
교회명 변경	신촌교회 ⇨ 강서교회(1972년 2월 20일) ⇨ 신촌강서교회(2018년 4월 9일)로 변경		

교역자
담임목사 황신기
부목사 김영호 정브람
전도사 김미례

장로
시무 김준동 이영환 염영구 정순재 한승태 유용국 백태기
은퇴 김성민 임용태 민성길 백종관 황문길 김승웅 남귀현 국동순 이상영
협동 이휘광

교회 소개

신촌강서교회는 1968년 12월 15일 민영완 목사가 신촌교회로 설립한 후 세 번의 이사와 네 번의 교회당 건축을 거쳤습니다. 50주년이었던 2019년에는 신촌(서강대역)으로 옮겨 '신촌강서교회'로 변경했으며, 마포와 신촌 지역에 복음 전파의 사명을 감당하기 위해 힘쓰고 있습니다.

신촌강서교회는 개혁주의 신앙의 전통과 생활의 순결이라는 믿음의 선조들로부터 물려받은 귀한 신앙의 유산을 가지고 '예배와 말씀을 따르는 삶'을 실천하며, 교회의 영성적 기능과 예언자적 기능을 따라 영혼 구원과 사회 구원의 책임을 실천하는 교회가 될 것입니다.

교회명	**영신교회**	📍 서울시 도봉구 도봉로170길 44, 래미안도봉아파트상가동 2층 📞 010-8619-7739 🌐 cafe.daum.net/vision300.com
설 립 연 도	1978년 12월 09일	설립시 주 소	서울시 도봉구 마들로 672(도봉동)
교회명 변 경		

교역자
담임목사 강석환

교회 소개
이근수 목사의 가정집에서 영신교회로 개척된 후 예배당 건축, 합병, 분리의 과정을 거쳐서 2015년 1월 3일 예배당을 이전하여 1월 25일 현 예배당에서 입당예배를 드렸습니다. 2015년 4월 13일 고신 교단(1대 정종기 목사)에 가입했으며, 2021년 5월 23일 2대 강석환 목사가 부임했습니다.

영신교회는 개혁주의 신학의 기초 위에 2024년 '내 길의 빛, 주의 말씀을 따르자'라는 표어를 중심으로 선교하는 교회, 전도하는 교회, 교육하는 교회가 되기를 힘쓰고 있습니다.

교회명	**오현교회**	서울시 강북구 월계로37길 146, 3층
설립연도	2015년 11월 5일	설립시 주소: 상동
교회명 변경		

교역자

담임목사 천정협

교회 소개

오현교회는 2015년 11월 5일 거창노회에서 서울에 개척한 교회로, 거창노회의 허락으로 노회원들과 함께 개척설립예배를 드렸습니다. 2017년 10월 17일 고신총회의 노회 구역 조정으로 서울중부노회에 소속되어 현재에 이르고 있습니다.

오현교회는 사도적이고 복음적이며, 개혁적인 개신교 장로교회이자 보편적 공교회입니다. 오현교회는 「고신총회 헌법」을 중시하여 가르치고, 3대 공교회 신조를 고백할 뿐 아니라 「웨스트민스터 신앙고백」과 「대소교리 문답」을 고백합니다. 또한 개혁교회의 세 일치 신조인 「도르트 신조」 「벨직 신앙고백」 「하이델베르크 교리문답」을 신뢰합니다.

교회명	용산중앙교회	서울시 용산구 원효로35나길 26 02-714-1004
설립연도	1954년 6월 20일	설립시 주소: 상동
교회명 변경	'원성교회'에서 '용산중앙교회'로 변경(1986년 12월 15일)	

교역자
담임목사 방일진
원로목사 허남수
부목사 고영균 이범희
전도사 김신영

장로
시무 권영섭 김주호 이효명 장종배
은퇴 이연우 류윤곡 한진열 심병귀 김봉채 정인원 강상신 임용하

교회 소개
용산중앙교회는 대한예수교장로회(고신) 소속의 교회로서, 1954년에 설립된 이래로 '복음이 중심되는' 개혁 신앙으로 하나님을 예배하고 세상을 섬기는 교회입니다.

교회명	은강교회	서울시 마포구 월드컵로23길 69 02-336-7921
설립연도	1976년 3월 7일	설립시 주소: 서울시 마포구 망원동 57-173
교회명 변경		

교역자
담임목사 황병근
부목사 김춘호

장로
시무 경재현
은퇴 안경섭 엄석웅 김병준

교회 소개

은강교회는 1976년 3월 7일 故 강행자 권사 가정에서 개척예배를 드리면서 설립되었습니다. 개척 초기 변의찬 전도사, 정병재 목사, 손영준 목사, 김철봉 목사 등이 설교목사로 봉사했습니다. 이후 김경복 목사, 박치덕 목사, 최수환 목사의 시무 후 2000년 10월 13일 황병근 목사가 부임하여 현재 시무하고 있습니다. 예배당은 지하 1층, 지상 4층으로 총 323평으로 건축했고, 2005년 10월 25일 입당예배를 드린 후 오늘날에 이르고 있습니다.

교회명	은평시민교회	경기도 고양시 덕양구 화랑로 59, 203호 0507-1452-0696 youtube.com/@epsmpc epsmpc.modoo.at	
설립연도	2023년 10월 29일	설립시 주소	서울시 은평구 응암로 345-1 서부교회당
교회명 변경			

교역자
담임목사 권봉진

교회 소개

은평시민교회는 대한예수교장로회 고신총회에 속한 교회로서 신촌강서교회, 한일교회, 서울중앙교회를 비롯한 서울중부노회가 전국남전도회연합회 및 국내전도위원회와 협력하여 "수도권 전략 지역 교회 개척" 프로젝트로 설립한 정통 장로교회입니다.

설립 당시에는 은평구 소재 서부교회당을 주일 오후에 빌려 예배를 드렸고, 이듬해에 한국항공대역 앞 현 예배 처소를 마련하여 2024년 8월 18일 서울중부노회 주관으로 입당감사예배를 드렸습니다.

은평시민교회는 '주님의 은혜와 평강을 도시 거류민에게 전하는 교회'라는 목표를 가지고 종교개혁의 정신과 개혁신학을 바탕으로 하나님을 영화롭게 하는 예배를 드리며, 복음으로 도시를 섬기고 서로 사랑하는 예수님의 제자 공동체를 이루어 가고 있습니다.

교회명	은혜의교회	서울시 강북구 덕릉로 99, 2층(번동) 02-900-1283	
설립연도	2004년 5월 30일	설립시 주소	서울시 강북구 수유동 수유시장 3층
교회명 변경			

교역자
담임목사 최봉환

장로
시무 김창술
은퇴 장준국 임인섭 유용근

교회 소개
은혜의교회는 서울성산교회의 지원으로 2004년 4월 동서울노회에서 교회 설립 허락을 받아 개척했습니다. 동년 5월 30일에는 동서울노회 주관으로 교회 설립예배를 드렸습니다.

은혜의교회는 "하나님을 기쁘시게, 사람을 유익하게"(롬 14:18)를 교회의 항구적 표어로 삼고 "더 많은 사람에게 복음을 전하여 함께 예배하고, 함께 사역하며, 함께 성장한다"라는 목표 아래 좋은 교회 공동체를 꿈꾸고 지향하고 있습니다.

교회명	참빛교회	경기도 고양시 덕양구 은빛로 12, 은빛마을1동상가 1층 031-968-0513	
설립연도	2000년 9월	설립시 주소	경기도 고양시 덕양구 화정동 936
교회명 변경			

교역자
담임목사 임영안

장로
은퇴 현현진

교회 소개
참빛교회는 2000년 9월 3일 첫 예배를 드리고 2000년 10월 31일에 설립감사 예배를 드렸습니다. 이후 현 장소에서 20여 년 동안 믿음의 사람들을 훈련시키고 행복한 믿음 생활을 하는 성도들과 함께 즐겁게 사역하고 있습니다.

교회명	충은교회	서울시 노원구 초안산로3길 41 02-991-9445 www.scec.or.kr youtube.com/@Chungeun_Church
설립연도	1983년 3월 27일	설립시 주소: 상동
교회명 변경		

교역자
담임목사 이동원
원로목사 장지순
부목사 박은성 박문수

장로
시무 권영진 박향식 궁효창 김영기
원로 장순덕
은퇴 공남식
휴무 박광철

교회 소개
충은교회는 '하나님 중심, 성경 중심, 교회 중심'을 비전으로 1983년 3월 27일 장지순 목사를 통해 개척·설립되었습니다. 기도의 열심으로 생활의 경건함과 지역사회에 복음 전파의 사명을 잘 감당할 것을 구하면서 월계 지역 복음화에 힘써왔습니다. 올해는 "내 영혼아 찬양하라"라는 표어로 어떤 상황에서든 지음 받은 목적대로 모든 성도가 입술과 삶으로 끊임없이 찬송하는 생활을 이어가고자 합니다.

교회명	푸른숲교회	서울시 도봉구 시루봉로13가길 23-20
설립연도	1973년 4월 8일	설립시주소: 서울시 도봉구 쌍문3동 103-72 2층
교회명변경	쌍문동교회에서 푸른숲교회로(2007년 9월 2일) 변경	

교역자
담임목사 김성수
전도사 방태환

장로
시무 정진성 장현경 이병민
은퇴 이경상
협동 박기형

교회 소개
1973년 출옥성도 고흥봉 목사의 자제인 고성식 전도사 가족을 중심으로 개척한 쌍문동교회는 1992년에 고신총회를 이탈하여 고려개혁총회에 소속되었습니다. 그러던 중 2007년 현 방학동으로 교회당을 이전했고, 최한주 목사가 부임하면서 고신총회에 다시 복귀했습니다.

푸른숲교회는 북한산 자락에 위치한 풍광이 아름다운 교회로, 2020년 김성수 목사가 부임하여 "말씀과 기도로 예수님의 제자 되어 하나님을 기쁘시게 하며 이웃을 행복하게 하는 예배와 교육, 선교와 사랑의 공동체"라는 비전을 가지고 오늘도 달려가고 있습니다.

교회명	팀교회	서울시 마포구 대흥로 36-7 010-5713-1009
설립연도	2013년 11월 12일	설립시주소 : 서울시 마포구 서교동 247-208
교회명변경		

교역자
담임목사 강신명

교회 소개
팀교회는 '하나님과 함께, 사람과 함께'라는 비전으로 2013년 11월 12일 고신총회 국내전도위원회의 '총회 3,000교회 100만 성도 운동' 175호 개척교회로 지정되어 개척되었습니다. 지금까지 두 번의 예배당 이전 후 현재에 이르고 있습니다.

교회명	한빛교회	경기도 의정부시 평화로272번길 39
설립연도	1994년 11월 6일	설립시주소 : 서울시 도봉구 창5동 286-10
교회명변경		

교역자
담임목사 신형석
원로목사 임종운

교회 소개
예수님의 복음으로 하나님 나라의 백성된 한빛교회는 언약 안에서 예배자로, 교회와 세상을 섬기는 직분자로 살고자 합니다. 이를 위해 먼저 예배로 하나님께 경청하고, 직분으로 성도들에게 경청하며, 그리스도께서 맡기신 삼중직으로 세상을 경청합니다.

교회명	한일교회	서울시 도봉구 방학로 57-17 02-954-9191　hanil.or.kr
설립연도	1979년 8월 15일	설립시 주소　서울시 도봉구 미아5동 679번지 2층
교회명 변경		

교역자
담임목사 오계강
원로목사 김성규
부목사 김성호 윤수훈 이성민 김필립
기관목사 오승훈
전도사 김복희

장로
시무 최진영 강석순 손종률 최장오
휴무 이태선
은퇴 김수식 진정근 전생남 고흥용 방건택 임종식 이재욱 문석근 이병구 김배원 김은규 김진권 배왕열 윤현대 지준철
협동 전동성

교회 소개
한일교회는 서울시 도봉구에 소재한 교회로, 1979년 8월 15일 배수현 목사가 개척했습니다. 개척 초기의 어려운 상황 가운데 1985년 12월 23일 김성규 목사가 부임하면서 2017년 11월 24일 은퇴에 이르기까지 부흥과 성장을 지속했습니다. 부흥의 시기에 예배당을 세 번 이전하게 되었으며, 2004년 2월 24일 새 예배당을 기공하여 같은 해 10월 24일에 입당했습니다. 2017년 11월 24일 김성규 목사의 은퇴 및 원로 추대와 더불어 오계강 목사가 교회를 위임받아 현재까지 이르고 있습니다.
한일교회는 '반석 위에 세운 교회'라는 비전 아래 신앙의 성숙을 추구하고 있으며, 은혜를 흘려보내고 분립·개척하는 '교회를 낳는 교회'가 되기를 기도하고 있습니다.

서울중부노회 연도별 교회와 교역자 수

(2022년 기준, 단위: 명)

연도	2017	2018	2019	2020	2021	2022
교회	43	43	41	41	40	40
목사	129	116	90	82	83	121
기타 교역자	73	33	39	31	29	27

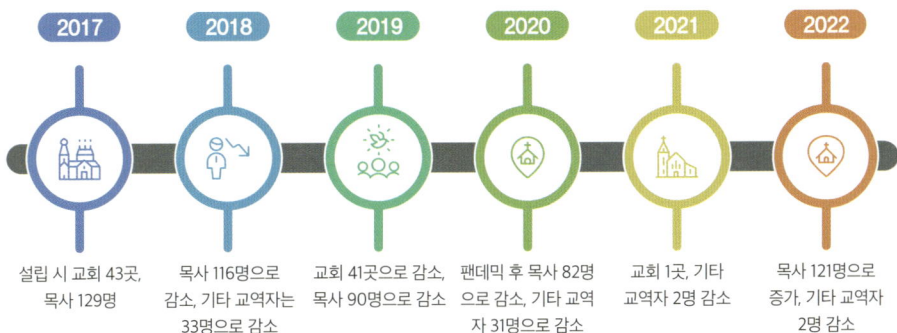

- 2017: 설립 시 교회 43곳, 목사 129명
- 2018: 목사 116명으로 감소, 기타 교역자는 33명으로 감소
- 2019: 교회 41곳으로 감소, 목사 90명으로 감소
- 2020: 팬데믹 후 목사 82명으로 감소, 기타 교역자 31명으로 감소
- 2021: 교회 1곳, 기타 교역자 2명 감소
- 2022: 목사 121명으로 증가, 기타 교역자 2명 감소

서울중부노회 연도별 교회 구성원 수

(2022년 기준, 단위: 명)

연도	2017	2018	2019	2020	2021	2022
교역자	202	149	129	113	112	148
기타 직원	1,175	1,055	1,013	929	936	908
교인	19,568	6,814	6,743	-	5,406	5,810
봉사자	3,223	1,943	2,011	1,805	1,703	1,718
합계	24,168	9,961	9,896	2,847	8,157	8,584

서울중부노회 교회와 교인 수 및 소속 교회 재정

(2022년 기준, 단위: 곳, 천 명, 억 원)

연도	2017	2018	2019	2020	2021	2022
교회 수	43	43	41	41	40	40
교인	19.6	6.8	6.7	-	5.6	5.8
재정 총합	97.6	77.9	79.4	75.3	83.4	87.0

- **2017** 설립 시 교회 43곳, 교인 19,600명
- **2018** 벧엘교회(일산, 박광석 목사) 교단 탈퇴로 교인 및 재정 감소
- **2019** 교회 2곳 감소, 교인 100명 감소에도 재정 증가
- **2020** 팬데믹으로 재정 감소
- **2021** 교회 1곳 감소에도 재정 18억 원 증가
- **2022** 교인 및 재정 상승세

서울중부노회 신급에 따른 교인 분포

(2022년 기준, 단위: 명)

연도	2017	2018	2019	2020	2021	2022
세례교인	12,749	5,741	5,763	5,688	5,634	5,562
학습교인	714	294	315	267	250	160
원인교인	13,732	1,695	1,154	970	889	873
유아세례	2,311	948	923	872	932	865
합계	29,506	8,678	8,155	7,797	7,705	7,460

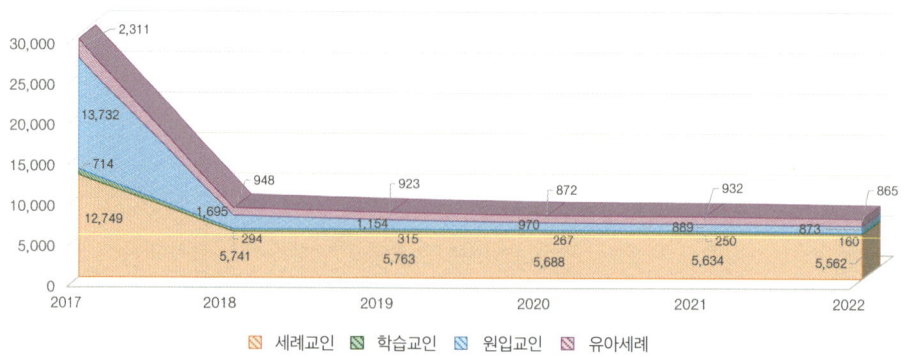

서울중부노회 교회학교와 주일오전예배 출석 현황

(2022년 기준, 단위: 명)

연도	2017	2018	2019	2020	2021	2022
영유치부	1,045	345	339	-	199	227
유초등부	1,548	506	475	-	364	358
중고등부	1,167	433	439	-	307	306
대학청년부	1,211	684	644	-	451	575
주일오전	14,597	4,846	4,846	-	4,085	4,344
합계	19,568	6,814	6,743	-	5,406	5,810

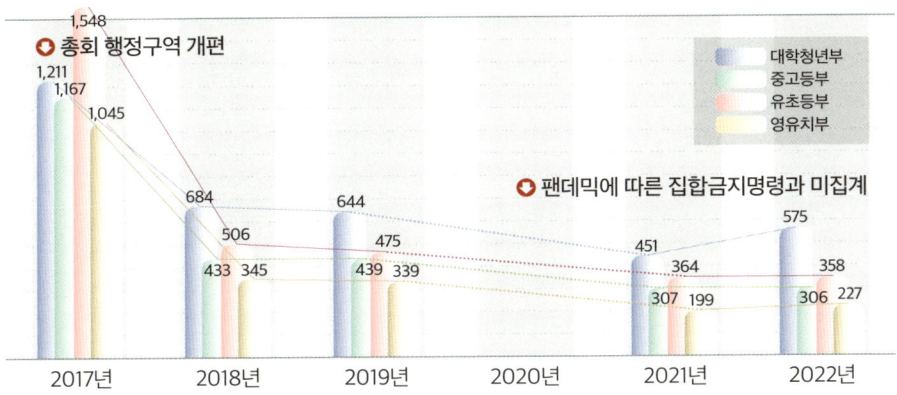

서울중부노회 교회 봉사자 구성

(2022년 기준, 단위: 명)

연도	2018	2019	2020	2021	2022	2023
교사	1,271	582	600	557	504	515
찬양대	969	913	924	781	710	752
구역장	983	448	487	467	489	451
합계	3,223	1,943	2,011	1,805	1,703	1,718

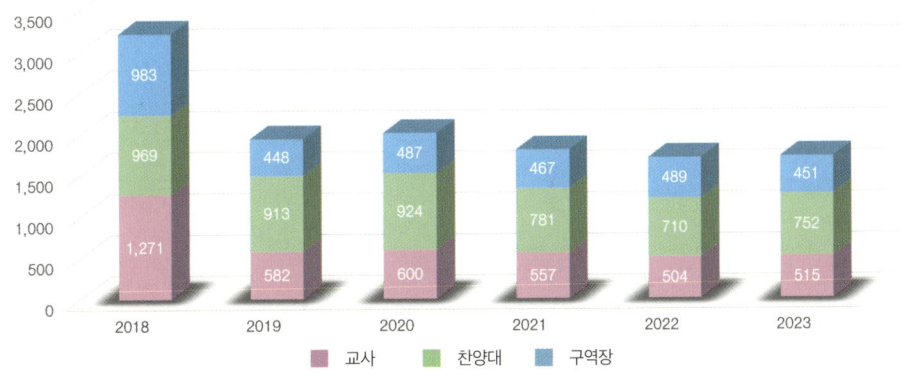

서울중부노회 기타 회원 명단

은퇴목사
김종만 권중갑 박경호 권정철 김승진 박익서 옥정남 남교희 이성주 이현식
김주홍 최한주 이충택 성대현

기관목사
길성남 유병국 정종기 이범희 박은석 오승훈

무임목사
김종화 김승태 성중근 최병규 강사무엘 박동진 윤한석 변종진
권병우 김　훈 정석원

선교사
김창수 류미영 조동성 이증우 이신형 정창용 임정훈 성진화
김블라지미르 강영관 이범석 허병찬

V

부록

1. 경기노회 역대 임원

연도	역대	노회장	목사 부노회장	장로 부노회장	서기	부서기	회록 서기	회록 부서기	회계	부회계
1954	1	전칠홍								
1955	2	전칠홍								
1956	3	이학인								
1956	4	이학인								
1957	5	전칠홍								
1958	6	윤봉기 (지방위원)								
1959	7	윤봉기								
1960	8	윤봉기								
1961	9	윤봉기								
1962	10	황금천								
1963	11	윤봉기	명신익		민영완		한학수	이동수	유선호	원영호
1964	12	윤봉기	명신익		민영완		한학수	이동수	유선호	원영호
1965	13	윤봉기	명신익		민영완		한학수	이동수	유선호	원영호
1966	14	명신익								
1967	15	민영완								
1968	16	민영완		현호택	진학일		김상철	김경래	정채림	하대승
1969	17	최영구								
1970	18	윤봉기		현호택	김상철		김종열	최성환	정채림	유선호
1971	19	최익우	민영완		김상철	최해일	김종열	김주락	정채림	현호택
1972	20	홍반식	최해일		김상철	김주락	김종열	박종수	정채림	원영호
1973	21	최해일	윤봉기		박종수	김상철	김종열	김주락	정채림	안명술
1974	22	윤봉기	민영완		김순주	박종수	김만우	김종열	명돈의	방해주
1975	23	민영완	최익우		김순주	김종렬	김만우	박종수	명돈의	정채림
1976	24	최익우	박치덕		김순주	박종수	김만우	김종열	홍길철	방해주
1977	25	박치덕	한학수		정승벽	김만우	윤지환	박종수	명돈의	박복만
1978	26	임종만	박수종		정승벽	박종수	김만우	윤지환	방해주	신수도
1979	27	박수종	남영환		정승벽	박종수	김만우	김순주	정환식	주경효

연도	역대	노회장	목사 부노회장	장로 부노회장	서기	부서기	회록 서기	회록 부서기	회계	부회계
1980	28	남영환	박현진		윤지환	조봉환	양성우	이병길	박봉화	박복만
1981	29	박현진	박종수		윤지환	김재성	이병길	정수생	천태수	김경래
1982	30	박종수	김상철		윤지환	김재성	이병길	정수생	김경래	유현철
1983	31	김상철	윤지환		김재성	이병길	조봉환	조주환	김경래	박복만
1984	32	윤지환	김주락		김재성	이병길	조봉환	조주환	박태근	정창영
1985	33	김주락	김재성		임석윤	이병길	조주환	박현수	정창영	김영은
1986	34	김재성	임석윤	정창영	조주환	신도범	전병두	김종열	정창영	박종성
1987	35	임석윤	신도범	정창영	조주환	박성래	정주채	오인국	심근식	홍길철
1988	36	신도범	김종열	유현철	정주채	정진철	오인국	현성훈	오영환	
1989	37	김종열	박수종	이재술	정진철	백남석	현성훈	송은환	김경래	조완주
1990	38	박수종	박현진	김경래	정진철	현성훈	정주채	송은환	박태근	이강택
1991	39	박현진	박종수	박종성	현성훈	박은조	송은환	정태효	김승환	유현철
1992	40	윤지환	정주채	김경래	현성훈	박은조	백남석	정태효	김현태	이세림
1993	41	박종수	김양광	신세훈	박은조	송은환	백남석	장희종	유현철	김성렬
1994	42	김양광	정주채	신세훈	박은조	송은환	장희종	오인국	유현철	박태근
1995	43	김종열	김재성	박종성	송은환	한성기	장희종	이현기	유현철	김승환
1996	44	김재성	송은환	양대영	한성기	장희종	이현기	김태복	오창원	김종성
1997	45	송은환	한성기	김현태	장희종	이현기	박성실	김태복	김종성	김용주
1998	46	한성기	김양광	김종성	이현기	박성실	박성규	박성대	이천정	박종성
1999	47	김양광	박성실	박태근	이현기	박성대	박성규	신민범	이상국	김일환
2000	48	박성실	이현기	오기섭	박성대	박성규	신민범	최은태	이상국	김창환
2001	49	이현기	박성대	이상국	신민범	박성규	최은태	오세택	이철진	박종성
2002	50	박성대	신민범	김현태	박성규	최은태	오세택	정태효	이철진	오창원
2003	51	신민범	문재섭	김효영	박성규	최은태	오세택	정태효	이우준	구자덕
2004	52	문재섭	박성규	김승환	최은태	오세택	정태효	김승제	김순주	홍영만
2005	53	박성규	정태효	옥영득	최은태	오세택	김승제	김신간	김창환	박노일
2006	54	정태효	최은태	이천정	김승제	김신간	정용달	서상기	김창환	김은철
2007	55	최은태	김승제	김은철	김신간	서상기	오세택	우홍기	권덕웅	엄완영
2008	56	김승제	김신간	권덕웅	오세택	우홍기	김재일	김 열	엄완영	최병조
2009	57	김신간	송은환	김정의	우홍기	김재일	나종열	박종래	최병조	심은철

연도	역대	노회장	목사 부노회장	장로 부노회장	서기	부서기	회록 서기	회록 부서기	회계	부회계
2010	58	송은환	오세택	김창환	김재일	나종열	박종래	이동섭	민병현	심은철
2011	59	오세택	최성은	최병조	김재일	나종열	박종래	이동섭	민병현	서봉수
2012	60	최성은	김윤종	서계수	나종열	박종래	이동섭	손승호	김봉영	김종호
2013	61	김윤종	나종열	이정창	박종래	이동섭	손승호	고재구	김봉영	김종호
2014	62	나종열	박종래	민병현	이동섭	고재구	황윤정	박진휴	심은철	임창진
2015	63	박종래	김재일	심은철	이동섭	고재구	황윤정	박진휴	임창진	김현호
2016	64	김재일	이동섭	박희구	고재구	박진휴	반성광	유해신	김현호	강덕중
2017	65	박성대	고재구	김봉영	박진휴	유해신	진동식	유영업	강덕중	남효순

2. 서울노회 역대 임원

연도	역대	노회장	목사 부노회장	장로 부노회장	서기	부서기	회록 서기	회록 부서기	회계	부회계
1981	1	민영완	최해일		정승벽	양성우	오성환	박용호	박봉화	주경호
1982	2	최해일	박치덕		오성환	김순주	양성우	박용호	강해민	강덕윤
1983	3	박치덕	오성환		양성우	김순주	손양원	박용호	주경효	박상민
1984	4	오성환	임종만		양성우	김현우	손양원	김순주	김삼관	주경효
1985	5	임종만	김순주		양성우	김현우	남교희	박용호	김삼관	손기홍
1986	6	이기진	양성우	김사엽	박용호	김경복	남교희	이일우	정채림	이경상
1987	7	김순주	양성우	변기안	박용호	남교희	이일우	최수근	김삼관	방해주
1988	8	양성우	정승벽	주경효	남교희	김현우	최수근	윤석철	김삼관	이경상
1989	9	정승벽	박용호	손기홍	남교희	김현우	최수근	윤석철	김형원	이경상
1990	10	박용호	김현우	방해주	최수근	신상현	윤석철	김주홍	방기봉	이경상
1991	11	오성환	정승벽	방기봉	최수근	신상현	윤석철	김주홍	변기안	우성욱
1992	12	정승벽	박노경	주경효	신상현	허남수	김주홍	임종운		우성욱
1993	13	박노경	최수근	장진희	신상현	허남수	김주홍	임종운	우성욱	김봉갑
1994	14	최수근	신상현	장철희	허남수	김철봉	권중갑	한영만	김봉갑	윤배훈
1995	15	신상현	이용호	방해주	허남수	권중갑	정찬수	한영만	염상열	이경상
1996	16	이용호	허남수	이경상	권중갑		정찬수	김성규	염상열	김광영

연도	역대	노회장	목사 부노회장	장로 부노회장	서기	부서기	회록 서기	회록 부서기	회계	부회계
1997	17	허남수	오성환	염상열	권중갑	정찬수	한영만	김성규	민병문	안경섭
1998	18	오성환	권중갑	김형원	장성환	정찬수	한영만	황신기	민병문	안경섭
1999	19	권중갑	장성환	송주섭	정찬수	한영만	김성규	황신기	변기안	김광영
2000	20	정찬수	정승벽	변기안	한영만	김성규	황신기	지은재	안경섭	김수관
2001	21	한영만	김현우	권중현	김성규	황신기	지은재	구동도	김수관	명돈승
2002	22	김현우	김성규	옥영정	황신기	지은재	구동도	김홍규	전기원	명돈승
2003	23	김성규	황신기	전기원	남교희	구동도	김홍규	최수환	이태원	김승치
2004	24	황신기	남교희	김승치	구동도	김홍규	최수환	김현주	김광영	민병문
2005	25	남교희	박광석	김광영	김홍규	최수환	김현주	이승직	민병문	명돈승
2006	26	박광석	김홍규	옥영정	최수환	김현주	안경환	김상식	명돈승	조영휘
2007	27	김홍규	이용호	명돈승	최수환	김현주	안경환	김상식	우신권	남훈조
2008	28	허남수	최수환	민병문	김현주	안경환	김상식	임영안	우신권	김상수
2009	29	최수환	권중갑	우신권	안경환	김상식	임영안	조무선	김주호	김상수
2010	30	권중갑	안경환	김수관	김상식	임영안	이장우	황병근	김주호	김상수
2011	31	김성규		김영남	임영안	이장우	황병근	조현철	김현수	한태승
2012	32	구동도	임영안	최한식	이장우	황병근	조현철	김길배	김현수	한태승
2013	33	이장우	안경환	김현수	황병근	조현철	김길배	손덕현	이문규	윤경중
2014	34	안경환	황병근	심병귀	조현철	김길배	손덕현	김명수	이문규	심동섭
2015	35	황병근	조현철	이문규	김길배	손덕현	김명수	최영완	심동섭	김상수
2016	36	조현철	김길배	심동섭	손덕현	김명수	최영완	나은식	김상수	이재욱
2017	37	손덕현	김명수	김정민	최영완		김진영	이상욱	이재욱	이상덕

3. 남서울노회 역대 임원

연도	역대	노회장	목사 부노회장	장로 부노회장	서기	부서기	회록 서기	회록 부서기	회계	부회계
1995	1	신도범	정주채	김경래	박은조	백남석	김낙춘	구자우	손근철	김삼관
1996	2	박성복	백남석	김학동	김낙춘	황만선	구자우		옥용석	
1997	3	백남석	박은조	신세훈	김낙춘	이 서	구자우	황만선	김삼관	옥용석
1998	4	정주채	박은조	김삼관	황만선	이 서	김순만	이석신	옥용석	황치현
1999	5	오윤표		이세림	구자우	김순만	이세령	김낙춘	하호영	김무열
2000	6	박성복	이 서	하호영	구자우	이석신	강영진	김낙춘	김무열	박창근
2001	7	이 서	김낙춘	옥용석	이석신	강영진	노은환	김순만	손근철	하호영
2002	8	김낙춘	백남석	손근철	강영진	김순만	노은환	노정각	김진수	박창근
2003	9	백남석	박성목	김진수	강영진	김순만	이영한	노정각	권영세	김무열
2004	10	박성목	박삼우	권영세	김순만	이영한	노정각	노은환	정진우	박상문
2005	11	박삼우	강영진	정진우	김순만	이영한	노정각	노은환	박상문	권봉도
2006	12	강영진	김순만	박상문	이영한	노은환	정현구	김민석	권봉도	조득정
2007	13	김순만	이영한	김삼관	노은환	나삼진	김민석	이한식	배일	민형기
2008	14	이영한	노은환	배재일	나삼진	이한식	황영익	강영진	민형기	옥용석
2009	15	노은환	나삼진	민형기	이한식	황영익	강영진	정현구	옥용석	박익천
2010	16	나삼진	한진환	옥용석	이한식	황영익	강영진	정현구	박익천	김해곤
2011	17	한진환	이한식	박익천	황영익	강영진	정현구	안재경	김 균	권오주
2012	18	정현구	황영익	김삼관	강영진	안재경	채경락	나종원	권오주	오정웅
2013	19	황영익	오경재	권오주	강영진	안재경	채경락	나종원	오종웅	배영진
2014	20	오경재	강영진	오정웅	안재경	채경락	나종원	박희명	배영진	김성식
2015	21	강영진	안재경	배영진	채경락	나종원	박희명	정진경	김성식	박종묵
2016	22	안재경	이한식	김성식	나종원		박희명	정진경	박종묵	차병식
2017	23	이한식	한진환	박종묵	나종원	박희명		안정진	차병식	장상환

4. 동서울노회 역대 임원

연도	역대	노회장	목사 부노회장	장로 부노회장	서기	부서기	회록 서기	회록 부서기	회계	부회계
1995	1	김순주	양성우	김봉갑	김철봉	김주홍	윤광중	임종운	최병호	우성욱
1996	2	양성우	권재입	최병호	김철봉	김주홍	윤광중	임종운	윤배훈	김석균
1997	3	권재입	김철봉	고재용	김주홍	윤광중	임종운	최수근	윤배훈	문정상
1998	4	김순주	박노경	문정상	김주홍	윤복수	임종운	윤광중	최재언	신상진
1999	5	박노경	윤광중	손기홍	임종운	박삼우	이충택	구성문	최재언	진수일
2000	6	윤광중	김주홍	김석균	임종운	박삼우	이충택	구성문	진수일	엄재천
2001	7	김주홍	임종운	신상진	박삼우	이충택	구성문	윤복수	진수일	이계열
2002	8	임종운	윤복수	신흥식	이충택	김성영	구성문	김현일	맹성광	김창수
2003	9	구성문	이충택	최재언	김성영	김현일	장지순	송만섭	맹성광	방규오
2004	10	이충택	김성영	맹성광	김현일	장지순	최한주	임달호	최영석	강일석
2005	11	김성영	정창영	한은수	김현일	장지순	최한주	임달호	최영석	이계열
2006	12	정창영	최한주	최영석	장지순	임달호	송만섭	김영봉	이계열	이현식
2007	13	최한주	김현일	방규오	장지순	임달호	송만섭	김영봉	이계열	이현식
2008	14	김현일	장지순	이계열	임달호	송만섭	김일훈	최봉환	박명한	오정관
2009	15	장지순	임달호	박명한	송만섭	김일훈	최봉환	권기호	길성구	최민석
2010	16	조은노	송만섭	길성구	최봉환	김일훈	권기호	김광석	최민석	오정관
2011	17	송만섭	권기호	오정관	최봉환	권중신	김광석	장태영	최민석	심기섭
2012	18	권기호	최봉환	최민석	권중신	김광석	장태영	한상귀	심기섭	홍종국
2013	19	최봉환	권중신	심기섭	권오헌	김광석	장태영	한상귀	홍종국	신승호
2014	20	권중신	권오헌	홍종국	장태영	한상귀	권지현		신승호	조성제
2015	21	권오헌	장태영		권지현	김광석	신수철	이상수	조성제	신정기
2016	22	장태영	김일훈	조성제	권지현	김광석	신수철	이상수	윤범진	추경일
2017	23	김일훈	한상귀	윤범진	김광석	신수철	이상수	남정배	추경일	박명수

5. 서경노회 역대 임원

연대	노회장	목사 부노회장	장로 부노회장	서기	부서기	회록 서기	부회록 서기	회계	부회계
2001. 4.	조용선	김정삼	류광신	오성재	조원근	백준봉	전종철	김영식	김영현
2001. 10.	조용선	김정삼	류광신	최 식	조원근	백준봉	전종철	오성재 목사	김영식
2002. 10.	조용선	김정삼	고의선	최 식	조원근	백준봉	전종철	오성재 목사	임철환
2003. 10.	조용선	이길봉	이상태	최 식	이준성	전종철	김수구	오성재 목사	임철환
2004. 10.	이길봉	방의혁	임철환	조원근	송성규	이준성	김수구	오성재 목사	윤삼랑
2005. 10.	방의혁	김정삼	최영철	조원근	송성규	이준성	김수구	최 식 목사	임철환
2006. 10.	방의혁	김정삼	최영철	송성규	최형철	강영국	김수구	최 식 목사	김세일
2007. 10.	김정삼	이상기	이광연	강영국	추경호	유상현	김병완	이태웅 목사	임철환
2008. 10.	방의혁	전종철	류광신	강영국	추경호	유상현	김병완	이광연	김영현
2009. 10.	전종철	곽수관	임철환	추경호	박승환	양향모	백광희	이광연	김영현
2010. 10	곽수관	강영국	이광연	추경호	박승환	양향모	백광희	최철수	김병주
2011. 10.	강용만	강영국	최영철	박승환	양향모	백광희	성완석	최철수	김석희
2012. 10.	강영국	조원근	한동신	박승환	양향모	백광희	성완석	김영훈	김석희
2013. 10.	조원근	박현준	최철수	백광희	김일영	이성열	조석연	김영훈	김병주
2014. 10.	박현준	추경호	김영훈	백광희	이성열	김일영	강영용	최철수	유경철
2015. 10.	추경호	김수구	안승현	이성열	김일영	강영용	김학영	김석희	이광연
2016. 10.	김수구	유상현	이광연	이성열	김일영	강영용	유순호	김석희	이교선
2017. 10.	10월 노회는 마지막 노회로 총회 결의에 의해 재편성된 지역 노회로 해산하였다.								

6. 서울남노회 역대 임원

연도	역대	노회장	목사 부노회장	장로 부노회장	서기	부서기	회록 서기	회록 부서기	회계	부회계
2016	1	김관태	오성재	임금용	이배영	김일환	정승남	조천식	손정율	박유선
2017	2	오성재	이배영	손정율	김일환	정승남	조천식	한계문	김영기	성두용

7. 행정구역 개편 후 수도권 11개 노회 역대 임원

1) 서울서부노회 역대 임원

연대	노회장	목사 부노회장	장로 부노회장	서기	부서기	회록 서기	부회록 서기	회계	부회계
2017.10.	문재섭	신민범	손정률	유상현	박진휴	유해신	안병주	남효순	박수덕
2018.10.	신민범	유상현	남효순	박진휴	유해신	안병주	진동식	박수덕	구본창
2019.10.	유상현	박진휴	박수덕	유해신	안병주	진동식	최경기	구본창	최성환
2020.10.	박진휴	유해신	구본창	안병주	진동식	최경기	이형신	최성환	김장규
2021.10.	유해신	최성환	안병주	진동식	최경기	이형신	강태우	김장규	구본철
2022.10.	안병주	진동식	김장규	최경기	이형신	강태우	김신수	구본철	박은수
2023.10.	진동식	최경기	구본철	이형신	강태우	김신수	김상호	박은수	서동권
2024.10.	최경기	이형신	박은수	강태우	김신수	김상호	한동은	서동권	현원섭

2) 서울남부노회 역대 임원

연대	노회장	목사 부노회장	장로 부노회장	서기	부서기	회록 서기	부회록 서기	회계	부회계
2017.10.	한진환	이배영	추경일	김광석	노정각	김일영	김현섭	장상환	노승민
2018.10.	이배영	권오헌	장상환		김일영	김현섭	김상훈	노승민	박종흔
2019.10.	권오헌	강영진	노승민	김일영	김현섭		배준완	박종흔	김정근
2020.10.	김낙춘	강영진	박종흔	김일영	김현섭	배준완	김동춘	김정근	노경철
2021.10.	강영진	강종안	김정근	김현섭	김동춘	배준완	조석연	노경철	조재천
2022.10.	강종안	노은환	노경철	김동춘	배준완	조석연	정주일	조재천	박은철
2023.10.	노은환	김동춘	조재천	배준완	조석연	정주일	안정진	박은철	정남환
2024.10.	김동춘	배준완	박은철	조석연	정주일	안정진	최정훈	정남환	최영식

3) 서울중부노회 역대 임원

연대	노회장	목사 부노회장	장로 부노회장	서기	부서기	회록 서기	부회록 서기	회계	부회계
2017. 10.	김명수	한영만	이재욱	이상욱	신수철	김영환	남정배	이태선	
2018. 10.	한영만		이태선	신수철	김영환	남정배	송경훈	서종준	김용웅
2019. 10.	황신기	김진영	김용웅	신수철	김영환	남정배	오계강	서종준	조대로
2020. 10.	이상욱	신수철	서종준	김영환	남정배	오계강	방일진	이찬조	김용진
2021. 10.	신수철	김영환	이찬조	남정배	오계강	방일진	소성휘	김용진	김지권
2022. 10.	김영환	남정배	김용진	오계강	방일진	소성휘	안태규	김지권	배수홍
2023. 10.	남정배	김용진	오계강	방일진	소성휘	안태규	이창길	배수홍	정진성
2024. 10.	오계강	방일진	배수홍	소성휘	안태규	이창길	김두만	정진성	한승태

4) 경기동부노회 역대 임원

연대	노회장	목사 부노회장	장로 부노회장	서기	부서기	회록 서기	부회록 서기	회계	부회계
2017. 10.	문용만	최병철	심봉식	유승주	강인영	문찬경	임한섭	박선규	정재섭
2018. 10.	최병철	유승주	박선규	문찬경	임한섭	방영균	김인수	정재섭	최석용
2019. 10.	유승주	문찬경	정재섭	임한섭	방영균	김인수	이하식	조진호	이찬조
2020. 10.	문찬경	배상식	조진호	채경락	이하식	서동혁	강인영	이찬조	최광휴
2021. 10.	배상식	채경락	이찬조	이하식	서동혁	강인영	김석홍	최광휴	김명형
2022. 10.	채경락	이하식	최광휴	서동혁	강인영	김석홍	김태규	김명형	김준태
2023. 10.	이하식	서동혁	김명형	강인영	김석홍	김태규	박신웅	김준태	장상덕
2024. 10.	서동혁	강인영	김준태	김석홍	김태규	박신웅	지준홍	장상덕	이금성

5) 경기북부노회 역대 임원

연대	노회장	목사 부노회장	장로 부노회장	서기	부서기	회록 서기	부회록 서기	회계	부회계
2017. 10.	최영완	김영제	김영기	김병완	안재경	강영용	허 택	이윤복	성두용
2018. 10.	최 식	서영국	이윤복	안재경	김길배	백광희	김경용	성두용	신응철
2019. 10.	서영국	오동규	김현진	백광희	박승환	김경용	김일환	한상홍	이기남
2020. 10.	오동규	김병완	한상홍	박승환	강영용	김일환	윤민현	김석기	이근수
2021. 10.	김병완	송성규	성두용	윤민현	박광진	조규일	한계문	김석기	강병구
2022. 10.	송성규	백광희	신응철	김일환	조규일	신호섭	정웅화	김성권	허연구
2023. 10.	김영제	백광희	신응철	김일환	조규일	신호섭	정웅화	김성권	정찬희
2024. 10.	백광희	허택	한인구	조규일	정응화	오경석	김대지	반범용	박성현

6) 경기서부노회 역대 임원

연대	노회장	목사 부노회장	장로 부노회장	서기	부서기	회록 서기	부회록 서기	회계	부회계
2017. 10.	김윤하	옥경석	김덕식	심 온	정태구	손순호	유영업	이종익	김인태
2018. 10.	옥경석	김광주	김상철	손순호	김기주	유영업	정태구	이홍균	장동익
2019. 10.	김광주	정재학	이종익	유영업	강석화	정태구	김기주	김인태	정재준
2020. 10.	심온	김기주	이홍균	유영업	강석화	반성광	하승용	정재준	김태호
2021. 10.	김종욱		김선태	김진관	반성광	하승용	김정용	김태호	
2022. 10.	김종욱	김진관	이웅주	반성광	김정용	서성준	유영업	김종완	박성열
2023. 10.	김진관	반성광	김종완	서성준	김정용	유영업	이종흠	김용구	손성철
2024. 10.	반성광	서성준	김용구	김정용	유영업	이종흠	정연철	손성철	김상배

7) 경기중부노회 역대 임원

연대	노회장	목사 부노회장	장로 부노회장	서기	부서기	회록 서기	부회록 서기	회계	부회계
2017. 10.	천재석	신동섭	임상열	김석률	이성열	이근행	이성일	허창범	김석희
2018. 10.	신동섭	이준성	박갑봉	이성열	이근행	이성일	송재홍	허창범	정종원
2019. 10.	이준성	김동식	허창범	이근행	이성일	송재홍	김성은	정종원	이광연
2020. 10.	김동식	이근행	정종원	이성일	송재홍	김성은	임은택	이광연	김종철
2021. 10.	이근행	이영근	이광연	송재홍	김성은	임은택	임재호	김종철	김석희
2022. 10.	이영근	김석률	김종철	김성은	임은택	임재호	정성구	김석희	임학모
2023. 10.	김태호	이성일	김석희	임은택	임재호	정성구	김세용	임학모	박성열
2024. 10.	이성일	송재홍	임학모	임재호	정성구	김세용	진경신	박성열	김문형

8) 인천노회 역대 임원

연대	노회장	목사 부노회장	장로 부노회장	서기	부서기	회록 서기	부회록 서기	회계	부회계
2017.10	최원국	유경희	최철수	염규갑	유동완	강민석	양향모	김성회	채원석
2018. 10.	천 환	양향모	김성회	염규갑	유동완	강민석	정병근	조광제	김원용
2019. 10.	양향모	곽수관	김성회	유동완	김영중	정병근	김종민	조광제	유경철
2020. 10.	곽수관	이규현	조광제	유동완	김영중	정병근	김종민	이계환	유경철
2021. 10.	이규현	김도태	유경철	김경근	정병근	김태광	김병진	이춘우	이광재
2022. 10.	김도태	최형철	이광재	김경근	정병근	김태광	김병진	이춘우	김재환
2023. 10.	최형철	정연규	김석규	김태광	김종민	김병진	정영균	홍춘길	김광찬
2024. 10.	정연규	정병근	이춘우	김종민	김병진	정영균	하민호	심성보	송용균

9) 충청동부노회 역대 임원

연대	노회장	목사 부노회장	장로 부노회장	서기	부서기	회록 서기	부회록 서기	회계	부회계
2017. 10.	정영호	김기오	강명기	노병인	정재호	윤호현	김학영	김동수	한상덕
2018. 10.	김기오	김현주	이상진	정재호	윤호현	김학영	이재황	한상덕	여병안
2019. 10.	김현주	배정환	김동수	윤호현	김학영	윤상갑	김용한	손석칠	송범환
2020. 10.	배정환	정영호	손석칠	김학영	윤상갑	지영근	권칠현	송범환	강은진
2021. 10.	정영호	장대성	송범환	윤상갑	지영근	권칠현	박보현	강은진	이선택
2022. 10.	장대성	김학영	강은진	지영근	권칠현	박보현	서동수	이선택	이대희
2023. 10.	김학영	윤상갑	이선택	권칠현	박보현	서동수	장정석	사임	김성조
2024. 10.	윤상갑	권칠현	양문주	박보현	서동수	장정석	김두영	김성조	고재근

10) 충청서부노회 역대 임원

연대	노회장	목사 부노회장	장로 부노회장	서기	부서기	회록 서기	부회록 서기	회계	부회계
2017.10	정영호	김기오	강명기	노병인	정재호	윤호현	김학영	김동수	한상덕
2018. 10.	김기오	김현주	이상진	정재호	윤호현	김학영	이재황	한상덕	여병안
2019. 10.	오병욱	양덕용	류성환	노병인	김동수	이재황	김주환	여병안	이창섭
2020. 10.	양덕용	오기정	여병안	김동수	이재황	김주환	서인동	이창섭	홍종락
2021. 10.	오기정	신영일	이창섭	이재황	김주환	서인동	김현일	홍종락	전재록
2022. 10.	신영일	김동수	홍종락	김주환	서인동	김현일	이상몽	전재록	권오빈
2023. 10.	김동수	임광섭	전재록	서인동	김현일	이상몽	백상오	권오빈	박종훈
2024. 10.	임광섭	이재황	권오빈	김현일	이상몽	백상오	유병길	박종훈	조성재

11) 강원노회 역대 임원

연대	노회장	목사 부노회장	장로 부노회장	서기	부서기	회록 서기	부회록 서기	회계	부회계
2017.10.	한상귀	송병국	정문봉	송만섭	정승남	권기호	김종필	홍종국	김정호
2018.10.	송병국	김현일	홍종국	송만섭	정승남	권기호	김종필	윤종천	김정호
2019.10.	김현일	송만섭	윤종천	정승남	권기호	김종필	정재덕	박병수	김정호
2020.10.	송만섭	박종암	박병수	정승남	김신구	김종필	정재덕	공성규	김은균
2021.10.	박종암	정승남	공성규	송인구	이상수	박병재	김종필	김은균	허경용
2022.10.	김종신	송인구	장임순	정승남	김종필	권중신	장병섭	한장섭	박정훈
2023.10.	권중신	김동현	홍종국	송인구	이상수	김종필	김성철	한장섭	김남준
2024.10.	김신구	김백수	한장섭	이상수	김만형	김성철	표종섭	김남준	홍종원

8. 경기노회 연혁

1901

1901   평양에 장로교신학교(조선야소교장로회신학교, 약칭 평양신학교) 설립

1907

1907.9.17-19   '대한예수교장로회 독노회' 조직

1912

1912.9.1-4   평양여성경학원에서 '예수교장로회 조선총회' 조직(당시 수도권 지역 대표 노회는 '경충노회')

1924

1924   경충노회가 경기노회와 충청노회로 분립

1932

1932   경기노회에서 경성노회(경중노회 분리 후 회복) 분립

1938

1938.9.10   장로교 제27회 총회에서 신사참배 가결, 평양신학교 폐교

1942

1942.10.16-20   평양서문밖교회에서 열린 조선예수교장로회 제31회 총회를 끝으로 총회 해산
경기노회와 경성노회가 경기노회로 합병

1943

1943.5.5   조선예수교장로회 총회 해산. '일본기독교조선장로교단'으로 개편되어 일본기독교단에 예속
(경기노회 해체)

1945

1945.7.19-20   장로교 총회 해체
1945.8.1   감리교회와 합동하여 조선의 모든 교파가 '일본기독교조선교단'으로 통폐합
1945.8.17-18   신사참배 거부자 26명 석방

V. 부록 | 279

1946

1946.6.11-14	서울 승동교회에서 '대한예수교장로회 제1회 남부대회' 개최(후에 제32회 총회로 명명). 제27회 총회의 신사참배 결의 취소
1946.9.20	부산에서 고려신학교 개교(학생 16명, 설립자 주남선, 한상동)

1947

1947.6.27	고려신학교 제1회 졸업식(졸업생: 이인재, 조수완, 황철도)
1947.10.14	송상석 목사가 만주 봉천에서 모셔 온 박형룡 박사가 고려신학교장으로 취임

1948

1948.6	박윤선 목사가 박형룡 박사에 이어 고려신학교 2대 교장으로 취임
1948.12	손양원 목사가 고려신학교 총무로 취임
1948.8.2	'학생신앙운동(Student For Christ)' 출범('학생신앙협조회'에서 변경)
1948	이인재 전도사가 신당동에 성산교회 개척(수도권 첫 번째 고려파 교회, 한국전쟁으로 와해)

1950

1950.4.29	제36회 총회에서 조선신학교와 경남노회 총대 문제로 다툼 후 정회

1951

1951.5.25	전쟁 발발로 1951년에 속회된 총회에서 고려신학교를 지지하는 경남(법통)노회 총대가 받아들여지지 않고 축출되자 경남(법통)노회는 총회와 관계없는 것으로 선포

1952

1952.4.29	대구서문교회에서 열린 제37회 총회에 경남(법통)노회는 총대 파송했으나 회원권 거부
1952.9.11	진주 성남교회당에서 '총노회'가 조직되고, 총노회 조직의 취지와 목적을 발표
1952.10.16	"대한예수교장로회 총노회 발회식 선언문" 발표

1953

1953.5.25	고려신학교 제6회 졸업생 명신익 전도사가 서울교회(현 서울성원교회) 개척(1953년 8월 2일 교단 총회에서 서울 지역 개척을 위해 파송)
1953.8.2	전칠홍 목사가 서울중앙교회 설립

1954

1954.3.12	제3회 총노회 경기노회 조직하기로 가결하고 소집장과 조직 일체에 관한 일을 그 지방위원에게 일임. 경기지방회 전칠홍 회장

교회				교역자			장로	교인		
조직	미조직	전도소	합계	목사	전도사	합계		장년	유년	합계
5	4	1	10	3	7	10	10	1,220	1,200	2,420

1954.11.2	경기노회(충청도 포함) 설립

1955

1955.4.19-21	경기노회 총노회에 첫 총대 파송
1955.6.8	주간신문 「기독교보」 창간호 발행(발행 및 편집인 송상석 목사)
1955.9.27	부산 서구 감천 해변 인근에 칼빈학원 개교

1956

1956.4.17-19	제5회 총노회 강원도 지방(화천, 의정부, 포천)에 3명, 대전 지방에 3명의 전도인 파송
1956.5.3	서울 고려고등성경학교 개교
1956.9.20-23	제6회 고신총회
	① 경남, 경북, 부산, 진주, 전라, 경기의 여섯 노회가 모여 총회로 개편. 이때 총회의 교회 수 568곳, 목사 111명 세례교인 수 15,350명
	② 경기노회원 전원이 회기 중 무성의하게 돌아간 일에 대해 회장이 서면 책망하도록 가결

1957

1957.9.17-20	제7회 고신총회 서울 고려고등성경학교 30명 수학
1957.10.7	경기노회 행정 보류 측 임시노회에서 "총회가 예배당 소송을 그만둘 때까지 총회와의 관계를 행정 보류"하기로 결의하고 노회 조직
1957.10.15	총회 지지 측을 중심으로 새로운 경기노회(경기정화노회) 조직

1958

1958.9.23-26	제8회 고신총회
	① 행정 보류 측 경기노회장 전칠홍 목사가 헌의서(1958년 9월 10일 작성)를 서기에게 접수, 헌의부로 이관을 가결
	② 경기노회 수습 건 보고 및 경기노회의 행정 보류는 불법임을 지적하고, 보류 측 교섭위원 5명 선정

1959

1959.9.22-25	제9회 고신총회 고흥봉, 홍신균, 김순진 등 3명 목사 제명(타 교단 이거)
1959.9.28.-30	[제44회 예장총회] WCC를 둘러싼 문제로 승동 측과 연동 측의 대립과 분열
1959	서울학생신앙운동 재발족 및 학생 전도와 교회 연합 도모

1960

1960.9.20-23	제10회 고신총회 경기노회 행정 보류 측에 대한 교섭위원들의 원만한 합의 실패 보고
1960.10.25-26	합동에 대한 제반사항 결의
1960.11.22-23	제10회 고신총회 속회 고신과 승동 양측 위원회 회합 결과 보고 및 합동안 가결
1960.12.13	제10회 고신총회 2차 속회 서울 승동교회당에서 예장에서 분열된 승동 측과 합동총회로 모이고 제45회 총회로 결정. 고신 측 회원 130명, 승동 측 회원 233명

1961

1961.1.24	고신 측과 승동 측 경기노회가 연합하여 합동노회 개회
1961.9.21-27	제46회 합동총회

① 합동 후 부산남교회에서 열린 총회에서 신학교 '일원화'라는 합동 공약을 깨고 고려신학교의 폐합을 결정하자 경남(법통)노회는 항의하고 퇴장
② 경기노회장 윤봉기 목사가 3개년 신앙부흥운동 총동원 건의

1962

1962.9.12 　경기노회　 서울 남영동교회 분규 사건에 대한 특별위원회 보고

1963

1963.7.29 　고신 교회 환원 발기회 조직
1963.9.4 　경기노회　 환원노회 조직. 목사 회원 7명, 장로 회원 6명, 교회 수 21곳, 서울시찰장 윤봉기 목사, 대전시찰장 민영완 목사
1963.9.17-19 　제13회　고신총회
① 대한예수교장로회 제13회 환원총회가 부산남교회에서 개최. 합동은 하나님과 교회 앞에 잘못임을 사과하고 회원들이 함께 자숙을 결의(9.23~29). 7개 노회(부산, 경남, 경북, 전라, 진주, 경동, 경기) 교회 445곳(590곳에서 감소)이 환원
② 경기노회 총대: 윤봉기 목사, 민영완 목사, 전기용 장로, 김사엽 장로

1964

1964.1.8 　칼빈학원이 고려신학교 대학부 과정으로 폐합(고신대학은 고려신학교의 부속기관)
1964.9.22-25 　경기노회　 제14회 총회에서 20곳 교회 중 자립한 4곳 교회가 16곳 미자립 교회를 보조 보고

1965

1965.9.21-25 　경기노회　 제15회 총회에서 서울시찰부(명신익 목사), 충청시찰부(민영완 목사)로 분할 보고

1967

1967.4.10 　송상석 이사장 동의 없이 사조(假) 이사단 조직
1967.5.1 　사조 이사회 통해 학교법인 고려학원 인가
1967.8.9 　전국CE 창립총회 개최(초대 회장 변종수 장로)
1967.8.10 　전국주일학교연합회 조직(대구 서문로교회당)
1967.9.21-26 　경기노회　
① 제17회 총회에서 고려신학교 분교 서울 설치 요청 및 설립, 고려신학교 전수과 존속 요청, 목사 정년 만 70세로 요청 및 1969년 총회 결의. ICCC 가입 거부 요청
② 26곳 교회 가운데 도시 소재 교회들이 자립하지 못한 농촌 교회들에 대해 경제적 보조 보고
1967 　서울학생신앙운동 대학부 연합모임 결성

1968

1968.2.28 　고려신학교가 대학에 준하는 '각종학교' 인가

1969

1969.9.25-30 　제19회　고신총회　 「웨스트민스터 신앙고백」과 「대소교리 문답」을 본 장로교회 신조로 채용
　경기노회　 고려신학교의 서울 이전을 개진

1970

1970.9.24-29 `경기노회` ① 제20회 총회에서 교회 실태 보고

교회			교역자					장로
조직	미조직	합계	목사	강도사	목사후보생	전도사	합계	
10	22	32	14	2	9	10	35	22

교회학교					교인			
유년부	중고등부	대학생	청장년	합계	세례	유아	학습	원입	합계
2,781	760	328	586	4,455	1,664	396	388	636	3,084

② 수도 서울을 중심 해서 소외와 고립된 듯한 경기노회에 대한 전국 교회의 비상한 관심과 기도와 성원 요청 및 고려신학교의 조속한 서울 이전 요청

1970.12.22 고려신학대학 설립 인가

1971

1971.8.4-5 전국여전도회연합회 창립총회(서울중앙교회당)

1971.9.23-28 `경기노회`
① 제21회 총회에서 '서울고려신학교(고려신학대학 서울 분교를 개명)' 교직원 20여 명, 학생 27명(전수과 4, 전수예과 4, 신학과 19)으로 구성됨을 보고.
② 고려신학대학의 서울 이전과 후원 요청

1972

1972.9.21-26 제22회 `고신총회` 고려학원 이사장 송상석 목사의 임기가 만료되어 총회에서 이사를 선출했으나 문교부 법정기일이 남았다는 이유로 총회 결의에 순응하지 않으므로 총회가 이사를 전면 개편

`경기노회` 일본에서 전도 활동하는 조병철 목사를 총회 정식 선교사로 파송 요청

1972.11.7 총회 교단발전연구위원회의 신학교 서울 이전을 만장일치로 결의

1973

1973.3 `경기노회` 소송문제연구위원회 하찬권 위원장이 개인적으로 『기독신자 간의 불신 법정 소송 문제 연구』 책자 발행하여 전국 교회 배포

1973.12.17 제23회 `고신총회` 속회 고려학원에 새 이사장을 위촉하고 신자 간 불신 법정 고소 불가를 결의하며, 소송 제기한 윤은조 장로 사과를 결의

1974

1974.9.19-24 제24회 `고신총회` 총회가 신학 교육 단일화를 결정하면서 서울고려신학교 폐쇄

`경기노회` 1년 1교회 개척을 결의하고 노회 전도부에 의뢰

1974.12.4 고려학원 이사장 송상석 목사를 특별재판국에서 면직 처분

1975

1975.3.5-8 `경기노회` 제41회 노회에서 하찬권 목사가 송사에 대한 신학교 교수회 논문에 반론 제기

1975.8.15 고려신학교 교사 준공

1975.9.25-30	경기노회
	① 제25회 총회에서 김용출 목사를 캐나다 선교사로 파송해 줄 것을 건의
	② 송상석 목사 지지 세력들은 '총회가 정상화될 때까지' 행정 보류 선언
1975.10.8	경기노회 하찬권 목사 제명. 석원태, 최영구, 김주락, 오주영, 김주옥, 박성호 등 행정 보류 선언 및 경기노회 탈퇴
1975.10.27	반고소 경기노회 조직(제42회) 및 고려신학교 복교 결정

1976

1976.3	서울성원교회당에서 서울고려신학교 복교
1976.4	제104회 경남노회는 반고소 경기노회와 연합해 반고소운동 전개 결의
1976.9.23-28	제26회 고신총회
	① 경기노회가 최영구, 석원태, 하찬권, 오주영, 박성호 목사 제명 보고
	② 서울고려신학교에 대해 총회 인준
1976.10.19	행정 보류한 경남노회 중심으로 소위 '반고소 고려파의 대한예수교장로회 총회(제26회)' 조직

1977

1977.9.13-16 경기노회 제27회 총회에서 보고

교회				교역자				
조직	미조직	전도소	계	목사	강도사	목사후보생	전도사	계
26	29	3	58	46	3	7	39	136

교인				
세례	유아	학습	원입	계
3,982	967	992	1,649	4,570

1977.9.20	반고소(경기노회)와 법통(마산 측) 각자 총회 개최

1978

1978.9.26-30	제28회 고신총회 반고소 측 형제들을 조건 없이 영입하기로 결정
	경기노회
	① 제28회 총회에서 교단 교육 발전을 위해 총회 교육국 설치 건의
	② 서울 고려신학교에 교수 1인 파송 요청
	③ 경기노회를 4개 시찰로 분할

동시찰	서시찰	남시찰	충청시찰	합계
16	15	16	13	60

1979

1979.9.25-28	제29회 고신총회
	① YFC(청년신앙운동, Youth For Christ)를 CE(기독면려회, Christian Endeavor)로 명칭 변경
	② 마산 측 영입을 위한 '영입 교섭위원' 구성
	경기노회 서울 강남 지역에 교회 개척 또는 설립: 일심교회(1978년 10월, 강남구 거여동), 서울영동교회(강남구 논현동), 잠실중앙교회(1979년 4월, 강남구 잠실동)

1980

1980.9.25.-10.1 `경기노회`
① 30회 총회에서 한강을 기준으로 강북과 강남을 나눠 분립 청원

강북 지역	• 서울시의 동시찰과 서시찰 지역 • 의정부시 양주군, 포천군, 연천군, 파주군, 고양군, 가평군, 양평군 • 강원도 전 지역
강남 지역	• 서울시의 남시찰 지역 • 경기도의 수원시, 인천시, 성남시, 안양시, 부천시, 반월시, 강화군, 옹진군, 김포군, 시흥군, 안성군, 여주군, 이천군, 용인군, 화성군, 평택군 • 충남북도의 전 지역

② 제30회 총회에서 이탈 형제 영입에 대해 보고. 총 17곳 교회 가입(강남, 경서, 수유중앙, 휘경중앙, 삼일, 성광, 신성, 성흥, 양문, 성광, 일심, 광은, 성문, 영생, 영천, 새순, 충신)

1980.10.2 고려신학대학의 명칭을 고신대학(기독교 일반 대학)으로 변경

1981

1981.9.24-29 `경기노회`
① 제31회 총회에서 총 5곳(강남, 충신, 영생, 성화, 성남중앙)의 교회 가입 보고
② 경기노회(한강 이남의 남시찰과 충청시찰)는 서울노회(한강 이북의 동시찰과 서시찰)와 분리 후 3개 시찰로 보고

시찰				교회			
동시찰	서시찰	충청시찰	합계	조직	미조직	전도소	합계
14곳	16곳	13곳	43	21	21	1	43

교역자				교인					
목사	목사후보생	전도사	합계	세례	학습	유아	원입	유년	합계
37	14	11	62	3,095	784	439	1,440	2,263	8,145

`서울노회` ① 제31회 총회에서 첫 보고

교회				교역자					
조직	미조직	전도소	합계	목사	군목	강도사	목사후보생	전도사	합계
21	16	0	37	31	2	3	8	17	61

교인						노회원		
세례	학습	유아	원입	유년	합계	목사	장로	합계
3,118	1,112	713	2,097	3,631	10,671	31	22	53

② 고려신학교 서울유치대책위원회 조직. 서울·경기 연합기구 설치 결의

1982

1982.3 서울고려신학교 제1회 졸업생 배출
1982.9.23-27 제32회 `고신총회` 반고소 고려 측(경남노회) 120여 개 교회 고신총회로 복귀
`서울노회`
① 6곳의 교회(수유중앙, 휘경중앙, 양문, 삼일, 성광, 신성)가 이탈하여 재적

② 이재복 목사 처리 건과 평화교회 수습 건과 대광교회 수습 건을 위한 각각의 전권위원 선정.
③ 농촌교회(신흥, 소돌, 새원주, 갑천제일) 및 일본 선교사(조병철) 보조 보고. 강도사 고시제도 부활 건의

경기노회
① 신학교 졸업 후 교역 경력 2년 이상 된 자에게 목사고시 응시 자격 부여 건의
② 대전신일교회를 위해 총회에 한주일 헌금 청원
③ 시찰 분할: 동시찰(14곳), 서시찰(11곳), 충청시찰(13곳), 경인시찰(6곳)

1983

1983.2　　총회교육위원회 출범

1983.9.22-27　제33회 **고신총회** 총회회관 건립을 위한 모금운동 결의 및 건축비 배당

경기노회 9곳 교회 가입(능동, 망포리, 신석, 신일, 은평, 원종, 은일, 석천, 엘림) 보고. 경인시찰(인천, 부천 및 경기도 일원) 분할

서울노회
① 9곳 교회 가입(서울제일, 남광, 동목, 마차, 은성, 은평, 자양제일, 반석, 장수로) 보고
② 농어촌 교회 6곳 보조 및 각 기관(SFC, 주교연합회, 청년연합회, 군목 등) 보조
③ 연합당회 속개
④ 노회의 지향: "산하 지교회의 질적·양적 부흥과 미자립 교회 지원 및 개척 교회를 계속 설립·육성하고 교단과 유관 기관 발전을 위해 매진할 것입니다."
⑤ 시찰을 3개 구역으로 분할하고 개정

중부시찰	중구, 종로구, 성동구, 경기도 및 강원도 일부
서부시찰	용산구, 마포구, 서대문구, 은평구
북부시찰	성북구, 도봉구, 동대문구, 의정부시

1984

1984.9.20-25　제34회 **고신총회** 신학대학원만 수도권 이전 문제를 이사회에 맡겨 1년간 연구키로 함.

경기노회 6곳의 교회와 기도소 설립. 16곳의 교회(낙현, 동산, 동인, 동양, 주현, 성산, 광천, 삼은, 고려중앙, 성천, 개포제일, 파정제일, 새롬, 고덕, 남서울중앙, 신원제일) 가입

서울노회
① 11곳 교회(광성, 한일, 충은, 금현, 강북제일, 광명, 우림, 영천, 승리, 대산, 일광)가 하나 되었으며, 10곳 교회(장일, 성수, 송라동, 광탄제일, 영언, 성일, 대서울, 계성, 능동성지, 승광) 가입 보고
② 서울고신(목회연구원)의 긴급 문제를 위한 서울·경기노회 연합대책전권위원회 구성. 서울고신을 위해 2천만 원 모금 결의

1985

1985.9.19-24　**경기노회** 제35회 총회에서 8곳의 교회 및 기도소 설립 보고

서울노회 단군상 건립 반대를 결의하고 문안작성위원 선임하여 총회운영위원회 반대대책위원장 앞으로 '효과적인 반대 방안' 건의

1985.10.7　경기노회에서 충청노회 분립

1986

1986.9.25-30 제36회 고신총회 신학대학원 수도권 이전 청원 및 총회 허락

경기노회
① 전도목사 파송 유봉재 목사(고속버스터미널 가출 청소년 선도) 보고
② 정년이 되어 목사 은퇴한 남영환 목사를 공로목사 추대하고, 남 목사는 서울 고신 강당(인천시 북구 효성동 산 8)에 효성동교회를 설립하고 설교목사로 봉사
③ 충청노회 분리 후 노회 현황 보고

교회			교역자				
조직	미조직	계	목사	강도사	목사후보생	전도사	계
31	41	72	82	8	16	34	148

교인					
세례	유아	학습	원입	교회학교	계
5,910	870	1,620	2,200	9,550	10,600

서울노회
① 서독 소재 도르트문트제일교회(주도홍 목사를 선교사로 파송) 가입 보고
② 이 선 목사를 홍콩 선교사로 파송
③ 농촌 교회와 도시교회 결연 및 장기적 지원 육성 결의

충청노회
① 1985년 경기노회로부터 분립
② 제36회 총회에 교회 4곳 설립, 6곳 가입, 2곳 이속(대구노회에서 추풍령, 황간중앙) 등 총 30곳으로 보고

교회				교역자				
조직	미조직	개척	계	목사	강도사	목사후보생	전도사	계
7	18	9	34	22	3	5	5	35

교인					
세례	유아	학습	원입	교회학교	계
1,079	156	222	427	3,373	1,884

1987

1987.7.24 수도권 여전도회연합회 강원도 철원수양관 매입
1987.9.21-26 제37회 고신총회 신학대학원 수도권 이전 적극 추진하기로 함.

경기노회
① 5곳 교회 및 2곳 기도소 설립, 3곳 교회(말씀, 평택소망, 서울반석) 가입, 3곳 폐쇄(안양동, 안양목양, 인천신기) 보고
② 총회에 노회 분립 청원(서울과 인천 및 경기도)
③ 전도목사(이유랑 목사, 운전기사선교회) 및 교포 선교사(최영호 목사, 미국, 등촌교회 후원) 파송

1987.10.5 경기노회에서 경인노회 분립

1988

1988.9.5-9 제38회 고신총회 총회회관 건립을 총회유지재단 이사회에 맡겨 진행토록 함.

경기노회 교회 5곳 설립, 4곳 가입

교회			교인				
조직	미조직	계	세례	학습	유아	원입	합계
22	28	50	7,845	1,557	5,838	3,031	18,271

교역자									
위임목사	임시목사	부목사	기관목사	공로목사	무임목사	기타목사	강도사	전도사	목사후보생	계
18	26	5	3	1	1	13	14	11	40	132

경인노회 경기노회에서 분립 후 첫 노회 현황 보고

교회					교역자						
조직	미조직	전도소	기도소	계	위임목사	임시목사	기관목사	강도사	전도사	목사후보생	계
11	25	1	4	41	8	17	2	8	23	17	75

교인				
세례	학습	유년부	원입	합계
2,583	451	2,553	1,479	8,004

서울노회 서울고려신학원 학생들은 부산 본교에서 수료증만 준다는 말로 인해 소요가 발생한 데 대해 총회의 답변과 신학교 정책 재수립을 요청

1989

1989.7.17 「기독교보」 복간

1989.9.18-22 경기노회 제39회 총회에서 운전기사선교회 간사 청원

서울노회 총회에 강원도 지역이 방대한 데 비해 교회는 6곳밖에 되지 않아 총회전도부가 전략적으로 강원 지역에 교회 개척하여 강원노회 설립될 수 있도록 요청

1990

1990.9.17-22 제40회 고신총회 신학대학원 수도권 이전에 관한 건은 이사회와 학교 교수회에 맡겨 처리키로 함.

서울노회
① 시찰부 분할 보고: 강원시찰(8곳), 동부시찰(16곳), 북부시찰(18곳), 서부시찰(14곳), 중부시찰(14곳)
② 제20회 정기노회 결의안인 은퇴목사 순회 설교 요청 시 가급적 그 지역 분으로 하고, 시기는 지교회 형편에 맞게 맡기며, 사회부는 명단만 제시하도록 건의

1991

1991.9.30-10.4 　`경기노회` 제41회 총회에서 수도권 지역 4개 노회 신학교 대책 수립 요청

`서울노회`
① 개혁주의 신학 원리에서 본 이혼과 재혼에 대해 총회가 연구하여 구체적인 지시를 내려 줄 것을 건의
② 제21~22회 정기 및 임시노회 통해 목사 및 강도사 면직 및 정직: 목사 면직 3명, 목사 면직 및 수찬 정지 2명, 강도사 면직 1명, 목사 제명 22명, 목사 제명 보류 2명, 목사 회원권 3년 정지 1명

1992

1992.6.4 　`서울노회` 제22회 2차 임시노회에서 모 목사의 이혼과 재혼의 처리에서 비롯된 분쟁으로 23명 목사의 이탈 및 제명
1992.9.21-25 　`경기노회` 제42회 총회에서 회원 임무 불이행 3명 목사 제명 및 시무 교회 삭제
　`서울노회` 부평 신학교의 대지 처리에 대해 고려신학대학원을 위해서만 처리하도록 건의
1992.10.5 　경인노회에서 수도노회 분립
1992.12.10 　서울노회 제명된 일부가 송용조 목사 중심으로 고려개혁총회 설립

1993

1993.3.1 　고신대학을 고신대학교로 개명
1993.9.17 　총회회관 준공감사예배. 11월 1일 총회 산하 모든 상비부 입주하여 업무 수행
1993.9.20-24 　`서울노회` 제43회 총회에서 교회 2곳 설립, 1곳 가입(새순), 5곳 환원(동산, 우림, 등대, 샘, 충은), 1곳 이전(일산백석교회가 경기노회로부터) 보고

1994

1994.1 　총회은급재단 출범
1994.9.26-30 　제44회 `고신총회` 경기노회 및 서울노회 노회 분립 청원
1994.10.1 　수도권장로회연합회 설립총회
1994.11 　충남 천안시 삼룡동 소재 3만여 평을 고려신학대학원 이전 신축 부지로 매입
1994 　경기노회에서 남서울노회 분립

1995

1995 　서울노회에서 동서울노회 분립. 충청노회에서 대전노회 분립
1995.9.18.-22 　동서울노회는 제45회 총회에서 총회 산하 노회 전체 행정구역 조정과 분립 청원

`경기노회` 주일 장년 평균 출석 6,059명, 주일 어린이 평균 출석 1,981명

교회			교인					
조직	미조직	계	세례	학습	원입	학생회	유년부	계
17	12	29	5,400	1,522	1,644	1,707	2,627	12,900

교역자										
위임목사	임시목사	부목사	공로목사	무임목사	선교사	군목	협동목사	강도사	전도사	계
16	11	7	2	1	4	1	4	13	42	101

남서울노회 경기노회로부터 분립하여 첫 노회 현황

교회			교역자								
조직	미조직	계	위임목사	임시목사	부목사	기관목사	원로목사	기타목사	강도사	전도사	계
16	8	24	12	10	16	1	1	4	9	35	88

교인				
세례	학습	원입	주일학교	계
2,832	1,382	700	1,931	6,845

서울노회 동서울노회 분리 후 노회 현황

교회					교인				
조직	미조직	전도소	기도소	계	세례	학습	원입	주일학교	계
15	9	4	1	29	4,690	868	845	1,777	8,180

교역자										
위임목사	임시목사	부목사	기관목사	원로목사	공로목사	무임목사	기타목사	강도사	전도사	계
14	13	7	3	1	1	3	1	14	28	85

동서울노회 서울노회로부터 분립 후 첫 노회 현황

교회				교인					
조직	미조직	전도소	계	세례	학습	원입	유아	주일학교	계
29	3	1	33	3,324	545	542	255	2,408	7,074

교역자									
위임목사	임시목사	부목사	기관목사	공로목사	기타목사	강도사	전도사	계	
23	1	5	2	1	1	8	20	61	

1996

1996.2.1 「기독교보」와 「월간고신」을 묶어 고신언론사 출범(초대 사장 정금출 장로)

1997

1997.9.22-26 제47회 고신총회 6개 노회(경기, 경인, 남부산, 마산, 수도, 충청)가 단설 신학대학원 설립과 대학원대학 이사회를 독립 이사회로 구성해 줄 것을 총회에 상정

경기노회 제47회 총회에서 1989년 제39회 총회에서 지방 신학교 목회연구과는 받지 않도록 하고 잠정 20명 이내 받되, 1년만 수학하도록 한 것에 대한 확인과 설명 요청. 지방 신학교 목회연구과 폐지 건의

1998

1998.8.25 고려신학대학원 천안 캠퍼스 준공예배. 9월 8일 새 교정에서 개강예배

1998.9.21-25 경기노회 제48회 총회에서 제47회 총회전권위원회에 대한 내용 확인과 직권 남용에 대한 처리 청원. 25일 총회장은 제45~47회 총회전권위원회의 모든 결의를 교단 화합 차원에서 백지화 선언

1999

1999.9.27-10.1 남서울노회 제49회 총회에서 일본개혁파교단과 자매결연 보고

2000

2000.9.25-29 남서울노회 제50회 총회에서 고려신학대학원 단설대학원 설립 청원

2001

2001.4.16 선두교회 수양관에서 서경노회 창립

2001.9.17-21 제51회 고신총회
① '반고소 고려파'의 일부 교회들로 조직된 서경노회 영입(가입, 34 노회)
② 반고소 고려파 소속 교회들을 영입하는 건은 지역 노회로 바로 가입시킬 경우 지역 노회와의 관계에 어려움이 사료되어 해당 지역 목사 장로들과 친교 시간을 거치는 것이 유익하고, 적응을 위해 잠정 기간 무지역 노회로 허락하는 것이 낫다는 고려파 합동추진위원장 이금조 목사의 청원대로 가결

2002

2002.9.23-27 제52회 고신총회 교단 설립 50주년 기념대회 개최(고려신학대학원)

서경노회 제52회 총회에서 고신총회 가입 후 첫 노회 상황 보고

교회				교인				
조직	미조직	전도소	계	세례	학습	원입	유아	계
8	53	2	63	6,412	612	5,393	831	13,248

교역자								
위임목사	임시목사	부목사	선교사	군목	유학	강도사	전도사	목사후보생	계
4	60	10	7	1	1	11	46	4	144

2003

2003.9.22-26 남서울노회 제53회 총회에서 노회 지역을 경기도 과천시, 하남시, 성남시 수성구와 분당구, 판교동으로 확장 요청

서경노회 교회 설립 3곳(인천의성, 행복한, 부천선두), 가입 3곳(남한강, 소암, 노량제일)

2004

2004 수도노회에서 수도남노회 분립

2005

2005.1.17	총회교육원 출범(초대 원장 나삼진 박사)
2005.6.20	고신선교 50주년 기념대회
2005.6.28	「기독교보」 창간 50주년

2006

2006.9.18-22 고려신학대학원 60주년 기념대회, 고신역사기념관 개관
　　　　　　 서경노회 노회 탈퇴서를 작성한 7개 교회 8명의 목사는 제명하기로 결의

2007

2007.9.10-14 총회 국내전도위원회의 '총회 3,000교회 100만 성도 운동' 시작
　　　　　　 경기노회 제57회 총회에서 교회 2곳(주님의보배, 강서남서울) 설립 보고
　　　　　　 남서울노회 직장선교부 설립 청원. 국내전도위원회에서 1년간 연구하고 제58회 총회에서 국내전도위원회 산하 직장선교회 신설 및 활동 가결
　　　　　　 동서울노회 교회 2곳(주님의, 양평시민) 설립, 교회 1곳(남산) 가입 보고
　　　　　　 서경노회 교회 2곳(로뎀, 주안제일) 가입, 교회 1곳(성약) 설립 보고

2008

2008.2　　　 故 송상석 목사 해벌 및 복권 결의(총회 운영위원회)
2008.9.22-26 **남서울노회** 제58회 총회에서 총회 기구개혁위원회 구성 건의. 미래정책연구위원회에서 1년간 연구 허락
　　　　　　 서경노회 교회 4곳(한사랑, 온천하, 철원, 마전선두) 설립 보고

2009

2009.9.21-25 **남서울노회** 제59회 총회에서 총회 산하 은퇴목사 예우 및 총회 발전을 위한 인적자원 활용 방안 건의
　　　　　　 동서울노회 교회 4곳(양주진리, 소양시민, 원주성도, 서울새순) 설립, 1곳(하늘시민) 폐쇄 보고
　　　　　　 서경노회 교회 5곳(하늘꿈선두, 만나21, 한소망, 부평제자, 평화) 설립, 1곳(주언) 가입 보고

2010

2010.6.21　　 총회 세계선교센터 완공
2010.8.31~9.2 제6차 고신세계선교대회
2010.9.27-10.1 **서울노회** 제60회 총회에서 재개발지역 교회 대책위원회 조직 청원
　　　　　　 동서울노회 고려신학대학원 부원장제(대외) 제도 신설 건의

2011

2011.9.19-23 **제61회** **고신총회** 「대한예수교장로회(고신) 총회 헌법」 개정
　　　　　　 남서울노회 제61회 총회에서 교회 2곳(세계로, 빛나는) 설립, 1곳(새삶) 폐쇄 보고
　　　　　　 서경노회 전도소 2곳(생수교회 영천전도소, 전주성도교회 장유세광전도소) 설립 보고

2012

2012.6.14	교단 60주년 기념 행사(부산 사직운동장)
2012.9.3	제1회 서울포럼 개최
2012.9.17-21	`동서울노회` 제62회 총회에서 교회 2곳(삼척시민, 예본) 설립 보고
	`서경노회` 교회 7곳(대동, 드림, 생명샘, 천성, 참빛, 동두천시민, 제자, 광야미션) 가입, 1곳(열린문) 설립 보고

2013

2013	총회회관 리모델링
2013.9.24-27	`남서울노회` 제63회
	① 총회에서 주기도문 사용 일치를 위한 노력 청원. 61회 총회 결의대로 시행하고 한국 교회와의 일치는 임원회에 위임.
	② 미혼 강도사가 목사 안수받을 수 있도록 청원
	`경기노회` 세습반대법 제정안 청원. 고려신학대학원 교수회에 담임목사직의 자녀 승계에 대한 연구를 의뢰
	`서경노회`
	① 인터콥(대표자: 최바울, 본명-최한우)의 이단성 여부 질의. 연구 결과 나올 때까지 참여 자제하기로 가결.
	② 교회 2곳[다솜-김문섭, 다솜-김귀연(부)] 가입, 2곳(일산시민, 선한목자) 설립, 1곳(LA수정) 폐쇄 보고
	`서울노회`
	① 찬송가 문제 해결을 위한 연구 요청. 찬송가문제위원회 조직하기로 가결
	② 교회 2곳(본향, 원천) 폐쇄, 1곳(예닮제자) 설립 보고
	`동서울노회` 1곳(우리들) 설립, 1곳(민들레) 가입 보고
2013	1995년 분립했던 충청노회와 대전노회를 충청노회로 병합

2014

2014	총회 로고 새롭게 제작 사용
2014.9.23-26	`남서울노회` 제64회 총회에서 고신재난긴급구호단 창설 청원
	`서경노회` 교회 2곳(큰사랑, 힘찬) 가입 보고

2015

2015.6.17~19	고신선교 60주년 기념대회(고려신학대학원)
2015.8.5	고려총회와 통합 합의문 작성 및 65회 총회에서 통합키로 결의
2015.9.15.-19	`제65회` `고신총회` 서울남노회 영입(가입)
	`경기노회` 제65회 총회에서 청원한 총회 중요 사항 통지 요청 청원. 매년 총회 결정 사항과 운영위원회 결정 사항을 포함해 지교회가 지켜야 할 중요 내용들을 총회 홈페이지에 지속적으로 업데이트 공지
	`남서울노회` 교회 2곳(복음자리, 덕일) 설립 보고
	`동서울노회` 교회 1곳(우리시민) 분립 보고
	`서경노회` 교회 1곳(양곡사랑의) 가입 보고

서울노회 교회 1곳(영신) 가입, 1곳(파주시민) 폐쇄 보고

2016

2016.9.20-23 **서울노회** 제66회 총회에서 종교인 과세에 대해 청원

경기노회 교회 1곳(양천하사랑) 설립, 1곳(신석) 폐쇄 보고

남서울노회 교회 1곳(작은목자들) 설립 보고

동서울노회 교회 1곳(서울벧엘) 폐쇄 보고

서경노회 교회 2곳(양무리, 하늘문) 설립, 1곳(산곡제일) 가입, 3곳(다솜, 임마누엘, 광야미션) 폐쇄, 1곳(인천큰빛) 탈퇴 보고

남서울노회 고신총회 가입 후 첫 노회 현황 보고. 노회가 지원하는 교회 수 71곳, 지원 금액 합계 9,710만 원, 노회가 지원하는 선교 후원 합계 3억 6,604만 원

교회				교인				
조직	미조직	기도소	계	세례	학습	원입	유아	계
17	25	16	58	4,165	186	2,364	716	6,715

교역자											
위임목사	전임목사	부목사	기관목사	선교사	유학	전도목사	은퇴목사	무임목사	강도사	전도사	계
14	28	17	1	11	1	1	9	3	5	24	114

2017

2017.3.6 제66회 총회 결의에 따른 '고신신학원' 설립

2017.9.19-22 제67회 **고신총회** 노회 및 기구 개편안 확정. 39개 노회를 33개 노회로 개편하고 노회 명칭을 변경

경기노회 해산 전 노회 상황 보고

교회			교인				
조직	미조직	계	세례	학습	원입	유아	계
20	17	37	8,527	407	2,296	1,227	12,457

교역자											
위임목사	전임목사	부목사	기관목사	선교사	유학	전도목사	은퇴목사	무임목사	강도사	전도사	계
18	16	28	4	1	2	1	5	1	9	48	133

노회 및 교회들의 지원 (단위: 원)				시찰 구분	노회 재정 합계
지원 교회	지원 금액	복지기관 지원	선교사 지원	동부 서부 남부 북부	98억 9,470만 원
217	20,374만	10,513만	34,787만		

남서울노회 해산 전 노회 상황 보고. 교회 3곳(작은목자들, 양무리, 하늘시민) 설립, 1곳(예일) 폐쇄 보고

교회				교인				
조직	미조직	기도소	계	세례	학습	원입	유아	계
18	11	2	31	7,866	273	2,186	1,176	11,501

교역자									
위임목사	전임목사	부목사	기관목사	선교사	전도목사	은퇴목사	강도사	전도사	계
16	13	27	14	5	2	5	5	43	130

노회 및 교회들의 지원 (단위: 원)				시찰 구분	노회 재정 합계
지원 교회	지원 금액	복지기관 지원	선교사 지원	강남 동부 서초	11,805,252,116원
7	220만	20만	80만		

동서울노회 해산 전 노회 상황 보고. 교회 1곳(좋은시민) 설립 보고

교회				교인					시찰 구분	노회 재정 합계
조직	미조직	기도소	계	세례	학습	원입	유아	계	강원 동부 북부 중부	54억 1,990만 원
20	23	8	51	4,603	179	1,658	614	7,054		

교역자											
위임목사	전임목사	부목사	기관목사	선교사	군목	유학	전도목사	은퇴목사	무임목사	강도사	전도사	계
17	23	11	8	2	1	6	9	7	3	7	26	120

서경노회 해산 전 노회 상황 보고. 교회 2곳(기쁨누리, 담없는) 개척, 1곳(하나) 설립 보고

교회				교인				
조직	미조직	기도소	계	세례	학습	원입	유아	계
32	45	12	89	7,578	318	2,800	1,259	11,955

교역자										
위임목사	전임목사	부목사	기관목사	선교사	유학	전도목사	은퇴목사	무임목사	강도사	전도사	계
19	65	16	3	19	1	5	14	6	8	47	203

노회 및 교회들의 지원 (단위: 원)				시찰 구분	노회 재정 합계
지원 교회	지원 금액	복지기관 지원	선교사 지원	서부 인천 서울 안산 경기 중부	88억 4,030만 원
24	6,650만	8,922만	1,870만		

서울노회 해산 전 노회 상황 보고

교회				교인				
조직	미조직	기도소	계	세례	학습	원입	유아	계
21	8	1	31	12,746	826	14,106	2,325	30,003

교역자									
위임목사	전임목사	부목사	기관목사	선교사	전도목사	은퇴목사	강도사	전도사	계
20	10	44	1	10	1	7	5	56	154

노회 및 교회들의 지원 (단위: 원)				시찰 구분	노회 재정 합계
지원 교회	지원 금액	복지기관 지원	선교사 지원	동부 서부 남부 북부 중부	90억 3,145만 원
134	20,502만	21,889만	28,072만		

남서울노회 해산 전 노회 상황 보고. 교회 2곳(주님의 하나인) 설립, 1곳(하나인) 탈퇴 보고

교역자										
위임목사	전임목사	부목사	기관목사	선교사	유학	은퇴목사	무임목사	강도사	전도사	계
10	35	11	2	18	1	4	17	5	24	127

교회			
조직	미조직	기도소	계
18	22	2	42

2017.10.16-17 노회 구역 조정 시행

2018

2018.9.11-14 **서울남부노회** 제68회 총회에서 발달장애인(지적, 자폐성 장애인) 세례 지침을 위한 청원

서울서부노회 노회 상황 첫 보고

교회				교인				
조직	미조직	기도소	계	세례	학습	원입	유아	계
25	4	4	44	10,694	612	4,170	1,465	16,941

교역자											
위임목사	전임목사	부목사	기관목사	선교사	군목	유학	전도목사	은퇴목사	무임목사	강도사	전도사	계
25	16	38	3	14	1	10	6	15	6	11	56	201

노회 및 교회들의 지원 (단위: 원)				시찰 구분	노회 재정 합계
지원 교회	지원 금액	복지기관 지원	선교사 지원	동부 서부 남부 북부	118억 735만 원
266	30,864만	9,518만	60,141만		

서울남부노회 노회 상황 첫 보고. 교회 1곳(한길) 설립, 1곳(뉴코리아) 가입 보고

교회				교인				
조직	미조직	기도소	계	세례	학습	원입	유아	계
29	24	2	55	10,858	313	2,619	1,498	15,279

교역자											
위임목사	전임목사	부목사	기관목사	선교사	유학	전도목사	은퇴목사	무임목사	강도사	전도사	계
22	26	39	25	8	1	1	10	4	9	59	204

노회 및 교회들의 지원 (단위: 원)				시찰 구분	노회 재정 합계
지원 교회	지원 금액	복지기관 지원	선교사 지원	남부 동부 서부 중부	163억 567만 원
12	3,840만	4,380만	1,440만		

서울중부노회 노회 상황 첫 보고

교회				교인				
조직	미조직	기도소	계	세례	학습	원입	유아	계
26	14	3	43	12,749	714	13,732	2,311	29,506

노회 및 교회들의 지원 (단위: 원)				시찰 구분	노회 재정 합계
지원 교회	지원 금액	복지기관 지원	선교사 지원	동부 서부 남부 북부 중부	97억 5,730만 원
115	9,878만	4,049만	24,547만		

교역자											
위임목사	전임목사	부목사	기관목사	선교사	유학	전도목사	은퇴목사	무임목사	강도사	전도사	계
23	14	42	3	8	7	3	21	8	11	62	202

2019

2019.9.17-20 **서울남부노회** 제69회 총회에서 교회 1곳(좋은씨앗) 가입 보고
서울중부노회 교회 1곳(영광) 가입, 1곳(새서울) 경기북부노회로 이동. 벧엘교회(담임 박광석)는 교회상황보고서 미제출

2020

2020.9.22, 24, 10.6 **제70회** **고신총회** 영상 회집(팬데믹 코로나19에 따른 집합 제한에 따라 고려신학대학원 강당과 전국 22개 지역 교회에서, 서울남부노회-서문교회, 서울서부노회-등촌교회, 서울중부노회-신촌강서교회)
서울남부노회 교회 1곳(배곧영동) 설립, 1곳(한울림) 폐쇄 보고
서울서부노회 교회 1곳(하나두레) 분립 개척, 1곳(언약) 폐쇄 보고
서울중부노회 교회 1곳(예찬들) 경기북부노회로 이동. 1곳(벧엘) 교단 탈퇴로 제명 보고

2021

2021.6.29 "서울포럼 제10회 선언문" 발표

2021.9.28-30 서울남부노회
① 제71회 총회에서 통합기념교회 정상화 청원
② 서울남부노회는 교회 1곳(청연) 분립, 1곳(주말씀) 가입

2022

2022.2.7 고신총회 설립 70주년 기념 70일 특별새벽기도회(2.7~4.17)

2022.9.20-22 제72회 고신총회 고신총회 설립 70주년 기념 총회

서울중부노회
① 제72회 총회에서 목회자 사례비 표준 제정 청원 및 미자립교회 목회자의 생활비 문제와 은퇴 준비를 위한 위원회 구성 청원
② 교회 2곳(세광, 주향) 폐쇄 보고

서울남부노회 교회 1곳(동행) 설립 보고

서울서부노회 교회 충신교회와 예일교회의 합병으로 충신교회 폐쇄 보고

2022.10 서울중부노회 서울지역고신역사연구회 조직(2024년 서울서부노회, 서울남부노회 동참 후 서울지역고신역사편찬위원회로 확정)

2023

2019.9.19-22 서울서부노회
① 제73회 총회에서 고신총회 다음 세대와 중고등부 활성화를 위한 신대원 커리큘럼 SFC 필수 과목 개설 청원. 고려신학대학원 교수회에 요청하기로 가결
② 교회 1곳(강서중앙) 폐쇄 보고

서울남부노회 교회 1곳(we레) 설립, 1곳(희성) 폐쇄 보고

서울중부노회
① 노회상비부에서 일본선교부 후원(자매결연)
② 교회 1곳(세광) 폐쇄 보고

2024

2024.9.10-13 서울남부노회 제74회 총회에서의 노회 상황 보고

교회				교인				
조직	미조직	기도소	계	세례	학습	원입	유아	계
33	19	1	53	11,957	213	3,143	1,636	16,949

교역자												
위임목사	전임목사	부목사	기관사역교수	선교사	군목	유학	전도목사	은퇴목사	무임목사	강도사	전도사	계
27	23	42	16	18	1	8	6	35	7	11	48	242

노회 및 교회들의 지원 (단위: 원)					노회 재정 합계
지원 교회	지원 금액	복지기관 지원	지원 선교사	지원 금액	188억 5,582만 원
9	180만	2,680만	12명	240만	

서울서부노회 제74회 총회에서의 노회 상황 보고. 교회 1곳(동서남북) 폐쇄 보고

교회				교인				
조직	미조직	기도소	계	세례	학습	원입	유아	계
30	10	2	42	10,285	408	1,865	1,079	13,637

교역자												
위임목사	전임목사	부목사	기관사역교수	선교사	군목	유학	전도목사	은퇴목사	무임목사	강도사	전도사	계
26	16	39	6	12	1	8	7	22	9	14	48	208

노회 및 교회들의 지원 (단위: 원)				노회 재정 합계
지원 교회	지원 금액	복지기관 지원	지원 금액	
267	27,959만	6,674만	63,456만	153억 4,026만 원

서울중부노회 제74회 총회에서의 노회 상황 보고. 교회 1곳(은평시민) 개척 보고

교회				교인				
조직	미조직	기도소	계	세례	학습	원입	유아	계
26	9	4	39	5,477	108	924	753	7,262

교역자												
위임목사	전임목사	부목사	기관사역교수	선교사	유학	전도목사	은퇴목사	무임목사	강도사	전도사	계	
24	11	22	7	13	2	4	26	12	7	21	149	

노회 및 교회들의 지원 (단위: 원)				노회 재정 합계
지원 교회	지원 금액	복지기관 지원	지원 금액	
104	17,755만	4,317만	28,010만	90억 990만 원

2024.11.2 **서울서부노회** 경기노회 설립 70주년 감사예배(남서울교회당)

2025

2025.4.25 서울지역고신역사편찬위원회 주관 『고신 경기노회 70년사』 발간 감사예배(남서울교회)

연도별 『대한예수교장로회 총회회록』(1952~2024년)을 기초로 하여 이성호 교수의 "Ⅱ. 경기노회 70년사"와 고신총회 웹페이지에 게재된 "고신연혁" 및 『고신총회 70년사』(이상규 편, 대한예수교장로회 총회출판국, 2022), 『한국장로교회사』(허순길, 도서출판 영문, 2008)을 참고하여 주요 고신 연혁과 경기노회 연혁을 위주로 작성하였음.

편집 후기

우리는 역사를 통하여 많은 교훈을 얻습니다. 70년은 길지 않지만 수도권에 하나님 나라를 세워야 하는 고신인에게는 소중한 때였습니다. 역사연구위원들은 지나간 70년의 역사 가운데 허물어진 곳에서 하나님의 뜻이 어떻게 이루어졌는지 찾았고, 하나님의 오묘한 섭리를 더듬을 수 있었습니다. 하나님의 공의로운 맷돌은 천천히 도는 것 같지만 세상의 모든 죄와 악을 모두 갈아서 부수게 됩니다. 해가 지고 어두워질수록 별이 선명하게 보이듯 암흑 세상에서도 고신교회는 진리의 가치를 더욱 선명하게 드러내어야 합니다. 다음 70년에는 어떤 시대가 될지 몰라서 두렵지만, 역사의 주인이신 하나님을 믿음으로 평강과 소망을 가지게 됩니다. 이 책은 매우 짧은 기간에 조사·연구하였으므로 부족함이 많았으며, 오류가 있을지라도 너그럽게 양해해 주시기 바랍니다. 이 책을 위하여 자료 제공과 연구에 참여하신 모든 분들과 출판해 주신 수정교회 조현철 집사님께 감사드립니다. 70년의 고신을 위하여 기도와 헌신으로 섬기신 선배 목사님, 장로님, 성도님들에게 이 책을 올려드립니다. 여주동행(與主同行)하소서!

황신기 목사 | 서울중부노회, 신촌강서교회

역사를 공부하는 것은 즐거움임과 동시에 지혜를 얻는 길이라고 봅니다.

과거의 역사는 오늘의 우리가 어떤 존재인가를 알려주고, 우리가 앞으로 나가야 할 방향과 목표를 제시해 준다고 봅니다.

이번 서울 지역의 고신 70년 역사를 정리하는 일에 참여하게 된 것은 개인적으로 아주 많은 것을 배우는 기회가 되었습니다. 우리 고신의 훌륭했던 점은 무엇이며, 고신이 반성하고 되풀이하지 말아야 할 일들은 무엇인가도 알 수 있었습니다.

    시대의 흐름을 정확하게 파악하고 민족 교회를 책임지는 큰 안목으로 발걸음을 내딛는 것은 옛날이나 오늘이나 꼭 필요한 통찰이라고 느껴졌습니다. 이번에 역사, 특히 교회의 역사에 관심을 가진 귀한 분들과 함께하여 토론하고 공부하였던 것은 근래에 경험하지 못한 아주 즐거운 추억 만들기였습니다.

신민범 목사 | 서울서부노회, 경신교회 원로

    이번 70년사 편찬위원으로 합류한 것은 큰 영광이요, 행운이었습니다. 처음에는 나와 별 상관없는 역사라 여겼는데, 경기노회사가 우리 수도권 노회사의 뿌리이자 모역사임을 알았습니다. 그중에는 저와 직간접 관련이 있는 서울남부노회사, 더 앞으로 동서울노회사, 더 앞으로 서울제일교회사와 맥을 잇는 역사임을 알았을 때 온몸에 전율이 흘렀습니다. 특히 어렴풋이 알았던 경기노회의 반고소운동에 단초를 제공한 분이 서울제일교회의 하찬권 목사님이며, 그 상세한 역사를 알게 되었습니다. 우리 교회 역사에서도 풀리지 않았던 몇 가지 매듭이 풀림을 느꼈습니다. 왜 합동 측 계열인 황성수 목사(전 국회부의장, 국가유공자), 신성종 목사(전 충현교회 담임)가 우리 교회 담임으로 있었는지에 대해 확실히 알게 된 것입니다. 감사합니다. 지방 출신인 제가 경기노회사의 흐름에 편승할 수 있음에 감사할 따름입니다.

김동춘 목사 | 서울남부노회, 서울제일교회

    부산과 경남 지역이 중심이었던 고신 교회가 서울과 경기 지역에서 어떻게 시작되었고 지금까지 어떤 과정을 겪었는지 돌아보는 좋은 기회였습니다. '다 지난 일인데 굳이 연구하고 정리할 필요가 있는가?'라고 질문할 수 있지만, "역사를 잊은 민족에게 미래는 없다"라는 말을 실감할 수 있었습니다. 선한 열심과 믿음으로 시작된 고신 교회였지만, 처음부터 찾아온 어려움으로 인해 좌초되고 침몰할 수도 있었습니다. 지난 70년간 서울·경기 지역의 고신 교회의 역사를 뒤돌아보면 고신 교회를 향하신 하나님의 은혜가 여전함을 발견하며 주님께 감사드립니다. 이 작은 역사적 작업을 통해 하나님 앞에서 새롭게 일어서는 고신 교회가 되기를 기도드립니다.

김진영 목사 | 서울중부노회, 서울중앙교회

경기노회 70년 역사를 정리하는 일을 처음 시작할 때 어떻게 해야 할지 막막했습니다. 하지만 3개 노회에서 동참하고 함께한 편집위원들의 열정과 수고와 헌신으로 원고가 완성되는 것을 보면서 하나님이 함께하심을 느꼈습니다. 역사는 교회의 신앙고백임을 믿기에 경기노회의 신앙고백을 정리하는 일은 저의 신앙을 돌아보는 기회도 됐습니다. 몰랐던 역사도 알게 되고, 잘못 알고 있던 역사도 많이 알게 되었습니다. 대한민국의 중심인 수도권에서 고신 교회가 감당했던 역사를 정리함으로써 앞으로 감당해야 할 우리의 역할을 생각해 보는 귀한 시간이었습니다.

김영환 목사 | 서울중부노회, 수정교회

지나온 역사를 기억하고 기록으로 남기는 일은 굉장히 중요하다고 생각합니다. 가나안 땅을 정복했던 여호수아와 장로들이 후세대에게 지난 역사(하나님께서 하신 일들)를 제대로 계승하지 못함으로 사사 시대가 도래한 큰 원인이 되었기 때문입니다.

지난 70년간 수도권 교회의 역사를 기록으로 남기는 작업을 하면서 '하마터면 이 귀한 역사들이 세월 속에 묻힐 뻔했구나'라는 생각이 들었습니다. 처음엔 간단한 작업인 줄 알았는데 연구하면 할수록 후세대가 꼭 기억해야 할 역사적 내용들이 상당히 많다는 것을 알게 되었습니다.

　말로 가르치는 것은 금방 잊히지만 기록으로 남기는 것은 세월이 가도 잊히지 않을 것이기에 후세대를 생각하면서 작업에 참여했습니다. 그리고 앞서서 이 일을 기획하고 헌신하신 목사님들과 장로님들을 통해서 많은 도전을 받았습니다. 이 귀한 일을 통해 주님이 세우신 교회에 큰 도움이 되기를 바랍니다.

신수철 목사 | 서울중부노회, 서울동산교회

　저는 예장 고려 출신 목사로서 고신역사편찬위원회 위원이 된 것을 남다른 영광으로 생각합니다. 제가 위원으로서 서경노회 역대 임원 명단을 찾는 중 고려 측 선배 목사님으로부터 경기노회의 역사를 듣는 뜻깊은 시간도 가졌습니다.

　사실 제가 고려 측에 있을 당시에는 노회명 중에 경기노회가 없었습니다. 그런데 우리 교회의 연혁을 살피는 중에 초대 교역자이신 윤화현 강도사님(현재 원로목사님)께서 '경기노회'에서 목사 임직을 받은 것과 교회 설립을 경기노회 임시노회에서 받은 것을 보게 되었습니다. 고려 측 또한 고신의 노회명을 바꾸지 않고 사용했던 적이 있었음을 알게 된 것입니다. 그래서 더 친근감을 갖고 고신의 경기노회 역사를 살펴보게 되었습니다.

　그동안 서울 지역 고신 역사 편찬을 위해 수고하신 목사님들과 장로님들에게 박수를 보내드립니다. 지금은 고신과 고려가 통합하여 한 울타리 안에 있지만, 고신의 경기노회 역사와 전통을 그대로 이어왔기 때문에 서로 이질감이 없이 융합을 이루고 있는 것 같습니다.

　앞으로 흩어진 고신 교회들이 더욱 하나 되어 주님의 뜻을 이루고 주님의 지상명령에 충실하게 사명 감당하길 소망합니다. 낯설어하는 저를 환영해 주시고 제 의견도 반영해 주셔서 감사드립니다.

조석연 목사 | 서울남부노회, 서울서광교회

1952년 9월 경남 진주 성남교회당에서 제1회 총노회를 조직하고 1956년 9월 총노회를 총회로 개편하면서 한국 교계 안에 참되고 새로운 교회 공동체가 생겨나게 되었습니다. 고신 교단(총회)의 출범입니다. 이는 1885년 4월 미국 북장로교의 언더우드 선교사님이 이 땅에 오신 지 70여 년이 지난 해입니다. 1954년 11월 수도권 지역에 두 개의 교회로 경기노회가 설립된 것은 작은 시작입니다. 70주년을 맞는 올해 수도권은 557개 교회와 30퍼센트의 교세로 성장하고 발전했습니다.

역사를 통한 교훈은 역사의 기록을 찾는 데서 시작되었습니다. 70년사 발간을 연구하면서 기록을 찾고 집필하고 편집하고 검독하는 과정을 통해서 받는 것은 오직 은혜였습니다. 한 가지 배운 것은 교회와 노회가 모든 기록을 잘 유지해서 향후 100년사를 발간할 때 쉽고 유용하게 사용될 수 있도록 해야 한다는 것입니다. 저부터 실천하겠습니다.

정남환 장로 | 서울남부노회, 서울강남교회

하나님은 시대마다 택하신 남은 자들을 통해 일하셨습니다. 복음의 황무지였던 대한민국 땅에도 하나님의 특별하신 섭리로 복음이 심기어 자라게 하셨고, 순교와 수난의 역사 가운데서도 신앙을 지키기 위해 죽음을 두려워하지 않았던 믿음의 선배들을 통해 신앙의 정통성을 이어가며 열매 맺게 하셨습니다. 하나님의 말씀대로 살았던 믿음의 선조들의 목숨을 건 신앙의 결단으로 오늘날의 고신 교회가 있으며, 그 신앙고백 공동체 안에 경기노회가 70년의 역사를 이어가고 있다는 사실이 하나님의 은혜임을 고백합니다. 함께할 수 있어서 행복했습니다.

구본철 장로 | 서울서부노회, 남서울교회